TREMPLIN SCIENCES PO

PARIS + BORDEAUX + GRENOBLE

Parcoursup Dossier + Oral 2024

Pierre Emmanuel Guigo est agrégé et docteur en histoire. Maître de conférences à l'Université Paris Est Créteil, il est le coordinateur éditorial pour la formation Tremplin Paris.

Florent Vandepitte est agrégé d'histoire et directeur pédagogique de Tremplin IEP. Il enseigne l'histoire et la géographie au lycée et la pensée contemporaine à l'université de Lille.

DUNOD

Remerciements

Cet ouvrage collectif a mobilisé de nombreuses ressources au sein de nos formations Tremplin IEP. Nous tenons donc à remercier chaleureusement les dirigeants de la formation, Thierry Corde, en sa qualité de président et Paul Bernard Delaroche, fondateur des Tremplins pour la confiance accordée.

Nos enseignants ont également été nombreux à participer à la réalisation de cet ouvrage. Nous remercions ainsi Clarisse Couturier Garcia, Wendy Marc et Ludovic Chan Tung.

Plusieurs de nos étudiants ont également accepté de collaborer à ce projet. Que soient remerciés Amalia B., Romain B., Anna D., Sarah F., Clément de M., Chalotte P., Clotilde P., Faustine V., Louis A., Iva H. et Hugo C.

Direction artistique : Nicolas Wiel
Conception graphique : Élizabeth Riba
Mise en page : Belle Page

NOUS NOUS ENGAGEONS EN FAVEUR DE L'ENVIRONNEMENT :

PAPIER CERTIFIÉ

Nos livres sont imprimés sur des papiers certifiés pour réduire notre impact sur l'environnement.

Le format de nos ouvrages est pensé afin d'optimiser l'utilisation du papier.

Depuis plus de 30 ans, nous imprimons 70% de nos livres en France et 25% en Europe et nous mettons tout en œuvre pour augmenter cet engagement auprès des imprimeurs français.

Nous limitons l'utilisation du plastique sur nos ouvrages (film sur les couvertures et les livres).

11 rue Paul Bert, 92240 Malakoff
www.dunod.com
ISBN : 978-2-10-085506-3

Tremplin IEP est la seule formation labellisée par le réseau ScPo.

Ce label est la garantie de pouvoir accéder à une préparation de haute qualité validée par les sept établissements et conforme aux exigences du concours.

Une préparation souple, adaptée et humaine

Souple et adaptable, la formation à distance offre un accès permanent à chaque candidat, quelle que soit sa situation géographique. Tremplin IEP est conçu pour s'articuler parfaitement avec les formations dispensées en lycée, en classes préparatoires ou à l'université.

Tremplin IEP propose un entraînement adapté aux épreuves du concours grâce à des devoirs envoyés et corrigés à distance. Des cours, des méthodologies, des fiches, des magazines d'actualité et des annales sont rassemblés dans un campus en ligne. Les enseignements sont dispensés en visioconférence (en direct, puis en replay) et par le biais de supports écrits. Les étudiantes et les étudiants accèdent 24h/24h et 7j/7j aux contenus indispensables à la réussite du concours.

Un suivi pédagogique individualisé

Une fiche détaillée accompagnant la correction de chaque devoir par correspondance et le tutorat en ligne, assuré par des enseignants sont la garantie d'un suivi pédagogique individualisé de qualité.

Vous bénéficiez d'un espace de Questions/Réponses afin de dialoguer tout au long de la formation avec nos coordinateurs éditoriaux, des enseignants expérimentés, spécialistes des concours de Sciences Po.

À qui s'adresse la formation ?

- **Tremplin Première** s'adresse aux élèves de première, afin de leur permettre d'acquérir les connaissances nécessaires pour aborder la préparation au concours commun du Réseau ScPo dans des conditions optimales.
- **Tremplin Concours commun** s'adresse aux élèves de terminale et aux étudiants de première année de l'enseignement supérieur. Cette formation prépare aux trois épreuves du concours commun : l'analyse de documents d'histoire, la dissertation de questions contemporaines et l'épreuve de langue.
- **Tremplin Bordeaux, Tremplin Grenoble et Tremplin Paris** s'adressent aux candidats souhaitant bénéficier d'un accompagnement personnalisé dans la constitution de leur dossier et leur préparation de l'oral pour l'une ou plusieurs de ces trois écoles.

https://www.reseau-scpo.fr

https://trempliniep.fr/

Sommaire

Partie 4

Réussir les oraux de Sciences Po

Partie 5

Candidater à Sciences Po Bordeaux

Partie 6

Candidater à Sciences Po Grenoble

Introduction
Bien connaître les IEP

Quelle école peut aujourd'hui se targuer d'ouvrir un nouveau campus en plein cœur de Paris, de compter l'actuel ministre de l'Éducation nationale parmi ses professeurs ou encore d'occuper la troisième place du podium des meilleures universités mondiales en sciences sociales ?

Pourtant, Sciences Po Paris et la Fondation nationale des sciences politiques ont été fragilisées à plusieurs reprises au cours de leur histoire par des scandales de différentes natures. Les clichés véhiculés sur l'école et ses étudiants ne manquent pas, de la même manière que certains dirigeants ou éditorialistes se plaisent à décrire l'école comme un repaire « wokiste ».

Sciences Po continue néanmoins d'attirer un public de plus en plus large. 15 000 candidats en 2020, 12 000 en 2021 et autant en 2022 se sont ainsi présentés pour espérer emporter l'une des 950 places proposées pour la procédure d'entrée en première année. Inspirée par des anciens de Sciences Po, la spécialité Histoire géographie géopolitique sciences politiques joue sans doute un rôle dans ce pouvoir d'attraction exercé par Sciences Po. De la même manière, la suppression des épreuves écrites et la mise en place d'une sélection sur l'examen d'un dossier suivi d'un oral ont pu attirer de nouveaux candidats, en brisant le plafond de verre du concours.

Cette forte croissance du nombre de candidats (ils étaient moins de 8 000 à se présenter au concours écrit en 2019) est surtout le reflet d'une réputation qui n'est plus à faire. Le classement mondial du QS World Rankings 2022 place ainsi Sciences Po en troisième position des meilleures universités mondiales en sciences sociales derrière Harvard University et Oxford. L'école de la rue Saint Guillaume se paye même le luxe de devancer la London School of Economics and Political Studies, l'Université de Princenton, l'université de Stanford ou encore l'Université de Cambridge. Sciences Po se présente dès lors comme la première université d'Europe continentale pour les sciences sociales sur les sept dernières années.

Ce classement international qui permet de comparer 1 500 universités à travers le monde accorde également à l'IEP de Paris une place honorable dans trois autres disciplines ; Sciences Po se classe ainsi au 20e rang mondial en politique sociale et administration, au 31e rang en sociologie ou encore au 34e rang en étude sur le développement. Du point de vue national, Sciences Po se place ainsi à la première place dans les quatre disciplines précitées.

1 Le choix d'une sélection sur dossier et oral

a. L'admission sur dossier et oral

À compter de la session 2020, Sciences Po Bordeaux a décidé de modifier en profondeur les modalités de sélection pour l'entrée en première année de l'IEP. Dans cette école, le concours écrit a été supprimé pour laisser place à une procédure d'admission en deux temps, composée d'un dossier puis d'un oral pour les candidats déclarés admissibles.

Sciences Po Paris a suivi la tendance initiée en Aquitaine. Depuis la session 2021, les candidats de première année sont ainsi sélectionnés sur dossier, avant d'être départagés par un oral d'admission. La rivalité historique entre les deux écoles a conduit Sciences Po Paris à modifier quelque peu le processus imaginé à Bordeaux. Le dossier est plus complexe mais l'état d'esprit général de sélection reste le même.

De son côté, Sciences Po Grenoble a également pris la décision à compter de la session 2021 de supprimer son concours écrit et de sélectionner les candidats en première année via l'examen d'un dossier. Elle a également choisi au cours de la session 2022 d'ajouter un oral d'admission à cette procédure de sélection.

Ces nouvelles modalités de sélection ont fait beaucoup parler d'elles car elles constituent une rupture historique par rapport aux traditionnelles épreuves écrites disciplinaires. Les dissertations si caractéristiques des concours à la française ont été sacrifiées pour tenter de démocratiser davantage l'accès à l'école. Les candidats sont désormais départagés via un ensemble de textes à remplir sur la plate-forme Parcoursup et le cas échéant via un oral d'admission qui permet à la fois de se présenter, de se confronter à un document d'actualité mais aussi plus largement d'échanger avec le jury.

b. Uniformiser et démocratiser

La rupture historique choisie par Sciences Po Bordeaux, Sciences Po Paris et Sciences Po Grenoble a pour objectif premier d'uniformiser les procédures de recrutement en première année. Cette modalité de sélection existait en réalité déjà pour intégrer Sciences Po puisque les Conventions d'éducation prioritaire offraient la possibilité à des candidats issus de l'éducation prioritaire d'être recrutés sans passer par les épreuves écrites. De la même manière, les candidats internationaux étaient déjà recrutés selon des modalités similaires.

Outre cette volonté d'uniformiser l'intégration à Sciences Po Paris, il s'agit pour les trois écoles de tenter de diversifier les profils des candidats et surtout des futurs étudiants. C'est un débat qui agite l'école depuis ses débuts ; elle participe plus ou moins volontairement à la reproduction des élites. Il s'agit ici de rompre avec ce recrutement qui fait la part belle aux enfants issus des classes sociales les plus favorisées, en introduisant une part de subjectivité assumée dans l'examen des dossiers.

Toutes les expériences sont ainsi bonnes à prendre et à valoriser pour la construction de son dossier et la préparation de l'oral. Il ne s'agit pas uniquement d'avoir décroché des stages prestigieux ou d'avoir effectué plusieurs séjours dans des destinations lointaines, d'autres formes d'engagement moins connotées socialement sont également prises en compte par le jury comme des éléments d'appréciation positive.

Cela ne signifie pourtant pas une moindre exigence dans le recrutement ; les trois écoles entendent en effet préserver leur réputation d'excellence. L'ampleur des écrits demandés à Sciences Po tout comme les exigences imposées pour l'oral constituent des témoignages directs de cette volonté de préserver un recrutement exigeant.

2 Sciences Po, son histoire

L'histoire de Sciences Po remonte à 1872. Elle est étroitement liée à la figure d'Émile Boutmy (1835-1906), fondateur de l'École libre des sciences politiques. La défaite de Sedan et la chute du Second empire amènent à une profonde remise en cause du système éducatif français.

Selon un réflexe relativement constant dans l'histoire de France, l'école est largement considérée comme responsable de la défaite. L'Allemagne jouit en effet d'un enseignement supérieur beaucoup plus avancé et organisé qui sert de miroir pour préparer la revanche.

Émile Boutmy imagine alors cette nouvelle grande école installée à l'origine à l'hôtel de Mortemar, rue Saint Guillaume à Paris. Véritable révolution pédagogique, les étudiants reçoivent les conseils de professionnels et notamment de hauts fonctionnaires ou de ministres, l'école noue des partenariats avec des universités étrangères, elle privilégie l'étude des sociétés contemporaines ou encore, contexte oblige, elle rend obligatoire l'éducation physique.

L'école de la rue Saint Guillaume permet également l'essor de la science politique en France. Cette discipline académique émerge en effet au milieu du XIXe siècle, notamment dans le sillage de la généralisation du droit de vote en 1848. Elle doit permettre de mieux comprendre le monde et son fonctionnement, particulièrement pour des élites déboussolées par le contexte politique.

À l'origine, le projet est donc hautement élitiste. Émile Boutmy lui-même ambitionne de « refaire une tête de peuple », après l'humiliante défaite subie par la France face à la Prusse et la prise de conscience des faiblesses de son enseignement supérieur. Dans les années 1930, l'École libre des sciences politiques est très critiquée, en particulier sous le Front populaire. Elle forme en effet la quasi-totalité des hauts fonctionnaires. C'est donc au nom d'une quête de diversité de la haute fonction publique qu'est fondée l'École nationale d'administration (ENA), en 1945 et que l'école tant critiquée est nationalisée puis change de nom pour devenir l'Institut d'études politiques de Paris.

Pourtant, ce changement sémantique ne permet pas d'ouvrir socialement l'école, ce qui conduit à plusieurs réformes entreprises dans les années 1980 par le directeur Michel Gentot puis par la création des « conventions ZEP » imaginées par Richard Descoings en 2001. Le taux de boursiers atteint actuellement 28 % à Sciences Po Paris.

Parallèlement à la réforme que connaît l'École libre des sciences politiques en 1945, une ordonnance adoptée à la Libération permet la création d'autres Instituts d'études politiques. L'IEP de Strasbourg ouvre ainsi dès 1945. En 1948, ce sont désormais les villes de Bordeaux, de Toulouse, de Grenoble et de Lyon qui disposent de leur propre IEP. En 1956, vient le tour d'Aix-en-Provence. Il faut cependant attendre 1991 pour que se créent des écoles similaires à Lille et à Rennes et enfin 2013 pour la création de l'IEP de Saint-Germain-en-Laye.

3 Un choix commun à trois instituts d'études politiques

Cette histoire a donc donné naissance à dix instituts d'études politiques entre lesquels il n'existe aucun véritable lien statutaire, même si ces écoles forment un réseau qui défend les mêmes objectifs à travers des grandes similarités dans la formation dispensée.

Parmi ces dix IEP, trois ont fait le choix de recruter sur l'examen d'un dossier puis l'évaluation d'un oral, tandis que les sept autres, membres du réseau ScPo, ont fait le choix de conserver les trois épreuves écrites du concours commun. Nous avons donc choisi de nous intéresser plus particulièrement à Sciences Po Paris, Sciences Po Bordeaux et Sciences Po Grenoble au sein de ce présent ouvrage.

a. Sciences Po Paris

Sciences Po Paris occupe nécessairement une place singulière au sein de cet ensemble formé par les dix Instituts d'études politique de France. Fondé en 1872, il est le plus ancien du pays. Il est également celui qui a l'offre de formation la plus diversifiée, celui qui accueille le plus d'étudiants ou encore celui qui est le plus internationalisé. 14 000 étudiants sont ainsi scolarisés à Sciences Po Paris, dont plus de la moitié sont des étudiants étrangers.

L'école est désormais installée sur sept campus différents qui bénéficient chacun d'une spécialisation géographique spécifique, à l'exception du campus historique de la rue Saint Guillaume. Les six campus en région et leurs spécialisations géographiques sont les suivants :

- Le campus de Reims, tourné vers l'Amérique du Nord et l'Afrique
- Le campus de Dijon, tourné vers l'Europe centrale et orientale
- Le campus du Havre, tourné vers l'Asie
- Le campus de Menton, dédié au Moyen-Orient et au monde méditerranéen
- Le campus de Nancy, tourné vers le monde germanique
- Le campus de Poitiers, dédié à l'Amérique latine et au monde ibérique

Chacun de ces campus est décrit précisément au sein de la partie 2 de l'ouvrage consacrée à l'offre de formation de Sciences Po Paris. L'école propose également de nombreux doubles diplômes avec des universités françaises :

- Mathématiques appliquées avec Paris 1
- Physique avec l'Institut de Physique du Globe
- Lettres à Paris-Sorbonne
- Histoire à Paris-Sorbonne
- Philosophie à Paris-Sorbonne
- Sciences du vivant avec l'Université de Champagne-Ardenne (campus de Reims)

Les doubles diplômes internationaux sont également très nombreux puisque l'école propose des doubles filières avec les États-Unis, le Canada, Singapour, la Chine, le Japon, Royaume-Uni, l'Allemagne ou encore l'Australie.

b. Sciences Po Bordeaux

Depuis sa création en 1948, Sciences Po Bordeaux s'est imposée comme une école de référence dans le domaine des sciences sociales, notamment sous l'impulsion de Pierre Sadran qui a dirigé l'école entre 1985 et 1998. Elle est implantée sur le site de Pessac depuis la fin des années 1960 et a bénéficié du statut d'Institut d'études politiques d'équilibre, au même titre que Grenoble ou Aix-en-Provence, lui permettant de densifier considérablement son offre de formation.

Parmi les professeurs qui ont marqué l'histoire de l'école, figurent notamment Jacques Ellul, professeur d'histoire du droit et penseur critique de « la société technicienne » ou Jean Stoetzel, le fondateur de l'IFOP. Cette diversité de pensée est clairement revendiquée par l'école.

D'un point de vue scientifique, Sciences Po Bordeaux dispose de plusieurs laboratoires de recherche, parmi lesquels le laboratoire Les Afriques dans le monde (LAM), héritier du Centre d'étude d'Afrique Noire (CEAN), créé en 1948 avec le concours de la Fondation nationale des sciences politiques (FNSP). La réputation de l'école vient également du Centre Émile Durkheim (CED), du nom d'un des pères fondateurs de la sociologie moderne, un temps professeur d'université à Bordeaux.

L'école est également réputée pour ses préparations aux concours administratifs, notamment à l'École nationale de la magistrature (ENM) installée dans le centre-ville de Bordeaux depuis 1958.

Depuis 2016, Sciences Po Bordeaux bénéficie de locaux très modernes au sein desquels l'IEP accueille chaque année plus de 2 100 élèves, pour environ 250 places offertes aux étudiants de première année. L'école est actuellement dirigée par Dominique Darbon, ancien directeur du laboratoire Les Afriques dans le monde.

Sciences Po Bordeaux offre de nombreuses filières intégrées avec l'Allemagne, les Caraïbes, l'Espagne, Hong Kong, Italie ou encore le Portugal. Elle dispose également de sa propre école de journalisme.

c. Sciences Po Grenoble

Intégré au sein de l'université Grenoble Alpes depuis 2020, Sciences Po Grenoble a été créé en 1948. Il a bénéficié du statut d'Institut d'études politiques d'équilibre pour asseoir son développement face à Sciences Po Paris et accueille désormais plus de 2 250 étudiants.

Son Laboratoire de sciences sociales Pacte est particulièrement renommé. Sa vocation pluridisciplinaire lui permet d'accueillir des géographes, des politistes, des sociologues, des urbanistes, des économistes et des historiens pour proposer régulièrement des publications de référence sur des sujets d'actualité.

L'IEP est dirigé par Sabine Saurugger, professeure des universités en science politique qui entend poursuivre l'internationalisation de l'école. Sciences Po Grenoble propose ainsi des doubles diplômes avec le Canada, l'Allemagne, l'Espagne ou le Maroc. Elle dispose en outre de sa propre école de journalisme, l'École de journalisme de Grenoble.

4 Sciences Po en dix questions

a. Quelles spécialités choisir pour intégrer un IEP ?

Si l'on peut facilement imaginer l'apport de certaines spécialités du lycée, les directeurs des Sciences Po insistent régulièrement pour faire savoir qu'il n'y a pas de spécialité attendue pour préparer l'entrée dans leur école.

De nombreux lycéens choisissent ainsi les spécialités Histoire géographie géopolitique sciences politiques, Sciences économiques et sociales ou Langues, littératures et civilisations étrangères dans la perspective de préparer leur admission à Sciences Po. Certains contenus ou méthodes enseignés au sein de ces spécialités peuvent en effet être utiles pour acquérir les bonnes pratiques ou les connaissances nécessaires, en vue notamment de se préparer à l'analyse d'image proposée lors des oraux de Sciences Po Paris et Sciences Po Bordeaux. Certains éléments enseignés dans ces spécialités peuvent également permettre de mieux appréhender le dossier documentaire mis à la disposition des candidats de Sciences Po Grenoble.

Cependant, si ce choix peut faciliter en partie l'année de terminale en concentrant ses révisions et en ayant l'impression de ne pas se disperser, ces spécialités ne sont en rien obligatoires dans la perspective de Sciences Po. Il est tout à fait possible de choisir des spécialités scientifiques et de préparer en dehors de ses cours les concours de Sciences Po. De la même manière, dans le cadre des sélections sur dossier, les spécialités scientifiques peuvent même représenter un atout à condition de bien prendre en considération leur apport. Il vous faudra donc préparer au sein de votre dossier mais surtout dans la perspective de l'oral un argumentaire pour justifier vos choix de spécialités et bien considérer les atouts qu'elles ont représentés dans votre formation.

Plus généralement et de manière très caricaturale, on oppose souvent les mathématiques et Sciences Po. C'est profondément méconnaître l'école qui a toujours accueilli en son sein des profils scientifiques, qui propose désormais des doubles diplômes avec des sciences dures et, dans le cadre de Sciences Po Paris, qui dispense à ses étudiants un enseignement de mathématiques sur chacun de ses campus.

En résumé, il n'y a donc pas de spécialité obligatoire et le meilleur choix en matière de spécialité reste celui qui correspond à vos résultats scolaires puisqu'elles occupent désormais une grande place dans les moyennes obtenues au lycée et donc au baccalauréat.

b. À quoi sert la plate-forme Parcoursup ?

Alors que la plate-forme Admissions post-bac était très critiquée, son remplacement au profit de Parcoursup a déchaîné les passions. Jean-Luc Mélenchon a même tenté d'en faire un argument de campagne électorale pour mobiliser les jeunes, largement abstentionnistes, dans l'entre-deux tours des élections législatives. Parcoursup a été accusée de tous les maux, en particulier d'introduire une sélectivité à l'entrée dans l'enseignement dans le supérieur.

Dans le cadre de votre processus vers Sciences Po, la plate-forme Parcoursup est un passage obligé. Elle vous permettra de vous renseigner sur les différentes filières auxquelles vous pouvez postuler dès son ouverture au cours du mois de décembre. Chaque école renseigne ainsi une fiche relative à chacune des formations qu'elle propose. Vous aurez ainsi à votre disposition les principaux éléments concernant cette filière notamment son niveau de sélectivité.

Dans un deuxième temps, à partir du mois de janvier, elle vous permettra de vous inscrire dans les formations du supérieur que vous convoitez. Il vous sera ainsi possible d'intégrer sur la plate-forme jusqu'à dix vœux. Dans ce cadre, vous pourrez notamment opter pour le vœu réseau ScPo qui ouvre la porte de sept IEP à l'issue du concours commun. Chacune des trois écoles sélectionnant sur dossier représente également un vœu, ce qui porte le nombre de vœux relatifs à Sciences Po à quatre.

Il est même possible de postuler à des filières spécifiques, les doubles diplômes ou les filières intégrées, c'est-à-dire ayant un cursus binational. Un étudiant peut donc compléter l'intégralité de ses vœux avec des formations relevant des différents Sciences Po. Il est évident qu'une telle démarche est à proscrire puisqu'il est indispensable d'intégrer au sein de ses vœux une filière non sélective pour être certain de pouvoir rejoindre l'enseignement supérieur.

Enfin, c'est sur cette plate-forme que vous intégrerez les différents éléments constitutifs de votre dossier. Dans ce cadre, le calendrier Parcoursup distingue une phase de sélection des vœux et un deuxième temps pour compléter les dossiers. Tous les éléments doivent passer par cette plate-forme et il est donc primordial de faire preuve d'organisation pour bien réussir cette étape.

c. Peut-on commencer sa préparation avant l'année de terminale ?

L'admission sur dossier à Sciences Po Paris et à Sciences Po Bordeaux n'est possible que l'année du baccalauréat, tandis que Sciences Po Grenoble ouvre cette procédure aux étudiants des premières années de l'enseignement supérieur. Néanmoins, il convient de ne pas attendre l'année de terminale pour essayer d'étoffer ses expériences et d'enrichir son projet.

De manière plus prosaïque encore, la prise en compte des résultats obtenus dès l'année de première oblige nécessairement ce travail d'anticipation. Il est alors indispensable de bien soigner les résultats obtenus au lycée, en particulier dans les spécialités ou dans les épreuves anticipées.

Plus généralement, pour ces trois écoles, il semble également primordial d'anticiper les attendus d'un dossier pour essayer de multiplier ses expériences avant l'année de terminale. Il est ainsi tout à fait possible de s'intéresser à ce processus de sélection dès l'année de seconde. Vous aurez ainsi toute la latitude pour chercher de nouvelles expériences, notamment pour vous engager dans des associations, réaliser des voyages si vous en avez la possibilité ou travailler dans la mesure du possible puisqu'il est évidemment très difficile de s'engager dans ce type d'expérience avant l'âge de dix-huit ans.

Trouver de nouvelles expériences au cours de l'année de terminale est en effet plus compliqué puisque les priorités sont différentes et que le temps est largement compté à mesure que les concours approchent.

L'année de première peut également être mise à profit d'un travail d'anticipation à la préparation du concours commun des sept IEP ; nous ne pouvons que vous conseiller de renforcer vos méthodes et connaissances en vue d'anticiper ces trois épreuves d'histoire, de questions contemporaines et de langues. Une préparation telle que Tremplin Première peut être bénéfique à plus d'un titre. Elle vous permet non seulement d'anticiper une partie du travail du concours mais également d'améliorer vos résultats au lycée et donc de soigner indirectement votre dossier d'intégration dans les trois IEP qui ne recrutent pas sur concours.

d. Comment s'organiser lors de l'année de préparation ?

Lors de l'année de présentation du concours, c'est l'organisation qui fait toute la différence. Une bonne connaissance des différentes modalités d'intégration vous permettra de construire un calendrier de travail adapté. Le plus difficile reste cependant de concilier à la fois les exigences du lycée avec la préparation de votre dossier et de votre oral voire avec celle des épreuves écrites si vous décidez de candidater également au concours commun.

Nous pensons en effet qu'une candidature à Sciences Po Paris n'est pas inconciliable avec la préparation du concours commun. Au contraire, les deux démarches peuvent être complémentaires. Lorsque vous préparez le concours commun, vous enrichissez notamment vos connaissances sur le programme d'histoire proposée dans le tronc commun du lycée. Vous travaillez également vos langues vivantes. Et vous enrichissez votre culture générale à travers la quête de références pour nourrir vos dissertations de questions contemporaines.

À travers cette démarche de préparation des épreuves écrites du concours commun, vous contribuez donc à améliorer vos résultats au lycée mais aussi à élargir votre réflexion en vue de l'élaboration de votre dossier et de la préparation de l'oral des trois autres IEP.

Tremplin IEP a ainsi mis en place une préparation spécifique pour vous accompagner dans ce travail d'élaboration du dossier et de préparation de l'oral. Grâce à des échanges directs avec des diplômés de l'école que vous convoitez ou des professeurs de ces écoles, vous construisez à la fois un projet qui vous ressemble mais qui est également en adéquation avec les attendus de ces écoles.

De la même manière, les préparations Tremplin IEP au dossier et à l'oral vous donnent accès à des documents méthodologiques destinés à vous aider à construire votre dossier et à bien anticiper une partie du déroulement de l'oral. Vous êtes également invités un cycle de visioconférences sur l'histoire de Sciences Po Bordeaux, Sciences Po Paris et Sciences Po Grenoble, ainsi que sur leur offre de formation. Cette préparation est donc pensée en étroite complémentarité avec les contenus écrits disponibles dans ce livre que vous tenez entre vos mains.

La construction du dossier peut être réalisée essentiellement au cours des vacances scolaires ; ce sont des périodes propices à la prise de recul et donc à la réflexion sur son propre parcours. De la même manière, s'il est nécessaire d'anticiper l'oral puisque les convocations sont envoyées quelques jours à peine avant la date de ces oraux, le travail de préparation à l'oral peut être réalisé tout ou partie pendant les vacances scolaires. C'est l'avantage de la préparation Tremplin IEP qui vous permet de prendre rendez-vous avec des enseignants qualifiés, en fonction de votre propre emploi du temps.

Nous nous permettons également d'attirer votre attention sur les échanges avec les anciens étudiants. Ceux-ci peuvent être bénéfiques dans votre préparation et le travail accompli en la matière par SOS Sciences Po, association étudiante de Sciences Po Paris, est formidable. Cependant, nous constatons régulièrement un décalage important entre les déroulements des entraînements proposés et la réalité d'un oral d'admission. Siéger au sein d'un jury d'un concours ne s'improvise pas, c'est pourquoi vous ne serez mis en relation qu'avec des enseignants au sein de Tremplin IEP.

e. Comment choisir son IEP ?

L'ensemble des Sciences Po propose des modalités de formation relativement proches. Chacun associe des enseignements fondamentaux, des cours de spécialisation et des mises en situation qui vous permettront de rencontrer des professionnels des secteurs que vous convoitez. L'ensemble des dix IEP propose également de passer a minima une année à l'étranger, en université ou dans le cadre d'un stage professionnalisant. Cette année passée hors les murs correspond ainsi à la troisième année pour la plupart des formations, à l'exception de Sciences Po Bordeaux et de Sciences Po Grenoble pour lesquelles, c'est la deuxième année qui est passée hors les murs ; cependant, Sciences Po Bordeaux devrait bientôt modifier l'organisation de ses études puisque le Conseil d'administration de l'école a voté le principe du changement de l'année de mobilité étudiante, de la deuxième année à la troisième année d'étude.

La qualité des formations dispensées a permis à chacun des dix IEP de se construire une solide réputation. Et il n'existe aucune véritable hiérarchie entre les IEP, à l'exception sans doute de Sciences Po Paris qui dispense à la fois l'offre de formation la plus variée et qui jouit d'une véritable visibilité à l'étranger.

Le choix d'un Sciences Po peut donc fort logiquement s'opérer en fonction de critères personnels, tels que la localisation des différentes écoles. Cependant, si la formation est largement commune et l'offre de master très large, Il est évident qu'un regard avisé sur les formations de second cycle peut être nécessaire si l'on a un projet bien défini. De la même manière, un double cursus en partenariat avec une université spécifique en France ou à l'étranger peut-être un bon critère pour sélectionner un IEP par rapport à un autre.

Au sein des dix Sciences Po, de multiples possibilités de candidature s'offrent à vous puisqu'au-delà des deux grandes voies classiques que sont le concours du réseau ScPo et les sélections sur dossier de Bordeaux, Grenoble et Paris, vous avez la possibilité d'effectuer des vœux spécifiques pour les filières intégrées et la plupart des double-diplômes.

Enfin, au sein des sept IEP du réseau, il n'existe là encore aucune hiérarchie, même si certains sont traditionnellement plus demandés que d'autres, à l'instar de Sciences Po Lille. L'affectation dans l'un ou l'autre des IEP s'effectue en fonction de votre rang de classement. Une fois le concours obtenu, vous êtes invité à vous reconnecter sur la plate-forme Parcoursup pour exprimer votre préférence pour l'un des Sciences Po, les premiers ayant la possibilité de choisir tous les IEP tandis que les derniers n'auront plus le choix de leur affectation.

f. Peut-on candidater à plusieurs IEP ?

Il est tout à fait possible de postuler à plusieurs IEP en même temps et il est même imaginable de prétendre intégrer une même école par plusieurs voies différentes. Les sept Sciences Po du réseau ScPo proposent ainsi à la fois la voie commune d'intégration via le concours commun mais aussi des modalités spécifiques pour les double-diplômes. Cette même démarche est également possible pour les trois Sciences Po recrutant sur dossier. Il est donc primordial de bien se renseigner et de bien définir un projet qui vous ressemble.

Plus généralement, lors de l'année de terminale, il est tout à fait possible de cumuler une préparation aux épreuves du concours commun et une ou plusieurs candidatures à des sélections sur dossier. La seule condition est d'être bien organisé afin de ne pas se laisser déborder par les diverses échéances. Les sélections sur dossier nécessitent un travail ponctuel d'introspection et de construction de son projet, là où le concours commun requiert un travail plus régulier pour aborder dans les meilleures conditions possibles les trois épreuves du concours.

Un étudiant de première année de l'enseignement supérieur peut à la fois mener de front une préparation au concours commun et une sélection sur dossier à Sciences Po Grenoble puisque cette école est la seule à offrir cette opportunité là où Sciences Po Bordeaux et Sciences Po Paris ne recrutent que des étudiants de terminale (à de rares exceptions près puisque la filière France-Caraïbes de Bordeaux est réservée aux Bac +1). De même, en fonction de sa capacité de travail et de ses souhaits de poursuite d'études, il est également possible de préparer les concours spécifiques d'entrée en deuxième année proposée par les IEP d'Aix-en-Provence et de Lyon.

g. Quelles sont les perspectives professionnelles après un IEP ?

Les Sciences Po s'efforcent de proposer des perspectives professionnelles les plus larges possibles. Les Instituts d'études politiques multiplient même ces dernières années les filières à dimension scientifique pour combler un certain manque dans le domaine. Il n'y a donc en aucun cas de métier type à la sortie de Sciences Po.

Les IEP préparent notamment à la haute fonction publique ; 80 % des énarques sont ainsi issus de Sciences Po Paris. La fonction publique offre d'autres opportunités à l'issue de Sciences Po, notamment l'École nationale de la magistrature (ENM) ou l'Institut national des études territoriales (INET). Il est également possible de se diriger vers les métiers liés à la recherche en sciences sociales, en particulier l'enseignement à la sortie de Sciences Po. Sciences Po Aix-en-Provence offre par ailleurs des formations à vocation militaire.

Sciences Po permet également de rejoindre des institutions européennes et internationales. Sciences Po Strasbourg propose notamment plusieurs filières pour rejoindre des institutions européennes, pendant que les autres IEP offrent également des cursus qui permettent de rejoindre l'ONU, d'autres institutions internationales ou encore des ONG. La coopération internationale et le développement sont des perspectives très convoitées par les étudiants de Sciences Po.

Les carrières juridiques offrent également de nombreuses opportunités à la fois dans les institutions publiques mais aussi dans les entreprises ou en tant qu'avocat.

Le secteur privé offre ainsi aux diplômés de Sciences Po des possibilités très variées. Il est ainsi possible de travailler dans le secteur de la finance ou dans celui de la gestion. L'urbanisme offre également de nombreux débouchés dans des agences de développement ou dans les collectivités territoriales. De la même manière, les secteurs de la presse, des médias, de l'édition ou plus généralement de la communication et des industries créatives sont également très ouverts pour les diplômés de Sciences Po.

Les emplois offerts à la sortie d'un IEP sont donc très variés puisque ceux-ci sont étroitement liés aux formations de second cycle (quatrième et cinquième années). Dans tous les cas, si la rémunération est également très variée à la sortie d'un IEP, l'insertion sur le marché du travail est relativement aisée et les perspectives d'évolution sont importantes. En effet, les étudiants formés à Sciences po constituent des profils recherchés par les recruteurs puisqu'ils ont reçu à la fois une formation théorique et pratique. Des services sont proposés à l'intérieur des écoles pour faciliter l'insertion professionnelle et vous pourrez surtout bénéficier du réseau des anciens élèves

h. Quelles sont les notes à avoir un pour espérer être admis ?

Les Sciences Po ne déterminent pas de barrière à l'entrée en termes de moyenne. Les retours des candidats à l'issue des sélections sur dossier l'illustrent bien ; certains n'ont pas été retenus alors qu'ils avaient des moyennes proches de 20 alors que d'autres ont été invités à se présenter à l'oral avec des moyennes inférieures à 15. Il n'y a donc pas de moyenne type, même s'il est évident qu'un intérêt tout particulier doit être porté sur cet aspect.

Du côté du concours commun, là encore, les étudiants qui réussissent ont un profil varié. Les moyennes d'admission sont globalement stables d'une année sur l'autre. Lors du concours 2019 du réseau ScPo, la moyenne obtenue par le premier admis était de 17,17. Le dernier inscrit sur liste complémentaire qui a pu rejoindre ensuite un IEP avait une moyenne aux épreuves de 11,67. Quant à la moyenne du dernier admis via la liste principale, elle était de 12,02.

Les rapports de jury insistent chaque année sur le fait que les résultats sont extrêmement serrés. En 2019, un demi point de moyenne aux trois épreuves constituait ainsi un écart de 400 places.

i. En cas d'échec, quelle voie choisir ?

Même si nous vous conseillons d'aborder la période des concours avec un maximum de confiance en vous projetant vers une réussite dans vos projets, il est indispensable de se poser la question d'une alternative. Vos enseignants insisteront plus largement sur la nécessité d'intégrer au sein de vos vœux sur Parcoursup, une filière non sélective, afin de pouvoir vous inscrire dans l'enseignement supérieur.

Il n'y a aucune filière type qui serve d'alternative à Sciences Po et le meilleur des choix est nécessairement personnel. Dans le cadre d'un échec l'année de terminale, vous avez la possibilité de présenter une nouvelle fois le concours commun du réseau ScPo et de renouveler votre candidature auprès de Sciences Po Grenoble.

Votre perspective peut donc consister à suivre une année de classes préparatoires dans l'objectif d'intégrer l'année suivante l'un des Instituts d'études politiques du réseau.

Cependant, il peut être également judicieux de se choisir dès la première année de l'enseignement supérieur une filière qui vous permettra soit de retenter le concours soit de vous offrir d'autres opportunités de poursuite d'études. Nous pensons notamment naturellement aux classes préparatoires littéraires ou commerciales. Ce sont d'excellentes formations qui vous ouvriront vers d'autres perspectives.

Enfin, ne négligez surtout pas les formations dispensées à l'université. Il peut être judicieux de se diriger vers une licence de droit, de science politique, d'histoire, de langues ou toutes autres disciplines pour lesquelles vous éprouvez un intérêt particulier. En effet, même si les conditions d'enseignement varient nettement d'une université à l'autre, il serait dommage d'éliminer d'emblée cette perspective de poursuite d'études.

j. Quels sont les autres moyens pour rejoindre un IEP ?

En cas d'échec pour l'entrée en première année de Sciences Po, certains IEP offrent la possibilité de rejoindre les formations qu'ils dispensent, directement en deuxième année.

Sciences Po Aix-en-Provence propose ainsi un concours spécifique réservé aux étudiants inscrits en première année de l'enseignement supérieur. Ce concours comporte trois épreuves écrites :

- Une épreuve de dissertation de questions contemporaines dont les thèmes sont différents des thèmes de première année ;
- Une épreuve de langue
- Une épreuve de dissertation à choisir parmi l'histoire, l'économie, la science politique ou le droit constitutionnel.

Mais ce concours proposé par Sciences Po Aix-en-Provence n'offre que 30 places chaque année.

Sciences Po Lyon propose également son propre concours d'entrée en deuxième année ; environ 50 places sont ouvertes chaque année. Là encore, la sélection s'opère via trois épreuves écrites :

- Une dissertation de science sociale
- Une épreuve sur ouvrage comportant trois questions
- Une épreuve de langue

Au-delà de cette possibilité d'intégrer deux Instituts d'études politiques en deuxième année, tous les Sciences Po offrent l'opportunité aux étudiants ayant validé un niveau licence de rejoindre l'un des masters qu'ils proposent. Là encore, le nombre de places offertes est relativement réduit, puisque la priorité est donnée aux élèves de premier cycle des IEP.

L'intégration en master repose globalement sur un processus spécifique à chaque IEP, même s'il est largement similaire. Il consiste en un dossier de sélection destiné à mettre en valeur son parcours, éventuellement suivi d'un oral pour défendre son projet.

Quatre Sciences Po se distinguent en ajoutant à cette base commune des épreuves écrites.

- Sciences Po Bordeaux propose ainsi deux épreuves lors de la phase d'admissibilité : une épreuve de langue vivante qui a la particularité de proposer deux exercices dans deux langues différentes à raison d'une heure par épreuve de langue et une deuxième épreuve, là encore spécifique puisqu'on ne la retrouve dans aucun autre processus de sélection, la dissertation à partir d'un dossier thématisé.
- Sciences Po Lille et Sciences Po Strasbourg proposent un essai à rédiger chez soi, dont le sujet dépend de la voie dans laquelle le candidat postule.
- Enfin, Sciences Po Lyon organise une épreuve sur ouvrage lors de la phase d'admissibilité ; cette épreuve dure 2 h 30 et comporte trois questions : deux en français et une troisième dans la langue vivante choisie lors de l'inscription.

k. Et doit-on postuler à l'IEP de Fontainebleau ?

Nous avions promis de nous arrêter à dix questions mais un onzième Institut d'études politiques est venu troubler la donne. Comment se positionner par rapport à cette onzième école qui, pour rappel, a obtenu de la part du Ministère de l'enseignement supérieur l'autorisation de prendre la forme d'un IEP, tout en se voyant refuser, cette fois de la part de Sciences Po Paris, seule détentrice de la marque « Sciences Po », de pouvoir porter le nom de Sciences Po ?

L'institut d'études politiques de Fontainebleau a donc vu le jour en 2023 à l'initiative de l'Université Paris-Est Créteil (UPEC) qui entend ainsi donner davantage de visibilité à son école internationale d'études politiques créée en 2019. Le Ministère de l'enseignement supérieur justifie ainsi par l'importance de la demande la création de ce onzième IEP mais cette initiative n'a pas fait l'unanimité au sein même de l'UPEC ou encore de la part des autres écoles. La crainte de la concurrence du fait notamment de la proximité avec Sciences Po Saint-Germain-en-Laye, ou plus généralement l'absence de concertation interne, sont autant d'éléments qui compliquent l'intégration du nouvel IEP au sein des Sciences Po.

En tant que candidat, nous ne pouvons que vous conseiller de faire abstraction de ces débats internes qui ne préjugent en rien du devenir de l'initiative. Tout en ayant bien en tête qu'une école nouvellement créée a nécessairement une réputation ainsi qu'une maquette pédagogique qui demeure à construire, rien ne nous permet de vous déconseiller objectivement d'y postuler.

Cependant, vous devez savoir que les conditions d'admission diffèrent de celles des Sciences Po. Le nouvel Institut d'études politique recrute sur dossier et oral, à la manière de Sciences Po Bordeaux, Paris et Grenoble. Mais, contrairement à ces trois écoles, l'IEP de Fontainebleau exige de la part des candidats qu'ils aient suivi en Terminale une spécialité dite humaniste (HGGSP, HLP, LLCE ou SES) et une spécialité scientifique (Mathématiques, SI, NSI, Physique ou SVT), ce qui limite donc de fait la liste des étudiants pouvant prétendre intégrer cette école.

Dix conseils à mettre en pratique pour réussir son intégration à Sciences Po

Bien connaître les modalités des épreuves

Anticiper sa préparation dès le début du lycée

Multiplier les expériences associatives ou professionnelles

Soigner ses résultats au lycée

Organiser son travail annuel de préparation

Bien connaître l'offre de formation de second cycle

Construire son projet professionnel à plus long terme

Participer aux portes ouvertes des IEP

Échanger avec des étudiants scolarisés en IEP

Se construire une porte de sortie en cas d'échec aux concours

Partie 1

Sciences Po Paris, une institution

- Les trois vies d'une institution
- La fondation de l'École libre des sciences politiques
- Un modèle à réinventer après 1945
- De l'Institut d'études politiques de Paris à Sciences Po

Les trois vies d'une institution

Quelques dates à retenir

- Janvier 1872 : ouverture de l'École libre des sciences politiques
- 1875 : création de la Société des anciens élèves et élèves de l'ELSP
- 1882 : première rentrée universitaire à l'hôtel de Mortemart, au 27 rue Saint Guillaume
- 1910 : la durée de la scolarité est portée à trois ans
- 1919 : les six premières femmes sont scolarisées à l'ELSP
- 1937 : projet de création de l'École nationale d'administration pour nationaliser la formation des élites
- 1937 : création des bourses Émile Boutmy
- 1942 : l'année préparatoire généralise la sélection à l'issue de la première année
- 1945 : fondation de l'Institut d'études politiques de Paris et de la Fondation nationale des Sciences Politiques
- 1946 : Suzanne Bastid, première professeure de Sciences Po
- 1968 : échec du projet de déménagement à Nanterre
- 1976 : création des Presses de Sciences Po
- 1985 : l'IEP de Paris obtient le statut de « grand établissement »
- 2000 : ouverture du premier campus délocalisé, à Nancy
- 2001 : création des Convention d'éducation prioritaire (CEP)
- 2005 : intégration du processus de Bologne ; Sciences Po délivre désormais son diplôme en cinq ans
- 2021 : démission de Frédéric Mion à la suite de l'affaire Duhamel
- 2022 : inauguration du campus de l'Artillerie

« L'idée que la société française serait « dirigée » par une oligarchie d'énarques « arrogants et irresponsables », tous issus de Sciences Po, est largement véhiculée par les médias. » Gérard Vincent dresse ce terrible constat dès 1987 dans l'introduction de son livre en forme d'hommage, *Sciences Po : histoire d'une réussite*, après avoir passé quarante ans de sa vie à enseigner l'histoire contemporaine au sein de cette institution.

Ce populisme scolaire n'a rien perdu de sa vigueur et a même eu raison de l'École nationale d'administration (ENA) qui avait pourtant été imaginée pour se substituer à l'École libre des sciences politiques après la Deuxième Guerre mondiale. Sciences Po, quant à elle, est toujours debout, en dépit de plusieurs scandales récents. Elle se paie même le luxe d'ouvrir un nouveau campus en plein cœur du septième arrondissement de Paris et d'attirer toujours plus de candidats.

Ce premier chapitre se propose de revenir sur les trois étapes qui ont permis à Sciences Po de devenir l'école qu'elle est aujourd'hui.

Fondée en 1872 par Émile Boutmy pour redonner à la France une nouvelle élite après la défaite de Sedan face à la Prusse, l'école s'impose comme l'institution de référence dans la formation des élites administratives et économiques du pays.

Cependant, ce succès se retourne contre elle après la compromission d'une grande partie des élites françaises sous le régime de Vichy. Elle est ainsi refondée en 1945 sous l'impulsion de Jacques Chapsal qui parvient à préserver son indépendance en dépit des projets de nationalisation.

Depuis la fin de la Seconde Guerre mondiale, Sciences Po est parvenue à se transformer en université de rang mondial, tout en poursuivant ses innovations, parmi lesquelles l'instauration d'une procédure de démocratisation en 2001 a l'initiative de Richard Descoing.

Bien maîtriser l'histoire de l'école est un passage obligé de tout candidat à Sciences Po. Plus que nulle autre, Sciences Po attache une grande importance à son passé. Les références à cette histoire sont omniprésentes. Le nouveau directeur de l'institution, Mathias Vicherat, a ainsi multiplié les références à l'histoire de l'école et au rôle de ses prédécesseurs au sein de son programme de candidature : « Nouvelles orientations de Sciences Po Paris ». C'est d'ailleurs en citant quelques mots d'Émile Boutmy, le fondateur de l'école, qu'il entame son propos : « Dans un temps où la stabilité et l'harmonie sociales sont instamment menacées, l'éducation des citoyens passe la première ».

En complément de la lecture de ce présent chapitre, vous pourrez vous reporter avec intérêt sur les ressources suivantes :

- Le site Internet de Sciences Po propose une rubrique « Histoire » très fournie et détaillée.
- Pour mieux comprendre 150 ans d'histoire, une fresque numérique et interactive réalisée par cette institution elle-même est également disponible en ligne, les *Sciences Po stories*.
- Plusieurs anciens professeurs ou directeurs de l'école ont publié des ouvrages accordant une grande place à l'histoire de l'école ; vous pourrez vous reporter avec intérêt à celui rédigé par Richard Descoing en 2007, toujours disponible en téléchargement, *Sciences Po, De la Courneuve à Shanghai.*
- L'historienne Marie Scot, également enseignante à Sciences Po, a dirigé un beau livre à l'occasion des 150 ans de l'école, *Le roman vrai*, publié en juillet 2022.

Chronologie des directeurs de l'école

Émile Boutmy
(1871-1906)

Anatole
Leroy-Beaulieu
(1906-1912)

Eugène d'Eichtal
(1912-1936)

Roger Seydoux
(1936-1947)

Jacques Chapsal
(1947-1979)

Michel Gentot
(1979-1986)

Alain Lancelot
(1986-1996)

Richard
Descoing
(1996-2012)

Frédéric Mion
(2013-2021)

Mathias
Vicherat
(depuis novembre 2021)

La fondation de l'École libre des sciences politiques

L'école a été fondée en 1872 sous le nom d'École libre des Sciences Politiques. L'objectif d'Émile Boutmy était de refonder les élites françaises suite au traumatisme de la défaite de Sedan face à la Prusse. Après deux décennies de Second Empire, il s'agissait également de donner à la France une élite du mérite, rompant avec la tradition oligarchique du régime impérial.

1 Une nouvelle école des Sciences Politiques

a. Le fondateur

C'est pourtant à un pur produit de la tradition oligarchique française que l'on doit ce projet de refondation des élites. Émile Boutmy était en effet l'un de ces bourgeois caractéristiques de la société du milieu du XIXe siècle. Petit-fils d'un planteur des Caraïbes par sa mère, il avait hérité de son père journaliste un goût pour les mots et l'analyse de l'actualité.

Portrait

Émile Boutmy, un bourgeois ambitieux

Issu d'un milieu privilégié, Émile Boutmy reçoit au collège Bonaparte, l'ancêtre de Condorcet, un enseignement caractéristique de sa classe sociale. Il y rencontre déjà une partie du réseau qu'il mobilise par la suite lors de la création de l'école. En classe de rhétorique, équivalent de la première, il fait ainsi la connaissance d'Hippolyte Taine, lequel l'aide à préparer le Concours général d'histoire pour lequel il obtient le premier prix. Ce capital social caractéristique de la bourgeoisie du XIXe siècle tranche cependant avec son capital économique : la famille Boutmy est en effet désargentée après la faillite du père, Laurent Boutmy. Suite au décès mystérieux de ce dernier, Émile Boutmy bénéficie de la protection de son parrain, Émile de Girardin, patron de *La presse*, grand quotidien du soir. C'est ce réseau de sociabilité qui permet à Émile d'émerger peu à peu en participant à la création de l'École centrale d'architecture et en fondant ensuite l'École libre des sciences politiques.

Avant de fonder l'École libre des Sciences Politiques, Émile Boutmy participe en effet à la création de l'École centrale d'architecture au sein de laquelle il occupe la chaire d'histoire des civilisations. Lors de sa leçon inaugurale prononcée pour cette autre institution, il expose déjà sa vision d'une école ouverte sur le monde dont l'objectif n'est pas seulement d'étudier « la fantaisie de l'architecture » mais également « la pression des grands faits moraux contemporains » sur le style de chaque époque.

Ces quelques cours ne lui offrent cependant pas la situation espérée ; le bouleversement militaire et politique de 1871 lui fournit l'occasion de tenter une nouvelle aventure.

b. Un projet ambitieux

Quelques mois avant la défaite Émile Boutmy présente déjà son projet de refondation de l'université sur le modèle prussien. L'Allemagne fait en effet figure d'exemple à suivre pour les intellectuels de la deuxième moitié du XIXe siècle. C'est notamment en Allemagne qu'ont été inventés les séminaires qui permettent de rompre avec une transmission du savoir très verticale caractéristique de l'université française ; dans ces séminaires, le maître est désormais entouré de ses disciples, sorte de retour aux sources pour l'université.

Dès février 1871, dans un libelle coécrit avec Ernest Vinet, *Quelques idées sur la création d'une faculté libre d'enseignement supérieur*, Émile Boutmy interprète ainsi la victoire de la Prusse contre l'Autriche de 1866 : « c'est l'université de Berlin qui a triomphé à Sadowa, on l'a dit avec une raison profonde ; il faut être aveugle pour ne pas voir l'ignorance française derrière la folle déclaration de guerre qui nous a conduits où nous sommes. [...] Cette classe moyenne de l'intelligence, qui est la force et le lien d'une société, manque presque complètement à la France. Lacune funeste ! une nation tombe chaque jour plus bas, quand les savants n'ont pas d'autres auditeurs que les hommes spéciaux, quand l'homme d'État ne trouve pas d'auxiliaires entendus que chez les gens en place, de critiques compétents que chez les candidats qui convoitent la sienne. »

Dès le milieu du XIXe siècle, le système universitaire allemand fait figure de modèle pour les intellectuels français. Cette comparaison devient plus active encore au lendemain de la défaite dans la guerre franco-prussienne ; la supériorité du système éducatif allemand est dès lors interprétée comme l'un des éléments de la victoire de la Prusse. Au même titre que l'Allemagne l'a fait après la défaite de l'Iéna en 1806, la France se doit de repenser son système éducatif après 1870. C'est dans cet esprit qu'il faut comprendre la fondation de Sciences Po au miroir du système universitaire allemand.

Dans cette même brochure de février 1871, Émile Boutmy présente la nécessité d'un enseignement ouvert sur le monde pour forger une nouvelle classe d'hommes politiques. « Notre science politique, purement française ou latine, ignore volontairement l'Europe moderne et le nouveau monde. [...] Il y a en France un enseignement organisé pour le médecin, pour l'avocat, pour l'ingénieur, pour le militaire, etc. il n'y en a pas pour l'homme politique. [...] À coup sûr, ce serait une grande et heureuse révolution si la France parvenait à faire essaimer tous les ans deux ou trois milieux esprits pourvus de connaissances politiques, ayant un titre à se faire écouter, et des arguments pour faire comprendre que toutes les questions sont difficiles et la plupart des solutions complexes. »

Il appelle ainsi à la création d'un « enseignement de sciences politiques, riche et complet par la composition, européen par le cadre, contemporain par les sujets, historiques et critiques par la méthode » au sein d'une deuxième brochure publiée cette fois en septembre 1871, *Projet d'une faculté libre des sciences politiques*.

En Allemagne, les universités sont relativement libres vis-à-vis des États. Elles définissent elles-mêmes leur programme et assurent leur propre recrutement du corps enseignant. Les professeurs circulent d'ailleurs entre plusieurs institutions universitaires, bien que les différentes écoles aient un esprit de corps plus développé que celui que l'on peut trouver dans les universités françaises. Surtout, ce qui frappe l'esprit des observateurs étrangers, c'est le système des séminaires. Un lien beaucoup plus personnel se crée entre les enseignants et les élèves qui réalisent ensemble une coconstruction du savoir au cours de séances pendant lesquelles le professeur descend littéralement de sa chaire. Ce rapide regard sur l'Allemagne est essentiel pour bien comprendre le modèle qu'a en tête Émile Boutmy lors de la création de sa nouvelle école.

c. La naissance de Sciences Po

En raison des lourdes réparations imposées par la Prusse à la France et des dettes massives engendrées par la guerre, Émile Boutmy n'eut d'autres choix que de créer son École libre des sciences politiques en prenant appui sur des financements privés. Pour obtenir ces derniers, il mobilise son réseau afin de créer une société par actions dans le but d'abriter administrativement l'école. Soutenue par la bourgeoisie libérale républicaine, celle-là même qui a fait fortune grâce à l'essor industriel et financier, l'initiative se concrétise bientôt et les cinq cents actions de 400 francs trouvent rapidement preneur. Dès le 10 juillet 1872, la société anonyme qui allait accueillir Sciences Po était créée.

Quatre-vingt-neuf élèves assistent par intermittence aux premiers cours dispensés à partir de janvier 1872 au sein de l'hôtel de la Société d'encouragement de l'industrie nationale, situé rue de l'Abbaye à Paris. En décembre 1873, l'école s'installe rue Taranne, au sein du même quartier de Saint-Germain-des-Prés, avant de déménager une nouvelle fois rue des Saints-Pères.

Mais un legs consenti par Maria de Brignole-Sale, duchesse de Galliera, après la mort de son mari, à différentes institutions parmi lesquelles l'École libre, change la donne. Elle verse en effet un million de francs à l'école d'Émile Boutmy, ce qui va lui permettre d'acquérir ses propres locaux, même s'il faut encore attendre la rentrée universitaire de 1882 pour que les cours soient dispensés au 27, rue Saint-Guillaume, au sein du bâtiment qui accueille encore le cœur de l'école, l'hôtel de Mortemart.

L'hôtel de Mortemart, les racines de Sciences Po

Le 27, rue Saint Guillaume abrite encore aujourd'hui la direction de Sciences Po et une partie des enseignements, notamment le mythique amphithéâtre Émile Boutmy. Cet hôtel particulier fut construit entre 1663 et 1665, grâce aux financements et aux souhaits de Gabriel de Rochechouart, duc de Mortemart et pair de France, gentilhomme proche de Louis XIII. C'est donc en hommage à son bâtisseur que le bâtiment central de l'école porte encore le nom d'hôtel de Mortemart. Le duc y vécut ses dix dernières années, exerçant notamment à partir de 1669 la fonction de gouverneur de Paris et de l'Île-de-France. Au terme de plusieurs ventes, l'hôtel de Mortemart a été acquis en 1879 par le président du conseil d'administration de l'École libre des Sciences Politiques, Édouard André. Après trois ans de travaux, toutes les rentrées universitaires depuis 1882 ont pu se dérouler aux 27 de la rue Saint Guillaume, à l'exception des rentrées ayant eu lieu au cours de la Deuxième Guerre mondiale.

Le quartier de Saint-Germain-des-Prés s'est très vite imposé comme le centre névralgique de Sciences Po pour sa respectabilité, sa proximité avec l'université de droit ou encore sa proximité avec les ministères. Si l'école s'est aujourd'hui en partie délocalisée dans des campus installés dans différentes villes moyennes françaises, elle conserve ses principaux lieux décisionnels et ses formations de second cycle au cœur des 6e et 7e arrondissements de Paris.

Très vite, face à l'augmentation du nombre d'élèves, il a fallu étendre l'emprise foncière de l'école. Plusieurs hôtels particuliers ont ainsi été rachetés aux 25 puis aux 29 de la rue Saint Guillaume, avant de s'étendre vers d'autres sites du quartier, notamment la rue des Saints-Pères, une parallèle de la rue Saint Guillaume.

2 Des sciences politiques ouvertes sur le monde

a. Les premiers enseignants

Les trois premières décennies sont particulièrement marquées par la personnalité de son fondateur qui recrute lui-même la plupart des enseignants et assiste à leurs leçons afin de décider de leur reconduction ou non. L'École libre des Sciences Politiques conçoit dès lors comme une force le fait de ne disposer que d'un corps enseignant permanent très restreint afin de pouvoir renouveler régulièrement son corps enseignant et d'assurer un recrutement le plus éclectique possible. L'école ne compte ainsi qu'une vingtaine d'enseignants en 1878, une cinquantaine en 1906.

Un corps enseignant ouvert sur le monde

Dès l'origine, Émile Boutmy a souhaité confier les enseignements à des professeurs ouverts sur le monde, loin de l'image mythique de l'intellectuel enfermé dans sa tour d'ivoire. « L'une de nos forces est que la plupart de nos professeurs ne sont pas seulement des professeurs, qu'ils sont mêlés au monde et aux affaires, et qu'ils ne vivent pas en insulaires au milieu de leurs livres et de leurs manuscrits. » Une nouvelle fois, cette nouvelle école se construit en contre-pied de l'université, comme l'expose lui-même son fondateur dans son Rapport à l'assemblée générale des actionnaires du 23 janvier 1873.

On retrouve donc naturellement aux côtés d'éminents professeurs d'université, des hommes davantage remarqués pour leur engagement dans les affaires du monde. Au sein de la première catégorie d'enseignants, on retient souvent Émile Levasseur, normalien, historien, chargé de cours au collège de France et membre de l'institut ou encore Paul Janet, professeur d'histoire et de philosophie à la Sorbonne, membre de l'Académie des sciences morales et politiques. Le deuxième profil peut être illustré quant à lui par les noms d'Alexandre Ribot, jeune avocat et futur député ou d'Albert Sorel, attaché aux Affaires étrangères.

La liberté de recrutement est dès lors présentée comme une force, comme l'exprime l'un des premiers enseignants, Émile Levasseur dans un article de 1906 : « N'étant pas circonscrit dans le choix des maîtres par l'obligation d'un diplôme ou par des considérations hiérarchiques, le Directeur peut s'associer des collaborateurs qui répondent à tous les genres de besoins ; il peut les prendre partout où il découvre une compétence, dans le monde de la pratique comme dans celui de la science. Il peut modifier la composition, le nombre, les fonctions du corps enseignant. »

Là encore, loin du système rigide qui caractérise encore le recrutement à l'université, Sciences Po s'adjoint les services de nombreux autodidactes qui ont fait leurs preuves par l'expérience, sans pour autant avoir obtenu quelconques grades ou une reconnaissance institutionnelle par leurs pairs.

b. Les premiers enseignements

Leurs enseignements témoignent de la conception plurielle des sciences politiques qui ne peuvent être réduites à la discipline académique de la science politique. L'école se veut en effet pluridisciplinaire et se place dès l'origine en rupture par rapport à la science politique en tant que discipline universitaire.

Parmi les premiers cours dispensés à Sciences Po, figurent notamment une « histoire diplomatique de l'Europe », une « histoire du développement agricole, commercial et industriel », un enseignement de « droit civil comparé » ou encore « une sociologie des sociétés européennes ». La science politique au sens strict n'est donc pas présente à l'origine de l'école dont l'objectif est surtout de développer la culture générale de ses élèves.

Pour bien comprendre l'esprit des débuts, il convient de se référer aux propos du fondateur lui-même. « J'ai voulu que nos disciples n'abordent en étrangers aucune partie de la connaissance humaine. [...] Le moins qu'on puisse attendre d'un homme cultivé, c'est qu'il connaisse son temps. » Ces mots du fondateur que l'on retrouve dans la brochure, *Quelques idées sur la création d'une faculté libre d'enseignement supérieur*, expriment bien l'ambition de l'école, depuis ses débuts jusqu'à aujourd'hui, celle d'analyser les problèmes contemporains afin de les saisir dans leur complexité politique, juridique, économique et sociale.

Une pluridisciplinarité affirmée dès les origines

Du fait de leur diversité, ces enseignements visent à former des hommes capables d'œuvrer dans différents domaines professionnels, loin de l'ambition universitaire de fabriquer des spécialistes d'un domaine en particulier. De la même manière, cette approche plurielle des disciplines a pour objectif d'assurer un dialogue entre la recherche scientifique et l'enseignement pratique. La pluridisciplinarité figure toujours parmi les principaux atouts cités par les candidats attirés par des études à Sciences Po.

Cependant, cette ambition suscite des critiques, notamment de la part des universités de droit qui souffrent de la concurrence avec Sciences Po. Il faut dire que l'institutionnalisation en cours de plusieurs disciplines nouvelles s'opère dans un contexte très concurrentiel. Le regard porté par le monde académique traditionnel sur le projet d'Émile Boutmy est révélateur de ces tensions. Émile Durkheim, l'un des fondateurs de la sociologie moderne, qualifie ainsi les sciences politiques de « spéculations bâtardes, à moitié science à moitié art », dans un article de 1890, « Les principes de 1789 et la sociologie ».

c. Les concours administratifs, une spécialité

Les débuts de la nouvelle école sont difficiles et l'argent peine à rentrer dans les caisses. Émile Boutmy émet alors l'idée de former les étudiants aux concours administratifs pour profiter de l'attrait de ces carrières auprès de la bonne société. Il propose ainsi d'ériger Sciences Po en préparation pour la diplomatie et la haute administration.

Deux nouvelles sections sont ainsi créées au cours des premières années. Des enseignements sur « l'histoire des traités », « la géographie et l'ethnographie de l'Europe », « les institutions militaires des grandes puissances » ou encore « les constitutions politiques dans les principaux États » formaient dès lors l'ossature de la section diplomatique. De son côté, la section administrative proposait des enseignements sur « l'organisation administrative de la France », « le droit constitutionnel » ou encore « l'histoire des théories de réformes sociales ».

Rapidement, Sciences Po s'impose comme la préparation de référence aux concours administratifs, s'attirant dans le même temps les foudres d'une partie de la classe politique jugeant qu'une telle préparation ne pouvait être confiée intégralement à une école privée. Il faut dire que la quasi-totalité des lauréats des concours de la haute fonction publique (Affaires étrangères, Conseil d'État, Cour des Comptes ou encore Inspection des finances) sont passés par les bancs de Sciences Po avant la création de l'École nationale d'administration en 1945.

Un vocabulaire spécifique s'impose

Au sein de l'école elle-même, sans pour autant que cette pratique ne soit véritablement institutionnalisée, des hauts fonctionnaires encadrent des « écuries » d'étudiants. Ce système de tutorat ou de préceptorat s'avère très efficace pour la réussite au concours. Leurs organisateurs entraînent ainsi les étudiants au cours de « galops d'essai » régulier. Si la pratique est désormais directement prise en charge dans le fonctionnement de l'école, le vocabulaire est resté le même. À Sciences Po comme à l'INSP, les étudiants se regroupent toujours en groupes de travail appelés « écuries » et réalisent régulièrement des épreuves blanches surnommées « galops d'essai ».

d. Les conférences de méthode

Sous l'inspiration du modèle universitaire allemand, Sciences Po met également en place dès les premières années « les conférences », ancêtres des conférences de méthode. Destinées à accompagner un cours magistral, il s'agissait de faire descendre les professeurs de leur chaire afin de renouveler l'enseignement *ex cathedra* tel qu'il s'était imposé dans les universités du XIXe siècle.

Des groupes restreints profitent ainsi des réflexions de chacun pour élaborer avec l'appui de leur enseignant une réflexion commune. Directement inspirées des séminaires allemands, ces conférences de méthode demeurent encore aujourd'hui un élément caractéristique des Sciences Po, bien que l'on retrouve également à l'université le système proche des travaux dirigés.

Émile Boutmy lui-même présente cette innovation pédagogique dans son *Rapport à l'assemblée générale des actionnaires 1873*. « Nous concevions les conférences comme des cours sans apparat, où le maître et l'élève, réunis autour d'une même table, manient ensemble les documents [...] puis se communiquent leurs objections ou leurs doutes et les résolvent d'un commun accord. » L'enseignement se veut ainsi plus interactif afin de renouveler les processus de transmission du savoir.

Ces conférences s'inscrivent dès lors en rupture par rapport aux cours magistraux de l'université afin de rendre plus actifs les étudiants et de repenser la transmission du savoir. Cette pratique s'est désormais imposée dans toutes les institutions de l'enseignement supérieur ; à Sciences Po, elle était pensée dès l'origine comme une manière de renforcer la personnalité des auditeurs et donc d'améliorer leur capacité à prendre la parole en public.

e. La bibliothèque, une institution majeure

Autre décision majeure destinée à rendre ses élèves les plus actifs possibles, Émile Boutmy place la constitution d'un fonds de documentation autonome au cœur du projet de fondation de l'École libre des Sciences Politiques. Aujourd'hui encore, la bibliothèque est un lieu de vie majeure, même si depuis les derniers travaux les écrans ont largement supplanté les rayonnages.

Dès l'article 5 du texte fondateur de 1871, la question du fonds de documentation est évoquée. « Il sera organisé, aussitôt que possible, une salle de lecture et une bibliothèque où seront réunis tous les documents relatifs à l'histoire politique contemporaine. » La bibliothèque de Sciences Po est ouverte l'année suivante et propose dès l'origine la consultation de différentes revues scientifiques et autres journaux afin d'élargir au maximum les perspectives de ses enseignants et étudiants.

En 1892, 160 journaux et revues sont proposés en consultation à la bibliothèque de Sciences Po. La fréquentation régulière de ces productions contemporaines est encouragée par les enseignants et le directeur de l'école. La lecture de la presse, notamment étrangère, est ainsi présentée dès l'origine comme un complément naturel des enseignements dispensés au sein de l'école.

3 Un succès jalousé

a. Une école attractive

Les successeurs d'Émile Boutmy ont poursuivi l'ambition du fondateur, celle d'attirer un nombre d'étudiants suffisants pour assurer la pérennité de l'école. En 1906, année de la disparition d'Émile Boutmy, 586 étudiants étaient scolarisés à Sciences Po. Après une période de perturbation du fonctionnement de l'école en raison de la mobilisation d'une grande partie des enseignants et des étudiants durant la Première Guerre mondiale, l'école reprend son expansion. En 1927, elle compte 1 350 étudiants ; ils sont plus de 2000 en 1933.

Une attention particulière portée aux alumni

Avant même le déclenchement de la Première Guerre mondiale, ce sont ainsi plus de 16 000 étudiants qui ont fréquenté les bancs de Sciences Po. Dès 1875, Émile Boutmy comprend l'intérêt qu'il peut trouver à fédérer cette communauté en créant la Société des anciens élèves et élèves de l'École libre des sciences politiques. Celle-ci organise des événements réguliers pour maintenir les réseaux entre les anciens élèves et faciliter une insertion professionnelle qui se tourne de plus en plus vers le monde des affaires.

L'ouverture à de nouveaux étudiants justifie la politique d'expansion immobilière de Sciences Po. Dans les années 1930, un nouveau bâtiment est construit derrière l'hôtel de Mortemart. Il abrite aujourd'hui les trois grands amphithéâtres du 27, rue Saint Guillaume, qui portent le nom de trois de ses directeurs, Émile Boutmy, Jacques Chapsal et Anatole Leroy-Beaulieu.

C'est au cours de cette même période que « la Péniche » fut installée au centre du hall d'entrée du 27, rue Saint Guillaume, mythique banc en bois de forme oblongue sur lequel ont pris place au fil des années des dizaines de milliers d'étudiants.

La première moitié du XXe siècle voit aussi l'instauration des premiers mécanismes de sélection à l'entrée dans l'école. À compter de 1931, le baccalauréat est exigé pour les garçons, un concours est organisé pour les filles, de la même manière que les étrangers sont soumis à un examen de français. Afin de préserver une certaine ouverture, les premières bourses sont attribuées sous le directorat d'Eugène d'Eichtal, tandis que les frais de scolarité passent de 350 à 500 francs.

b. Une école misogyne ?

Souvent cité, la boutade d'André Siegfried, éminent professeur de Sciences Po au tournant des XIXe-XXe siècles est révélatrice d'une certaine misogynie dans le monde de l'enseignement supérieur à cette période. Selon lui, « une jeune fille pas trop laide, c'est cinq garçons qui ne travaillent pas ». De la même manière, lorsque Madame Leroy-Beaulieu, épouse du directeur, souhaite assister aux enseignements, elle ne peut le faire qu'à travers un guichet percé dans la porte de l'amphithéâtre…

La réflexion sur l'admission des jeunes filles débute pourtant dès les premières années du XXe siècle, mais il faut attendre l'issue de la Première Guerre mondiale pour qu'elle aboutisse. Les cinquante premières années de Sciences Po sont en effet exclusivement masculines. Ce n'est qu'à l'occasion de la rentrée universitaire 1919 que six femmes ont pu s'inscrire à Sciences Po, parmi lesquelles deux Serbes, une Danoise, une Palestinienne, une Canadienne et une seule Française.

Cependant, l'égalité dans la voie d'accès à l'école n'est pas acquise ; en 1931, le baccalauréat est imposé aux femmes alors qu'il ne l'est pas aux hommes. Avant la Seconde Guerre mondiale, la proportion de femmes ne dépasse pas 10 % à Sciences Po, soit environ deux fois moins que la moyenne des universités françaises. La véritable féminisation de l'école ne se réalise qu'à la toute fin du XXe siècle ; en 1980, Sciences Po ne compte toujours qu'une minorité (35 %) d'étudiantes.

Du côté du corps enseignant, là encore, Sciences Po accuse un net retard dans l'égalité entre les sexes. Jusqu'en 1968, une seule professeure enseigne à Sciences Po, Suzanne Bastid, professeure de droit international qui dispense ses premiers cours à l'École libre à partir de 1946.

c. L'ouverture aux domaines économiques et financiers

Amorcée dès la fin du XIXe siècle, la volonté de rapprocher l'école du monde des affaires a été amplifiée sous son successeur, Anatole Leroy-Beaulieu, directeur de Sciences Po entre 1906 et 1912.

Portrait

Anatole Leroy-Beaulieu, un intellecuel engagé

Grand spécialiste des mondes orientaux, Anatole Leroy-Beaulieu incarne parfaitement le projet d'ouverture vers l'international de Sciences Po. Il est même présenté dans certaines notices biographiques comme le « Français le plus connu à l'étranger » de son époque. À la suite d'un voyage en Russie, il rédige de nombreux articles et ouvrages qui s'imposent comme les références sur le monde russe, notamment *L'Empire des tsars et les Russes*, réédité à plusieurs reprises. Élu professeur à Sciences Po en 1881, il en devient le directeur en 1906. Il se distingue également par ses engagements. Fervent catholique, il s'engage contre la Loi de 1905. Ethnographe avant l'heure, il s'engage également dans la défense des peuples opprimés, les Polonais, les Arméniens ou encore les juifs Ukrainiens.

Succéder à Émile Boutmy après 35 ans de directorat n'est pas des plus évidents pour Anatole Leroy-Beaulieu en dépit de son ancienneté au sein de l'école et de sa notoriété. Il marque l'institution par plusieurs innovations, parmi lesquels l'allongement de la scolarité portée à trois ans à compter de 1910 ou encore l'ouverture la même année d'une nouvelle section économique et financière destinée à renforcer le poids des affaires à Sciences Po.

Un succès fulgurant pour la section économique et financière

Dès sa fondation au début du xxe siècle, la section économique et financière s'impose comme la plus attractive de toutes, devant la section diplomatique. Elle profite notamment du faible nombre de places accordées au concours de l'administration pour prospérer. À la fin des années 1920, la sous-section économie et finances privées attiraient plus de 40 % des étudiants. Aujourd'hui encore, le secteur privé reste le premier pourvoyeur d'emplois pour les diplômés de Sciences Po.

En pleine conformité avec l'esprit libéral du temps, Sciences Po propose à des entreprises privées de financer des enseignements destinés à améliorer la formation de leur cadre. L'ancêtre de la formation continue offre dès lors à l'école de la rue Saint Guillaume une nouvelle source de financement et de rayonnement.

De la même manière, Sciences Po propose dès lors des enseignements professionnalisants destinés à faciliter l'intégration des diplômés dans les entreprises privées, en particulier dans le secteur en plein essor de la banque et des assurances. Dans l'entre-deux-guerres, Sciences Po s'impose comme l'école de référence pour la formation des chefs d'entreprise et des cadres du secteur financier.

d. Une première internationalisation de l'école

Dès sa fondation, l'école cherche à attirer des étudiants étrangers. Dans l'esprit d'Émile Boutmy, cette ambition a un objectif essentiellement patriotique ; il s'agit à la fois de concurrencer le rayonnement des universités allemandes, de favoriser la diffusion de la culture française à l'étranger mais aussi de faciliter les relations diplomatiques entre les différents États dans un contexte de fortes tensions consécutif à la défaite de 1870.

Pour faciliter l'intégration de ces étudiants étrangers, ils sont invités à participer à des conférences spéciales instaurées à partir de 1909. Au début du xxe siècle, l'école compte environ 15 % d'étudiants étrangers, essentiellement originaires d'autres pays européens. La Première Guerre mondiale est venue contrarier un temps cette ambition d'internationalisation de Sciences Po, très vite reprise par Eugène Eichthal, directeur de Sciences Po entre 1912 et 1936.

Portrait

Eugène d'Eichthal, un capitaine dans la tempête

Économiste et sociologue, Eugène d'Eichthal succède à Anatole Leroy-Beaulieu à l'âge de 68 ans ; comme lui, il meurt dans l'exercice de ses fonctions à l'âge de 92 ans. Son directorat ne débute pas sous les meilleurs auspices puisqu'il doit d'abord affronter la Première Guerre mondiale. Face à la mobilisation d'une partie des enseignants et de la quasi-totalité des étudiants, Sciences Po ne peut délivrer une scolarité normale pendant cette période. L'après-guerre n'est guère plus favorable à l'école qui doit de nouveaux vents contraires. Au cours des 25 ans passés à la tête de l'institution, Eugène d'Eichthal est néanmoins parvenu à mettre en place quelques réformes comme l'ouverture aux femmes ou encore l'accentuation de l'internationalisation de l'école.

Dans l'entre-deux-guerres, l'école amplifie l'ambition d'attirer des étudiants étrangers afin d'assurer son rayonnement à l'étranger et d'assurer l'internationalisation des réseaux de ses anciens élèves. Eugène d'Eichthal résume lui-même cette perspective à l'occasion de l'assemblée générale du 25 février 1920 : « l'un des profits les plus appréciables de l'organisation de l'école est la présence simultanée sur ces bancs de tant de jeunes gens accourus de presque tous les points du globe. Il y a là, par l'effet de la camaraderie, une pénétration réciproque des caractères, des aspirations, quelquefois des préjugés, qui remplace avantageusement beaucoup de lectures et même de voyages. »

La victoire française de 1918 contribue grandement à ce rayonnement et, en miroir, à la crise du système universitaire allemand. Dans l'entre-deux-guerres, les étudiants étrangers représentent 26 % des effectifs. Ils se dirigent toujours vers la section diplomatique même s'ils sont de plus en plus nombreux à se former au sein de la section économique et financière pour profiter de leur expérience internationale dans le monde des affaires.

L'enseignement des langues est également promu dans cette perspective d'internationalisation. En 1873 déjà, l'école propose à ses étudiants des cours d'anglais, d'allemand, de russe ou d'arabe. Au cours de la première moitié du XXe siècle, l'enseignement des langues étrangères occupe une place croissante, tandis que le phénomène est encore marginal voire inexistant dans les universités.

Enfin, l'internationalisation est également portée par les recherches des professeurs de l'École libre. Dès les premières années, les chercheurs de Sciences Po portent un regard appuyé sur le reste du monde. Anatole Leroy-Beaulieu est ainsi l'un des grands spécialistes de la Russie des tsars, pendant qu'André Siegfried consacre une partie de ses recherches aux îles britanniques. Au cours des années 1930, les chercheurs de l'École libre se tournent plus particulièrement vers les États-Unis. Pierre Leroy-Beaulieu établit un tableau la puissance américaine naissante, *Les États-Unis au XXe siècle*, publié en 1904. André Tardieu publie plusieurs ouvrages sur les États-Unis, avant que le flambeau ne soit repris par André Siegfried qui s'impose après 1945 comme le grand américaniste français.

e. La multiplication des attaques

Le monopole exercé par l'école sur la formation de la haute fonction publique en même temps que son important rayonnement dans le monde des affaires ont suscité dès la fin du XIXe siècle des critiques ainsi que des tentatives de déstabilisation. C'est paradoxalement le succès de l'école qui lui vaut condamnation.

Dès le XIXe siècle, plusieurs dirigeants ambitionnent de mettre en place une École nationale d'administration afin d'assurer la formation et le recrutement des élites dirigeantes. La première de ces écoles voit le jour en 1848 mais cette expérience pédagogique est aussi éphémère que la Seconde République qui l'a portée. Depuis cette date, un concours est néanmoins mis en place pour assurer le recrutement au sein des principaux ministères et grands corps de l'État.

Au cours des années 1870, la IIIe République tente une première fois de prendre le contrôle sur l'École libre des Sciences Politiques, sur une idée portée par Hippolyte Carnot en 1876. Mais ce projet de nationalisation échoue au Sénat en 1881, ce qui laisse plus de quarante ans de répit à Sciences Po.

L'entre-deux-guerres, une période de crise pour l'ELSP

Les critiques se multiplient dans l'entre-deux-guerres, émanant en particulier des partis de gauche. Cette école de formation des élites subit de plein fouet la crise politique et économique des années 1930 et en particulier la montée de l'antiparlementarisme. L'accession au pouvoir du Front populaire coïncide avec le début des difficultés pour Sciences Po, marqué de surcroît par la délicate question de la succession de son directeur. Après 24 ans à la tête de l'institution, Eugène d'Eichthal meurt en 1936. Son fauteuil échoit à Roger Seydoux qui a toutes les peines du monde à s'imposer à la suite de cette figure tutélaire morte en fonction à l'âge de 92 ans.

Cette même année, le ministre de l'Éducation nationale, Jean Zay, dépose à la chambre des députés un projet de loi destinée à créer une École nationale d'administration afin de permettre une diversification d'un recrutement monopolisé par quelques « deux cents familles », selon les propos du ministre. Le projet prévoit à la fois une École nationale d'administration recrutant des bacheliers pour former à tous les emplois de la fonction publique mais aussi un Centre d'études administratives pour former à la haute administration des lauréats recrutés au sein de l'ENA. Adoptée en 1937, cette réforme qui consiste ni plus ni moins à remettre en cause une partie de l'existence même de Sciences Po est néanmoins repoussée en raison de l'éclatement du Front populaire puis de la Deuxième Guerre mondiale.

Sciences Po tente néanmoins de s'adapter aux critiques l'accusant d'élitisme parisianiste en imaginant les bourses Boutmy en 1937 ; sur critères sociaux, 60 étudiants reçoivent une bourse complète et 20 étudiants perçoivent une demi-bourse dans l'objectif de favoriser une première démocratisation de l'école.

f. La Deuxième Guerre mondiale, une institution en péril

La Première guerre mondiale avait déjà éprouvé l'institution qui n'était pas parvenue à assurer une rentrée en 1914, avant de reprendre son cycle d'enseignement à compter de 1915 tout en s'adressant à des cohortes largement affectées par la conscription. Au cours de la Deuxième Guerre mondiale, le contexte est fondamentalement différent. L'école poursuit ses enseignements en installant une première antenne à Lyon, au 15, quai Claude Bernard, sur les bords du Rhône, sous le nom de Centre d'études politiques et administratives, puis une seconde à Alger en 1942.

Cette délocalisation partielle n'empêche pas les innovations ; c'est à Lyon qu'a été imposée à tous les élèves la durée de la scolarité à trois ans en 1940 ou encore qu'a été imaginée l'année préparatoire. Les dirigeants de l'école tentent ici d'apporter des réponses aux critiques dont elle est victime dans la deuxième moitié des années 1930.

À partir de 1942, l'année préparatoire offre aux bacheliers un enseignement commun afin de préparer leur entrée dans l'enseignement supérieur ; elle s'achève par un examen de fin de première année composé d'un écrit, de trois oraux et d'une note de conférence, qui assure la sélection pour poursuivre ou non les études à Sciences Po. De la même manière, c'est également à Lyon que fut instituée l'obligation pour chaque étudiant de suivre une conférence de méthode par année d'études afin de lutter contre les accusations de tourisme scolaire.

Une période sombre pour l'institution

La Seconde Guerre mondiale reste attachée à une légende noire pour Sciences Po. Si le site parisien est bien fermé par la Wehrmacht durant l'été 1940 pour éviter qu'il ne devienne un foyer de résistance, il est rouvert dès le mois d'octobre 1940 avec l'accord des autorités allemandes et du régime de Vichy. De nombreux cadres de la droite traditionnelle et réactionnaire siégeaient en effet au sein du conseil d'administration de l'école depuis les années 1930 où ils avaient été recrutés pour contrer la tentative de nationalisation opérée par le Front populaire. Ainsi, depuis 1934, Philippe Pétain siégeait au Conseil d'administration. Il donnait même un cours sur la Défense nationale à Sciences Po à partir de 1938. La négociation entre l'École libre des Sciences Politiques et le régime de Vichy aboutit notamment à l'épuration des professeurs juifs, parmi lesquels figure notamment l'économiste Jacques Rueff.

Plus généralement, l'École libre des Sciences Politiques est tenue responsable de la compromission des élites administratives et politiques largement formées à Sciences Po. Si le monopole de la formation de l'administration française faisait sa fierté avant la guerre, la soumission d'une grande partie de cette même administration au régime de Vichy nuit largement à la réputation de l'école.

L'École libre des sciences politiques est même parfois présentée comme un repaire de collaborateurs. Dans son livre sur l'histoire de Sciences Po, *Sciences Po : histoire d'une réussite*, Gérard Vincent résume ainsi les troubles de la Seconde Guerre mondiale : « il en alla des élèves comme des Français ; certains choisirent l'attente, d'autres l'engagement. » Nous pourrions même ajouter avec un regard plus distancié et contemporain, d'autres encore choisirent la collaboration.

Un modèle à réinventer après 1945

En dépit des vents contraires, Sciences Po parvient à éviter la disparition programmée en 1945 et se trouve même une nouvelle vocation, celle de former les étudiants à l'ENA. Grâce à une réorganisation interne, l'école nourrit l'ambition de poursuivre son expansion immobilière et institutionnelle.

1 La refondation sous l'égide de Jacques Chapsal

a. La naissance de l'IEP de Paris

À la Libération, l'une des missions du Gouvernement provisoire de la République française est de réorganiser en profondeur la fonction publique afin d'assurer à la fois la continuité et le renouveau de l'État. Du fait de l'engagement d'une partie des élites formées à Sciences Po derrière le régime de Vichy mais aussi en raison de la présence de nombreux communistes dans le GRPF, il n'était plus question de confier la formation de la quasi-totalité des élites administratives françaises à une école privée.

Une volonté de reprise en main de l'État

La condamnation de l'École libre des Sciences Politiques est sans appel. Elle disparaît pour être remplacée par une nouvelle institution, l'Institut d'études politiques de l'université de Paris créée par un décret du 9 octobre 1945. Dans le même élan, une école, publique cette fois, est créée pour assurer la préparation aux concours du Conseil d'État, de l'Inspection générale des finances, de la Cour des comptes, du Quai d'Orsay ou des autres corps de la haute administration française : l'École nationale d'administration. L'objectif du gouvernement est clair : reprendre en main la formation des hauts fonctionnaires. Sciences Po doit dès lors se trouver une nouvelle vocation, celle de former les futurs élèves de l'ENA.

Grâce à des négociations au plus haut sommet de l'État, les administrateurs de Sciences Po parviennent cependant à éviter la nationalisation pure et simple de l'école. En effet, au cours des premiers mois de l'année 1945, l'Assemblée nationale du GPRF avait adopté une proposition de résolution déposée par le Parti communiste français qui prévoyait la réquisition des biens de Sciences Po et sa nationalisation.

Selon les mots de cette résolution, la nationalisation est présentée comme une « sanction » vis-à-vis de ce « foyer de la collaboration » qui s'était rendu coupable de « trahison et de collaboration avec l'ennemi ». De la même manière, les députés communistes ambitionnaient de donner naissance à une « école des sciences politiques qui soit nationale et démocratique par son organisation, son recrutement et son enseignement ».

En dépit de la virulence de la condamnation, un compromis est trouvé pour éviter une réquisition pourtant actée. Grâce à une opération de communication menée tambour battant et à une rigoureuse réorganisation interne de l'école, ses administrateurs parviennent à défendre l'autonomie de fonctionnement de Sciences Po. Un montage structuré autour de deux institutions remplace l'ancienne École libre des sciences politiques.

Si l'Institut d'études politiques devient désormais une école publique, la gestion de ses biens revient à une institution privée, la Fondation nationale des sciences politiques créée elle aussi par le décret du 9 octobre 1945. Ce dernier lui octroie le rôle d'assurer « l'organisation matérielle, ainsi que la gestion administrative et financière, de l'Institut d'études politiques de l'université de Paris », en lui fixant pour objectif de « favoriser le progrès et la diffusion des sciences politiques, économiques et sociales, en France, dans l'Empire et à l'étranger ».

La bienveillance dont bénéficie la direction de Sciences Po tient sans doute du fait qu'une majorité des membres du Gouvernement provisoire soit des anciens de l'école. Mais la survie de l'école provient d'un intérêt commun entre le GPRF et les cadres de Sciences Po, celui de reconstruire au plus vite une haute fonction publique en lui assurant une formation de qualité. L'État n'ayant pas les moyens ni les infrastructures pour créer en un temps si bref une structure nationale, la préservation de Sciences Po comme antichambre d'une nouvelle ENA apparaît comme un compromis gagnant-gagnant.

Depuis 1945, la Fondation nationale des sciences politiques a défendu et conservé son statut privé. Elle assure la gestion financière et administrative du nouvel IEP tout en bénéficiant chaque année d'une subvention publique, assurant environ la moitié de son fonctionnement. Comme l'écrit son nouveau directeur dans un livre de 1963, *L'École et la guerre : la transformation de son statut*, « l'école gardait sous une nouvelle forme et dans un autre cadre, l'essentiel de sa mission et de son caractère » ; elle surmontait alors la vague « sans être submergée ».

b. Une indépendance conservée

En cette période de transition, l'un des principaux objectifs des administrateurs de l'IEP est de défendre son indépendance à la fois institutionnelle et pédagogique. La réforme du GPRF prévoit pourtant l'instauration d'une tutelle de l'université de Paris sur Sciences Po, de la même manière que pour les autres IEP. C'est en effet également en 1945 que sont imaginés les Instituts d'études administratives, très vite rebaptisés Instituts d'études politiques, dont la tutelle administrative revient directement aux universités.

En théorie, « les programmes des cours et des examens de chaque institut sont établis par arrêté du président du gouvernement et du ministre de l'Éducation nationale, sur proposition du conseil de perfectionnement de l'institut et après avis du conseil de l'université », comme le prévoit le décret du 22 mars 1946.

Cependant, en ce qui concerne l'IEP de Paris, cette tutelle reste largement lettre morte et le directeur de l'IEP conserve de fait son pouvoir de nomination des enseignants. De la même manière, les règles de la comptabilité publique ne s'appliquent pas au sein de l'IEP qui bénéficie de nombreuses dérogations dans son fonctionnement administratif.

Cette indépendance a été ardemment défendue par Roger Seydoux, directeur de l'École libre entre 1939 et 1947. Elle fut surtout acquise par celui qui est considéré comme le refondateur de l'école, Jacques Chapsal. Directeur adjoint de Sciences Po entre 1944 et 1947, puis premier directeur de l'IEP de Paris entre 1947 et 1979, il parvient à défendre les intérêts pédagogiques institutionnels de l'école tout en assurant son renouveau dans la France des Trente glorieuses.

Portrait

Jacques Chapsal, le refondateur

Souvent qualifié de second fondateur ou de refondateur, Jacques Chapsal parvient à sauver l'École d'Émile Boutmy de sa disparition programmée. Auteur d'une thèse sur le régime administratif de la batellerie, soutenue en 1934, il accède ensuite à la fonction de maître de conférences en économie sociale à l'École libre et s'impose comme l'un des plus fins connaisseurs des débuts de la Vᵉ République. Sous son mandat, Sciences Po poursuit son développement immobilier et pédagogique, en dépit des crises, en particulier mai 68. C'est à lui que l'on doit la répartition des fonctions si particulières entre l'IEP de Paris et la FNSP.

Les deux institutions phares que sont la Fondation et l'Institut se répartissent globalement les rôles suivants. C'est à l'institut d'études politiques que revient la mission de recruter ses enseignants et ses étudiants et d'assurer le bon fonctionnement pédagogique de l'ensemble. À la Fondation nationale des sciences politiques échoit la tâche de gérer la documentation, la recherche et plus généralement le rayonnement des sciences sociales françaises.

Si chacune de ces deux institutions dispose de son propre commandement théorique, dans les faits, le directeur de l'IEP occupe également la fonction d'administrateur de la FNSP, même s'il doit composer avec un secrétaire général de la FNSP qui occupe d'ailleurs le bureau voisin au sien.

2 Le développement de l'institution

a. La réorganisation des sections

Au sein du nouvel IEP, c'est la section Service public (SP) qui exerce le pouvoir d'attraction le plus important sur les étudiants. Sur la première décennie de l'IEP de Paris, 60 % des étudiants choisissent cette section ; ils sont encore plus de 40 % jusque dans les années 1980. Une majorité d'entre eux rêvent en effet de franchir le mur qui sépare Sciences Po de l'ENA et de poursuivre leur scolarité rue des Saints-Pères, dans la continuité du jardin du 27, rue Saint Guillaume. La section Service publique est née de la fusion entre les sections administrative et diplomatique de l'École libre des Sciences Politiques. Ces étudiants occupent plus des trois quarts des postes offerts à l'ENA, les deux institutions partageant notamment le même corps enseignant ou la même bibliothèque. Mais les perspectives d'emplois étant très limitées au sein de la haute fonction publique, une grande majorité des étudiants de la section SP se dirige de fait vers le monde de l'entreprise.

La section Économique et financière (Ecofi) souffre quant à elle une certaine désaffection, inversement proportionnelle aux perspectives d'insertion professionnelle qu'elle offre tant les opportunités sont nombreuses dans cette France des Trente glorieuses. Héritière de la section Économie privée, elle attire environ le quart des étudiants, désireux de rejoindre le monde des affaires ou de prendre en main les services économiques au sein de la haute fonction publique.

La section Politique économique et sociale (PES) figure en troisième place au nombre d'étudiants. Souvent qualifiée de « section générale », elle peine à attirer plus de 10 % des étudiants et n'accueille donc pas les meilleurs d'entre eux. Elle est de fait la plus féminisée avec près de la moitié de ses effectifs composée d'étudiantes contre moins de 15 % pour la section Service public.

La section Politique économique et sociale permet notamment de poursuivre dans la recherche en sciences sociales, dans le journalisme ou l'aménagement du territoire.

Enfin, la quatrième, Section Internationale (SI), est la plus confidentielle. Elle souffre d'une mauvaise réputation dans l'immédiat après-guerre et accueille principalement des étudiants étrangers ou des jeunes femmes ; c'est d'ailleurs dans cette section qu'enseigne la première professeure de l'école, Suzanne Bastid. La section Internationale subit de fait la concurrence directe de la section Service public à laquelle revient notamment la préparation des concours des affaires étrangères. Elle offre pourtant une formation de grande qualité aux relations internationales.

Portrait

Suzanne Bastid, une pionnière

Titulaire d'un doctorat de droit après la soutenance en 1930 de sa thèse consacrée aux fonctionnaires internationaux, Suzanne Bastid, née Basdevant, devient successivement la première femme à obtenir l'agrégation de droit public en 1932 puis la première à décrocher un poste de professeure d'université en droit public, à l'université de Lyon, en 1933. Elle intègre un temps le cabinet de son mari, nommé ministre du commerce, avant de s'exiler en Afrique du Nord au cours de la Deuxième Guerre mondiale. De retour en France, elle reprend sa carrière d'enseignante et s'impose comme l'une des grandes spécialistes du droit des organisations internationales, d'où sa nomination en tant que professeure de droit international à l'IEP de Paris entre 1946 et 1978.

b. L'essor de la recherche

La recherche scientifique ne figurait pas parmi les priorités de l'École libre des Sciences Politiques qui se définissait essentiellement comme un institut d'enseignement. À l'inverse, l'IEP de Paris cherche dès ses premières années à s'imposer au cœur de la recherche en sciences sociales et bénéficie en cela d'un contexte favorable venu des États-Unis, le renouveau des sciences sociales dans les années 1950.

Les premiers centres de recherche voient le jour dans les années 1950. En 1952, est notamment lancé le Centre d'études des relations internationales (CERI), grâce à l'action de Jean-Baptiste Duroselle et de Jean Meyriat, nommé à la tête du premier service de documentation de l'IEP, ancêtre de la bibliothèque de Sciences Po. En 1960, le Centre d'études de la vie politique française (CEVIPOF) est créé à l'initiative de François Goguel et de Jean Touchard, secrétaire général de la Fondation nationale des sciences politiques.

Le nouvel IEP de Paris cherche également à rayonner par ses publications scientifiques, en particulier la *Revue française de science politique* ou les *Cahiers de la Fondation*. Il tend également à trouver sa place dans le monde des sciences sociales par l'organisation de colloques ou de journées d'études qui se multiplient dans les années 1960.

Au cours des années 1980, Sciences Po poursuit cette expansion scientifique à travers la création de nouveaux centres de recherche : l'Observatoire français des conjonctures économiques (OFCE), en 1981, à l'initiative de Jean-Marcel Jeanneney ; le Centre d'histoire de l'Europe du XXe siècle (CHEVS), en 1984, sous l'égide de Pierre Milza ; l'Observatoire interrégional du politique (OIP), en 1985, sur une idée d'Alain Lancelot, futur directeur de l'IEP entre 1986 et 1996, ou encore l'Observatoire sociologique du changement (OSC), en 1988, dirigé par Henri Mendras.

c. Le refus d'un déménagement à Nanterre

Victime de son succès, Sciences Po Paris se retrouve très vite à l'étroit dans ses locaux hérités de l'École libre des sciences politiques, d'autant plus que la Deuxième Guerre mondiale a modifié en profondeur l'organisation des études. Dans la première moitié du XXe siècle, les étudiants de l'École libre ne bénéficiaient que de très peu d'heures de cours et n'avaient pour seule obligation que d'assister à une conférence sur l'ensemble de leur scolarité. À partir de 1945, le règlement impose aux étudiants de première année d'assister à deux conférences de méthode par semaine puis à leurs aînés à une conférence de méthode hebdomadaire.

L'essor immobilier au cœur de Saint Germain

Lorsque l'on commence ses études à Sciences Po, l'on est parfois surpris par la qualification donnée aux salles de classe ; les étudiants ont en effet cours au 27 ou au 56, sans qu'il soit nécessaire de préciser la rue. Il faut dire que l'expansion immobilière de l'école est aussi gourmande que concentrée, l'essentiel des sites parisiens étant installé dans quelques rues au cœur de Saint-Germain-des-Près. Une partie des bâtiments actuels de l'école sont ainsi acquis ou redéfinis sous le mandat de Jacques Chapsal. Dès 1948, le premier directeur de l'IEP lance une politique de grands travaux. Il fait surélever les bâtiments du 27, rue Saint Guillaume et fait reconstruire un immeuble au 29, rue Saint Guillaume. En 1953, la Fondation nationale des sciences politiques acquiert également un nouvel immeuble juste en face de son site historique, au 30 de la rue Saint Guillaume. Dans le même élan, un nouveau bâtiment est construit dans la cour intérieure du 27.

Pourtant, Sciences Po agit alors à contre-courant des autres grandes institutions éducatives. En effet, au cours des années 1960, la modernité voulait que les grandes écoles quittent les centres urbains dans une perspective de décentralisation. Pour ne citer que ces deux exemples, HEC s'installe à Jouy-en-Josas en 1964 pendant que l'École des mines s'établit à Fontainebleau et à Ivry en 1967.

Un projet avorté

Il était pourtant prévu que Sciences Po suive le même modèle. En 1962, le ministre de l'Éducation nationale attribue ainsi à l'école un immeuble au sein de la nouvelle université de Nanterre. Après plusieurs années de travaux et de tergiversations au sommet de l'institution, une partie des services administratifs de Sciences Po sont délocalisés à Nanterre, au début de l'année 1968. Cette première étape devait ensuite être suivie par une installation des enseignements de première année dès l'été 1968 mais la crise sociale et politique de mai a eu raison de cette ambition. Au début de l'année 1969, Sciences Po renonce officiellement à son déménagement et ses locaux sont transférés aux facultés de lettres et de droit.

Sciences Po bénéficie même de cette volonté de modernité lorsqu'elle récupère les locaux du 56, rue des Saints-Pères, après le transfert de l'ENA au 13, rue de l'université. Cet immeuble est aujourd'hui relié aux 27, de la rue Saint Guillaume par le jardin et la cour intérieure et Sciences Po a depuis également racheté le 13, rue de l'université !

3 Un nouvel équilibre à trouver

a. Une institution sous le feu de mai 68

Au même titre que les autres institutions universitaires parisiennes, Sciences Po Paris a été occupée par les étudiants à l'occasion de la crise de mai 68. Le bureau du directeur a été pris d'assaut à plusieurs reprises et les salles de classe ont été occupées entre le 14 mai le 29 juin 1968. L'école est alors rebaptisée Institut Lénine et ses principaux amphithéâtres renommés aux noms de Che Guevara et Rosa Luxembourg.

La révolte débute le 11 mai 1968 ; les étudiants refusent de se soumettre aux épreuves de langue. Le lundi suivant, le 14 mai, l'école est cette fois envahie puis occupée. Au cours des sept semaines de crise, plusieurs Assemblées générales se tiennent et des leaders du mouvement étudiant animent des conférences. Parmi les personnalités invitées à s'exprimer auprès des étudiants, figure notamment Michel Rocard, qui a tenu meeting dans l'amphithéâtre Leroy-Beaulieu, renommé pour l'occasion Rosa Luxembourg.

Les étudiants ont notamment défendu un projet de réforme radicale de l'institution, celui de la cogestion, à savoir la direction de l'institut par deux conseils : le conseil de direction et une commission paritaire qui réunirait à égalité des étudiants et des enseignants.

En dépit des promesses de réformes formulées par Jacques Chapsal, le statut adopté en janvier 1969 s'avère plus que modéré. La commission paritaire obtenait bien quelques compétences en matière de libertés politiques et syndicales mais l'essentiel du pouvoir restait aux mains du conseil de direction. Si une partie de la base révolutionnaire perçoit cette réforme comme une trahison, la majorité des étudiants salue un premier pas vers la reconnaissance de leur pouvoir au sein de l'institution.

b. Un modèle économique assumé

L'autre grand défi de l'institution en cette période de refondation est la question financière. Après 1968, dans une période économique rendue difficile par les chocs pétroliers et l'inflation, l'enseignement est largement négligé par les pouvoirs publics. Pour Sciences Po, la dotation annuelle de l'État a été divisée par deux entre 1976 et 1986.

Les directeurs successifs de Sciences Po, et en particulier Michel Gentot qui occupe la fonction entre 1979 et 1986, font le choix radical d'augmenter les droits de scolarité afin d'assainir la situation budgétaire. Les droits de scolarité restaient alors relativement faibles (150 francs en 1957, 190 francs à partir de 1969) avant de connaître une augmentation brutale dans les années 1980. Une année de scolarité à Sciences Po était dès lors facturée 500 francs en 1984, 660 francs en 1985 puis 920 francs en 1986.

Portrait

Michel Gentot, le premier directeur haut fonctionnaire

Si ce profil est désormais la norme, l'accession de Michel Gentot à la fonction de directeur représente une rupture dans l'histoire de l'école. Il est en effet le premier haut fonctionnaire à remplir cette mission, loin des intellectuels engagés des premiers temps. Diplômé de l'IEP de Paris et de l'ENA, il succède à Jacques Chapsal aux postes de directeur de l'Institut d'études politiques de Paris et d'administrateur de la Fondation nationale des sciences politiques, en 1979, fonctions qu'il occupe jusqu'en 1986. À la sortie de l'ENA, Michel Gentot choisit le Conseil d'État mais ne quitte pas totalement Sciences Po où il revient comme maître de conférences de droit public. Il demeure néanmoins le premier conseiller d'État à prendre la tête de l'institution, comme un moyen de rompre avec l'emprise de l'université sur Sciences Po. Son mandat peut être considéré comme un succès tant Sciences Po reprend son expansion. Bien aidé par un contexte favorable et par une hausse substantielle des recettes de l'école, il parvient à attirer les meilleurs enseignants et à moderniser les études à Sciences Po.

Cette hausse radicale des droits de scolarité s'est accompagnée d'une politique d'exonération de droits et d'octroi de bourses sur critères sociaux. Environ 10 % de la dotation versée par l'État était consacrée à l'exonération de droits ou aux versements de bourse. Ce modèle est aujourd'hui encore en vigueur et Sciences Po Paris est l'une des rares institutions scolaires à verser un complément de bourse aux étudiants boursiers de l'enseignement supérieur.

Alain Lancelot, directeur de l'IEP entre 1986 et 1996, accentue encore la politique redistributive et celle d'augmentation des droits de scolarité. Le coût des études augmente ainsi de 1 000 francs par an à partir de 1987 pour atteindre 5 000 francs au début des années 1990. En contrepartie, l'aide sociale est-elle aussi largement augmentée.

c. Une grande école de plus en plus sélective

Le développement de Sciences Po bénéficie dans le même temps de la reconnaissance de l'IEP de Paris à travers le statut de « grand établissement », accordé par un décret du 10 mai 1985, au même titre que le Collège de France ou l'École normale supérieure. L'accession de la gauche au pouvoir et la promotion de la volonté de réforme de l'enseignement privé sont donc loin de porter atteinte à cette institution.

Cette image positive de l'école, en même temps que la massification de l'enseignement supérieur, conduit les directeurs successifs et en particulier Alain Lancelot à durcir les conditions d'accès à l'IEP.

Jusque dans les années 1980, la sélection s'opère au terme de la première année. L'année préparatoire imaginée pendant la Seconde Guerre mondiale accueillait environ un millier d'élèves dont la moitié devait quitter l'institut, après avoir échoué aux examens d'accès en deuxième année.

Sous le mandat d'Alain Lancelot, une sélection plus rigoureuse est imposée avant même l'intégration en première année afin d'aboutir progressivement au modèle que l'on connaît aujourd'hui. Un concours destiné aux bacheliers de l'année et à ceux de l'année précédente fut ainsi institué pour sélectionner les candidatures à l'entrée en année préparatoire.

Portrait

Alain Lancelot, entre continuité et rupture

Le profil d'Alain Lancelot marque une rupture avec celui de Michel Gentot. Universitaire, Alain Lancelot a une brillante carrière d'enseignant-chercheur derrière lui lorsqu'il accède à la tête de l'institution. Sorti major de la section Service Publique, il choisit pourtant d'embrasser une carrière universitaire. Docteur en science politique puis en sociologie, il devient successivement maître de conférences à l'IEP de Paris puis directeur d'études et de recherches à la Fondation nationale des sciences politiques et enfin professeur des universités à Sciences Po Paris et à Sciences Po Grenoble. Il dirige également un temps le Centre d'étude de la vie politique française contemporaine et se fait reconnaître comme l'un des grands spécialistes de la sociologie électorale. Infatigable chercheur, brillant professeur et intellectuel engagé, Alain Lancelot est parfois considéré comme le troisième fondateur de Sciences Po après Émile Boutmy et Jacques Chapsal.

De l'Institut d'études politiques de Paris à Sciences Po

Aujourd'hui, Sciences Po s'est imposée comme une grande école incontournable de l'enseignement supérieur. Avec ses 14 000 étudiants dont 44 % venus de l'étranger, elle est l'une des rares institutions universitaires françaises à disposer d'un véritable rayonnement international.

Cette expansion a pu se réaliser sous les mandats successifs de Richard Descoing, directeur de Sciences Po entre 1996 et 2012 et de Frédéric Mion qui occupe la fonction entre 2013 et 2021. Contraint à la démission par l'affaire Duhamel, c'est désormais à Mathias Vicherat que revient la mission d'amplifier le rayonnement de Sciences Po depuis novembre 2021.

1 Une université de rang mondial

L'un des objectifs promus par les derniers directeurs en date est d'atteindre une taille critique suffisante pour permettre à Sciences Po de s'imposer dans la compétition universitaire mondiale. En dépit de plusieurs polémiques récentes et de critiques récurrentes sur le positionnement idéologique de l'école, son attractivité ne fait que se renforcer ces dernières années.

a. Une attractivité accrue

Bien loin de sa première année au cours de laquelle seuls 89 étudiants étaient scolarisés au sein de l'École libre des sciences politiques, Sciences Po accueille désormais 14 000 inscrits. La croissance a été très rapide ; le nombre d'élèves avait déjà presque doublé entre le milieu des années 1990 (environ 4 000 étudiants) et le milieu des années 2000 (environ 7 000 étudiants).

La suppression des épreuves écrites depuis la session 2021 et leur remplacement par l'examen d'un dossier suivi d'un oral d'admission se sont traduits par une hausse substantielle des candidatures. La sélectivité s'est donc encore accrue et ce sont désormais moins de 5 % des candidats qui sont admis.

Cette forte attractivité est également une réalité du côté des enseignants qui se pressent pour réaliser quelques heures de vacations au sein de l'institution et ainsi obtenir par coutume le droit d'être reconnu comme « maître de conférences de Sciences Po ». L'école compte ainsi 270 membres de la faculté permanente et plus de 4 600 enseignants vacataires.

L'un des moyens de contrôle imaginé par l'institution pour assurer le suivi de ces milliers d'enseignants consiste d'ailleurs en une évaluation par les élèves ; afin d'obtenir leur relevé de notes en fin de semestre, les étudiants doivent ainsi noter leurs enseignants dans l'objectif de répondre au mieux à leurs besoins et d'écarter si besoin des enseignants dont les méthodes ne répondraient pas aux attentes de leurs étudiants.

b. Poursuivre l'expansion immobilière

Cette augmentation substantielle du nombre d'étudiants amène les directeurs successifs à poursuivre la politique d'expansion immobilière qui a été celle de l'école depuis ses débuts. Plusieurs projets de déménagement ont été imaginés à la suite de celui de Nanterre avorté en 1968. Il avait ainsi été un temps question de déplacer le cœur de Sciences Po sur la rive gauche de la Seine à proximité de Bercy et de la Gare de Lyon. De la même manière, un projet lui aussi avorté ambitionnait de déménager Sciences Po à proximité de l'hôpital Georges Pompidou dans le quartier du Front de Seine.

Finalement, c'est le système des campus et d'une délocalisation partielle des trois premières années du Collège universitaire dans des villes secondaires qui l'a emporté. Richard Descoings présente ces campus en région comme « une sorte d'hybridation des classes préparatoires à la française et des *Colleges of Liberal Arts* des grandes universités américaines de l'*Ivy League* », dans son ouvrage de 2007. Il s'agit à la fois d'accueillir de plus en plus d'élèves tout en offrant un encadrement pédagogique et un suivi important auprès de groupes restreints.

Portrait

Richard Descoing, un homme qui n'a laissé personne indifférent

Dans la continuité du modèle de directeur initié par Michel Gentot, Richard Descoing est un haut fonctionnaire lorsqu'il prend les rênes de Sciences Po. Diplômé de Sciences Po et de l'ENA, il choisit lui aussi la voie du Conseil d'État et des cabinets ministériels. Nommé directeur à 38 ans, il a ouvert deux nouveaux axes de réforme de l'institution : les campus et région et les Conventions d'éducation prioritaire, érigeant ainsi Sciences Po en laboratoire d'expérimentation pédagogique. Il demeure l'un des directeurs les plus clivants ; adulé par les uns, il est également considéré par d'autres comme le symbole d'une dérive de l'institution. Veillez à faire preuve de la plus grande objectivité possible si vous avez à évoquer lors de l'oral cette figure de l'institution. En tout état de cause, ce directeur ne peut en aucun cas être résumé aux circonstances de son décès.

Le soutien des collectivités locales a permis de trouver de nouvelles sources de financement pour ces campus dont le coût de fonctionnement est supérieur à l'entité parisienne du fait de leur faible taille critique. Les étudiants de Sciences Po suivent ainsi leur scolarité de premier cycle dans l'un des sept campus : Reims, Le Havre, Paris, Nancy, Dijon, Poitiers ou Menton. Le premier, celui de Nancy, a été ouvert en l'an 2000, avant que les six autres ne suivent jusqu'en 2010, date de l'inauguration du campus de Reims. Leur spécialisation sur des aires géographiques particulières a également permis d'attirer des étudiants étrangers et d'en faire de véritables creusets internationaux.

L'attractivité nécessite également de poursuivre le développement des capacités d'accueil parisiennes. En janvier 2022, un nouveau site a été inauguré, le 1, Saint-Thomas, pour célébrer en grande pompe les 150 ans de l'école.

Le nouveau campus a vu le jour dans un ancien noviciat dominicain aménagé en 1632, converti à la fin du XVIIIe siècle en musée d'armes et site militaire.

Le campus de l'artillerie, symbole des ambitions de Sciences Po

Rares sont les institutions scolaires à pouvoir se permettre le luxe de s'offrir un tel campus en plein cœur de Paris, qui plus est, dans une période de crise marquée par les affaires et par les suites de la crise sanitaire. Le campus de l'artillerie, inauguré en janvier 2022, symbolise à lui seul la toute-puissance de Sciences Po. Propriété de l'armée jusqu'en 2016, Sciences Po Paris s'est offert un joyau à 190 millions d'euros en réalisant l'acquisition de cet ancien monastère. Fidèle à sa tradition immobilière, l'école a injecté plus de 30 millions d'euros de fonds propres et a contracté plusieurs prêts remboursables sur trente ans. À proximité immédiate d'un autre site de l'école, le 13, rue de l'université, ce nouveau campus permet d'offrir un deuxième poumon à l'institution en relais de la rue Saint Guillaume. L'artillerie est déjà présentée par le nouveau directeur comme « le plus grand campus de centre-ville d'Europe continentale » et comme un indéniable atout pour l'attractivité internationale de l'école.

c. Des perspectives d'intégration professionnelle variées

Même si l'association entre Sciences Po et la haute administration demeure, 80 % de ses anciens étudiants mènent leur carrière dans le privé. Les diplômés de Sciences Po ont ainsi globalement le choix entre trois perspectives de carrière.

L'école fait toujours figure de voie royale pour intégrer la haute fonction publique. Sciences Po reste de fait la meilleure école pour être admis aux concours administratifs ; plus de la moitié des places offertes au concours de l'École nationale de la magistrature (ENM) sont ainsi occupées par des étudiants de Sciences Po. De la même manière, 78 % des places offertes au concours externe de Commissaire de police en 2021 ont été emportées par des diplômés de Sciences Po.

Cependant, la proportion de diplômés de Sciences Po se dirigeant vers cette carrière a toujours été minoritaire. À la fin du XIXe siècle, le nombre de places proposées aux concours de la haute fonction publique était déjà très limité ; seules trois places étaient proposées chaque année à la Cour des Comptes ou au Conseil d'État et guère plus de cinq ou six pour le concours du Quai d'Orsay. De la même manière, entre 1945 et 2021, l'ENA n'a jamais proposé plus de 70 places pour son concours externe. L'augmentation du nombre de diplômés de Sciences Po n'a donc fait qu'accentuer cette tendance selon laquelle la majorité de ces anciens élèves rejoignent le monde de l'entreprise. Certains choisissent d'ailleurs l'administration territoriale, la fonction publique hospitalière ou encore les institutions européennes pour poursuivre une carrière administrative. Au total, ce sont ainsi environ 15 % des diplômés de Sciences Po qui se dirigent vers une carrière dans une administration publique française ou internationale.

Le monde de l'entreprise représente donc très largement la principale perspective d'insertion professionnelle pour les diplômés de Sciences Po. Ces sources d'emplois sont d'une extrême diversité et plusieurs dizaines de milliers d'anciens étudiants de Sciences Po travaillent désormais dans la finance, la communication, les ressources humaines, les médias, la culture, etc.

Enfin, la recherche et l'enseignement font figure de troisième source d'emploi pour les diplômés de Sciences Po et accueillent environ chaque année 5 % des diplômés. L'École de la recherche propose cinq programmes doctoraux, en droit, en économie, en histoire, en science politique ou en sociologie. Elle accompagne environ 350 doctorants pour 70 thèses soutenues chaque année. Si la majorité de ces docteurs formés à Sciences Po (65 %) intègre ensuite l'enseignement et la recherche, une minorité (35 %) choisit d'autres carrières dans les institutions internationales, le conseil ou plus généralement l'entreprise. Une partie des diplômés de Sciences Po se lance également dans la préparation des différentes agrégations, en particulier en sciences sociales et en histoire, pour ensuite rejoindre l'enseignement secondaire ou supérieur.

2 Un projet éducatif ambitieux

a. Les études à Sciences Po aujourd'hui

Depuis son origine, Sciences Po se refuse de fournir à ses étudiants un cadre de pensée dogmatique, bien qu'elle revendique comme l'un de ses éléments structurants l'esprit Sciences Po. La complexité de la définition du cadre intellectuel proposé par Sciences Po lui a valu d'être affublé d'une série de clichés qui ont la vie dure. Le simple qualificatif de « Sciences Pipeau » permet souvent de les résumer en décrivant une formation superficielle et sans aucun fondement scientifique.

Sciences Po ne peut évidemment se résumer à cette école du bavardage creux. Par un enseignement pluridisciplinaire, elle permet au contraire à ses étudiants de maîtriser les fondamentaux par l'étude des sciences humaines et sociales. C'est ainsi que Sciences Po ne peut se résumer à l'enseignement de la science politique mais a choisi dès l'origine le pluriel pour souligner la nécessité d'une pluridisciplinarité, seule grille de lecture capable d'aborder une réalité nécessairement complexe.

Un enseignement libéral et critique

S'il fait appel à plusieurs disciplines institutionnalisées, l'enseignement proposé à Sciences Po reste très libéral. Au sein même des textes fondateurs de 1871, Émile Boutmy affirmait vouloir « marquer l'enseignement d'un caractère historique et critique plutôt que dogmatique ». Plus proche de nous, Alain Lancelot s'érigeait contre « la fourniture d'une pensée en kit ». Sciences Po défend dès lors un projet éducatif libéral et critique qui cherche avant tout à donner des clefs pour comprendre le monde plutôt que de proposer à ses étudiants une pensée toute faite sur celui-ci.

Comme l'exprime Richard Descoings au sein de son livre *Sciences Po, De la Courneuve à Shanghai*, « être élève à Sciences Po, c'est vouloir approfondir ou conforter ses connaissances, chercher à repousser les limites de son intelligence, en ancrant la réflexion dans l'étude des humanités et des sciences sociales ».

Le nouveau directeur, Mathias Vicherat, ne dit pas autre chose lorsqu'il conclut son projet pour Sciences Po en exprimant son attachement à cette « université du savoir, d'un savoir en action » qu'il qualifie également d' « école du pouvoir. Moins du pouvoir sur les êtres et les choses que du pouvoir de défendre le bien commun. Avec le monde comme horizon. »

b. Un diplôme en cinq ans

De manière plus prosaïque, l'organisation des études a été normée en l'an 2000 pour suivre le processus de Bologne qui prévoit un rapprochement des systèmes européens d'études supérieures selon le désormais classique triptyque : Licence (trois ans), Master (cinq ans), Doctorat (huit ans). L'école a été l'une des pionnières en France à s'adapter à ce cadre nouveau.

Depuis cette refonte de l'offre pédagogique et en vertu du décret du 5 septembre 2005, le diplôme est désormais obtenu à bac +5 et confère le grade de Master. Les études se divisent désormais en trois cycles distincts. Le premier cycle, le Bachelor, confère la licence après une troisième année passée obligatoirement à l'étranger. Le second cycle permet d'obtenir le diplôme de Master et ouvre la porte à un éventuel troisième cycle dans une école doctorale.

Ce parcours permet une spécialisation progressive des savoirs. Le premier cycle offre ainsi un socle de culture générale dans les sciences humaines et sociales. Il propose des enseignements en économie, en histoire, en sociologie, en droit ou en science politique. Le second cycle permet de poursuivre cette formation intellectuelle tout en se spécialisant dans un domaine en particulier, afin de donner une coloration structurante à son diplôme.

Sur ces cinq années, l'objectif de l'enseignement à Sciences Po est de développer les capacités d'expression de ses étudiants, tant à l'écrit qu'à l'oral. Les conférences de méthode continuent ainsi d'occuper une place centrale dans l'enseignement à Sciences Po, tandis que de nouvelles compétences sont valorisées, parmi lesquelles le savoir être, notamment promu à travers le parcours civique dont la validation est désormais indispensable pour obtenir le diplôme de Bachelor. Ce parcours civique favorise ainsi l'engagement des étudiants de Sciences Po en faveur de la lutte contre les discriminations.

3 Un rayonnement très large

Sciences Po est en passe de réaliser le double défi imaginé au tournant des années 2000. Réconcilier la nécessaire démocratisation de l'école et son ouverture internationale fut en effet le grand chantier mené par les derniers directeurs en date et notamment Richard Descoing dans l'objectif ultime d'assurer son rayonnement scientifique.

a. La volonté d'ouverture

26 % des étudiants actuellement scolarisés à Sciences Po sont boursiers, loin de l'image d'une école réservée aux élites. Sciences Po a ainsi réussi le pari de devenir une université ouverte socialement grâce à une réforme impulsée par Richard Descoing, les Conventions

d'éducation prioritaires (CEP). Avant l'instauration de cette réforme en 2001, seuls 6 % des étudiants étaient boursiers en l'an 2000.

Les Conventions d'éducation prioritaire (CEP) sont destinées aux bacheliers scolarisés dans des lycées classés en Zone d'éducation prioritaire par le ministère de l'Éducation nationale.

Elles prennent la forme de contrats passés entre l'IEP et 106 lycées partenaires, situés dans des territoires de l'Éducation prioritaire. Les élèves les plus talentueux de ces lycées peuvent ainsi intégrer l'IEP, via un examen d'entrée spécifique. En vingt ans, plus de 2000 étudiants ont été recrutés et intégrés aux différentes promotions de Sciences Po.

Les Conventions d'éducation prioritaire ont été pensées pour lutter contre l'exclusion géographique dont souffre une partie des Français dans l'accès à l'enseignement supérieur. Elles visent en effet à lutter contre le déterminisme scolaire. Cependant, elles ont parfois été décriées comme des voies d'admission au rabais. Depuis la réforme du concours, les candidats issus des CEP passent les mêmes épreuves que les autres, l'examen d'un dossier suivi d'un oral, même s'ils demeurent distingués au sein même du processus, là où les Instituts d'études politiques du réseau ScPo ont choisi de mettre en place le programme PEI, visant à préparer des candidats boursiers ou en condition de l'être dans le supérieur à se présenter aux mêmes épreuves que les autres candidats et sans aucune distinction dans les corrections.

Le nouveau directeur de Sciences Po, Mathias Vicherat, a d'ailleurs consacré le premier point de son projet, *Nouvelles orientations de Sciences Po Paris*, à « la promotion de l'égalité des chances ». Il propose ainsi de « doubler, à l'horizon 2023, le nombre de conventions de partenariat CEP pour atteindre le total de 200 ». Il rappelle également que la réforme de l'admission pour l'entrée au Collège universitaire et la suppression des épreuves écrites avaient une finalité essentiellement sociale ; d'après lui, « la fracture sociale est moins forte au moment de l'oral d'admission qu'à l'occasion des épreuves écrites ».

Portrait

Mathias Vicherat, un haut fonctionnaire passé par le privé

À la suite de Frédéric Mion, lui-même haut fonctionnaire, contraint à la démission par l'affaire Duhamel, c'est à Mathias Vicherat que revient la tâche de restaurer la réputation de Sciences Po et de poursuivre les réformes engagées. Au même titre que ses deux prédécesseurs immédiats, Mathias Vicherat est un haut fonctionnaire, diplômé de Sciences Po puis de l'ENA. Sous-préfet puis directeur de cabinet de Bertrand Delanoé et d'Anne Hidalgo, il intègre la direction de la SNCF et travaille un temps dans le secteur privé chez Danone. Il n'a donc aucune expérience de l'enseignement. Parmi les axes forts de son projet, figurent la volonté d'étendre l'ouverture sociale ou encore l'augmentation du nombre d'enseignants permanents.

La création des « Prépas talents » afin de favoriser la diversité sociale des candidats au concours des écoles de la fonction publique est l'une des dernières traces en date des tentatives de généralisation de l'expérimentation menée à Sciences Po en matière de démocratisation. Les candidats boursiers ayant suivi leur scolarité dans des Quartiers prioritaires de la politique de la ville (QPV), dans des zones de revitalisation rurale (ZRR) ou dans les territoires et départements d'outre-mer peuvent en effet bénéficier de cet accompagnement pour intégrer la fonction publique.

De même, parmi les défis à relever en matière de démocratisation et d'inclusion, figure en particulier la lutte contre le plafond de verre. Mathias Vicherat rappelle ainsi dans ce même projet que « très peu d'étudiants issus des CEP passent et/ou réussissent les concours de la haute fonction publique ». Le taux d'admission s'établit ainsi à 10 % contre 25 % en moyenne pour les étudiants de Sciences Po.

b. Une internationalisation accrue

Sciences Po est l'une des rares institutions universitaires françaises à disposer d'un véritable rayonnement international. Dans le domaine des sciences politiques et des relations internationales, elle occupe la troisième place mondiale du classement mondial des universités QS (*Quacquarelli Symonds World University Rankings*) derrière Harvard et Oxford et devant la London School of Economics.

L'apprentissage des langues étrangères fait donc partie des fondamentaux à Sciences Po. Les diplômés se doivent ainsi de maîtriser trois langues à la sortie de Sciences Po ; l'apprentissage d'une troisième langue est ainsi devenu obligatoire au tournant des années 2000, considérant en effet l'anglais comme langue internationale plutôt que véritablement étrangère. Sciences Po met ainsi l'accent sur l'apprentissage des langues européennes mais également sur celui du mandarin, du coréen, de l'hindi, de l'arabe ou encore du russe pour ne citer que ces quelques exemples de langues étrangères enseignées à Sciences Po.

Cette culture de l'international passe également par un contexte d'étude cosmopolite. Près de la moitié des étudiants scolarisés à Sciences Po sont étrangers. 150 nationalités sont ainsi représentées dans l'école. Ce recrutement d'élèves venant du monde entier a été pensé dès l'origine comme un moyen de développer le rayonnement de l'école mais aussi comme un outil de lutte contre l'enfermement intellectuel de ses étudiants. Cette proportion d'étudiants étrangers ne cesse d'ailleurs de croître ; au milieu des années 2000, elle ne représentait qu'environ 30 % de l'ensemble des étudiants. Sciences Po cherche d'ailleurs à diversifier son pouvoir d'attraction et à s'ouvrir encore davantage vers l'Asie ou l'Afrique.

L'internationalisation de l'école est également rendue possible par ses partenariats noués avec 478 universités. Parmi les projets internationaux figure notamment l'Université européenne des sciences sociales (CIVICA), créée en mars 2019 entre Sciences Po et six autres universités de rang mondial.

c. Un lieu de production de savoir

Si le projet initial de l'École libre des sciences politiques reposait essentiellement sur l'enseignement, l'IEP de Paris a fait de la recherche un de ses axes de développement fondamental. Il faut en effet attendre la fin des années 1950 pour que se développent véritablement les centres de recherche de Sciences Po. La recherche représente désormais plus d'un tiers du budget global de Sciences Po.

Les activités scientifiques de Sciences Po reposent désormais sur quatre axes de développement :

- Le recrutement de chercheurs de haut niveau,
- L'investissement dans de nouveaux domaines de recherche,

- L'accroissement des moyens,
- L'engagement en faveur de la science ouverte.

Les Presses de Sciences Po contribuent également à la diffusion de ce savoir scientifique. Créées en 1976, les Presses de Sciences Po se sont imposées comme une maison d'édition spécialisée dans les sciences humaines et sociales. Elles publient environ trente nouvelles références par an, parmi lesquelles des essais. Les Presses de Sciences Po publient également onze revues scientifiques, parmi lesquelles la *Revue d'histoire*, anciennement appelée *Vingtième siècle*, qui permet d'assurer le rayonnement du centre de recherche historique de Sciences Po.

Depuis plusieurs décennies maintenant, la bibliothèque a été particulièrement choyée par les directeurs successifs. Même si elle reste encore loin des institutions anglaises, le fonds documentaire de Sciences Po est l'un des plus riches d'Europe continentale en ce qui concerne les sciences humaines et sociales. Elle est de loin la première bibliothèque française en sciences sociales. La bibliothèque de Sciences Po revendique ainsi posséder plus d'un million de références, parmi lesquels 650 000 livres et près de 500 000 livres numériques. Largement internationalisés, près de la moitié des fonds documentaires sont en anglais.

Partie 2

L'offre de formation de Sciences Po Paris

- Un réseau de sept campus
- Un bachelor plutôt généraliste
- Des doubles diplômes variés
- L'offre de Master de Sciences Po

Un réseau de sept campus

L'IEP de Paris s'est largement transformé au cours des vingt dernières années. De moins de 5 000 étudiants en l'an 2000, on ne compte pas moins de 14 000 étudiants aujourd'hui, soit une multiplication par près de trois. Cette augmentation massive est due à la diversification de l'offre de formation, en particulier en premier cycle (bachelor). Le taux de sélectivité a été accru par la hausse du nombre de candidatures consécutive à la suppression du concours au profit d'une sélection sur dossier.

Cantonné au seul campus de Paris, Sciences Po s'est doté à partir de l'an 2000 de six nouveaux campus en région dédiés chacun à un espace linguistique et géopolitique, ce à quoi s'ajoutent de nombreuses double-licences tant en France qu'à l'étranger. Pour pouvoir ainsi constituer au mieux votre dossier sur Parcoursup, il est nécessaire de maîtriser la diversité de cette offre de formation, notamment afin de justifier au mieux vos choix de campus ou de double-licence.

1 Un réseau de sept campus

Au total, Sciences Po compte donc sept campus sur l'ensemble du territoire, créés entre 2000 et 2010. Le campus historique reste à Paris dans les locaux de la rue Saint Guillaume. Il est le plus généraliste, sans spécialisation autour d'une aire géographique. C'est aussi celui qui propose la plus grande offre associative et culturelle (près de 200 associations). Mais Sciences Po compte aussi six nouveaux campus dans les régions françaises, chacun dédié à une aire géographique.

a. Reims, un campus tourné vers l'Amérique du Nord et l'Afrique

Lors de sa création en 2010, le campus de Reims a été pensé en fonction de l'Amérique du Nord. C'est le campus le plus vaste après Paris, preuve que l'attrait pour les États-Unis reste important. Pour les amateurs du Canada vous y trouverez aussi votre bonheur. La langue de prédilection est l'anglais. Veillez donc à avoir un bon niveau dans cette langue si vous souhaitez être reçu. Le campus Amérique du nord de Reims offre une approche pluridisciplinaire des relations transatlantiques.

Depuis 2015, le campus de Reims est également tourné vers l'Afrique. Après avoir été d'abord abrité à Paris, le campus Europe-Afrique a pris ses quartiers dans le campus de Reims qui possède de vastes locaux. Ce campus s'intéresse particulièrement aux questions du développement du continent et aux enjeux économiques. Les étudiants peuvent y approfondir l'histoire du continent africain ou encore les conflits qui ont émaillé celle-ci. Son cursus est principalement en français.

Le campus de Reims accueille au total 1 600 étudiants dont plus de 800 originaires de l'étranger. Il dispose d'une vie intellectuelle et associative très riche. Les locaux de l'école associent la préservation du patrimoine et la modernité ; le campus de Reims est en effet aménagé dans un ancien collège jésuite entièrement réhabilité. Il attire également du fait de sa proximité avec Paris ; il ne faut que 45 minutes pour relier les deux villes en TGV.

b. Dijon, un campus tourné vers l'Europe centrale et orientale

Ce campus inauguré en 2001 dans la capitale de la Bourgogne est résolument européen. Il se tourne vers un espace géographique essentiel dans la construction de l'Union européenne depuis 2004 et trop souvent méconnu.

Les enseignements y sont dispensés en français. Les étudiants peuvent y approfondir l'histoire de l'Europe, l'étude de sa gouvernance ou encore la question de ses frontières. Il n'y a pas là une langue dominante, mais vous pourrez apprendre le polonais, le tchèque, le slovaque ou le hongrois.

Le campus de Dijon est de taille beaucoup plus modeste que celui de Reims puisqu'il n'accueille que 160 étudiants, dont plus de la moitié est originaire de l'étranger, particulièrement des États d'Europe centrale. L'encadrement y est beaucoup plus étroit, en raison du nombre limité d'étudiants par promotion. Corollaire cette fois plus négatif de cette faiblesse des capacités d'accueil du campus de Dijon, la vie associative et culturelle y est nécessairement plus limitée.

Comme à Reims, il est situé à quelques minutes de la gare TGV qui permet de relier Paris en 1 h 30. De la même manière que pour les autres campus, le soutien des collectivités locales a été déterminant pour son ouverture.

c. Le Havre, un campus tourné vers l'Asie

Installé depuis 2007 dans d'anciens docks, ce campus atypique est l'un des plus demandés. Il regarde vers le continent asiatique et l'Océanie. Les enseignements y sont dispensés en anglais.

La Chine y occupe bien entendu une place essentielle, mais c'est également le cas de la Corée et du Japon. Vous pourrez ainsi apprendre ou vous perfectionner dans une ou plusieurs de ces langues.

Les étudiants peuvent ainsi aborder l'histoire, l'économie ou encore les approches philosophiques des cultures asiatiques. Les sciences sociales et les humanités sont ainsi pensées comme un moyen de mieux connaître l'histoire pluri-millénaire de ces civilisations asiatiques, tout en portant un regard avisé sur le développement économique de ce continent accueillant les puissances d'aujourd'hui et plus encore de demain.

300 étudiants sont accueillis sur le campus du Havre dont plus des deux tiers sont originaires de l'étranger. Ses locaux sont situés à l'entrée du port dans un bâtiment de verre et d'acier largement tourné vers l'extérieur et offrant une vue directe sur le grand large. Là encore, il est directement soutenu par les collectivités locales.

d. Menton, un campus dédié au Moyen-Orient et au monde méditerranéen

Inauguré en 2005, le campus de Menton est tourné vers la Méditerranée. Le monde arabe est très présent dans les programmes, mais c'est aussi le cas d'Israël ou même de l'Italie. Les étudiants peuvent ainsi approfondir les enjeux politiques, sociaux et économiques des pays de la Méditerranée et du Moyen-Orient.

Les enseignements sont proposés en anglais et en français. Ils sont notamment centrés sur l'histoire des civilisations de la région, sur les conflits qui ont émaillé cette histoire mais aussi sur les enjeux actuels tel que le développement partenarial ou encore les migrations. Plusieurs langues peuvent y être étudiées, parmi lesquelles l'arabe, le turc, le persan ou l'italien.

Le campus de Menton est d'une taille comparable à celui du Havre ; il accueille environ 300 étudiants dont plus des deux tiers sont internationaux. Les locaux sont installés au cœur de la vieille ville, dans un bâtiment du XIXe siècle qui fait face à la Méditerranée.

e. Nancy, un campus tourné vers le monde germanique

Ouvert en l'an 2000, le campus de Nancy est le deuxième campus à vocation européenne, à l'instar de celui de Dijon. Cette fois, il est tourné vers l'Europe de l'ouest et plus particulièrement encore sur le couple franco-allemand à travers le séminaire de la Chaire Alfred Grosser. Il est le plus ancien des campus délocalisés.

Les enseignements sont dispensés en français, en allemand et en anglais : il est donc conseillé d'avoir une bonne maîtrise de l'allemand pour y candidater. Les cours portent notamment sur l'histoire de l'intégration européenne, sur les politiques économiques imaginées pour favoriser ce rapprochement ou encore sur l'histoire des relations entre la France et l'Allemagne.

Sa taille est similaire aux campus de Menton et Havre ; il accueille environ 300 étudiants dont environ 150 originaires de l'étranger. Son attraction repose notamment sur sa proximité avec Paris grâce au TGV (1 h 30). Le campus offre une vie culturelle très riche avec notamment de nombreux partenariats avec des institutions artistiques locales ou encore avec de nombreux clubs sportifs.

f. Poitiers, un campus dédié à l'Amérique latine et au monde ibérique

Ouvert en 2001, le campus de Poitiers offre une ouverture euro-latino-américaine. Les enseignements y sont essentiellement dispensés en français, en anglais et en espagnol. Les étudiants peuvent y approfondir les différents enjeux de développement de l'Amérique latine, dans une perspective comparée avec l'Espagne.

L'ancrage démocratique, les dynamiques de mondialisation ou encore les modèles urbains figurent ainsi parmi les éléments spécifiques étudiés sur ce campus. Les étudiants peuvent y développer leur maîtrise de l'espagnol et du portugais.

Il est le deuxième plus petit des campus après celui de Dijon et n'accueille qu'environ 200 étudiants, dont plus de la moitié est originaire d'Espagne ou d'Amérique latine. Les locaux sont abrités dans un bâtiment du XVIIIe siècle implanté à proximité immédiate du centre-ville. Sa proximité avec Paris (1 h 15 en TGV) peut également apparaître comme un atout.

2 Une opportunité à saisir

a. Des structures attractives

Attention les campus en région ne sont pas des sous-campus. Après vingt ans d'existence, ils ont su montrer leur utilité et ont formé des générations de hauts fonctionnaires, de personnalités politiques françaises ou européennes et de cadres d'entreprise.

Si vous avez peur de manquer la vie parisienne, ne vous inquiétez pas trop, puisque tout le monde vient à Paris pour les masters. Les campus ne concernent donc que le Bachelor. La vie sociale y est d'ailleurs réputée très bonne. Les étudiants qui y sont passés en gardent des amis et un réseau pour la vie.

Ce sont souvent de petites structures (sauf Reims) avec un nombre d'élèves réduit qui ne vous fera pas rompre trop vite avec le cadre du lycée. Le lien avec les enseignants y est aussi plus facile que dans les grands amphis du campus de Paris. Le biculturalisme y règne, la moitié voire plus des étudiants venant du pays ou de la zone visée et l'on se sent plongé comme dans un espace extraterritorial.

Une partie des cours sont dans la langue de la zone géographique, sauf pour les campus polyglottes comme Menton, Le Havre ou Dijon où une partie, voire la totalité des cours sont en anglais. C'est évidemment bénéfique pour y apprendre les langues étrangères et s'imprégner de l'esprit de la zone géographique sans quitter encore le territoire national.

b. Les campus de Sciences Po

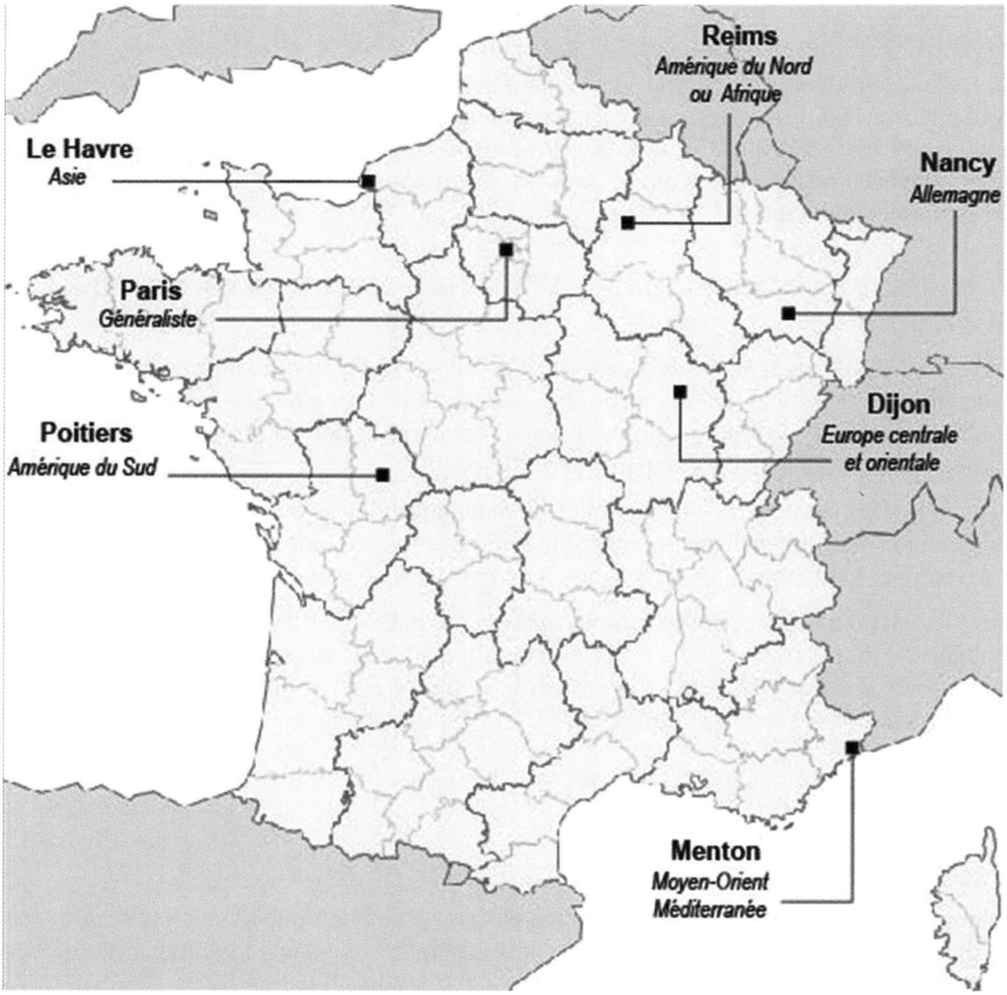

Un bachelor plutôt généraliste

Quel que soit son choix de campus et surtout quel que soit le résultat de l'admission, le bachelor offre de nombreux points communs en termes d'organisation des études. Son objectif est surtout de renforcer sa culture générale dans le prolongement du lycée, tout en se projetant progressivement vers une spécialisation.

1 La première année, une introduction aux sciences humaines

La première année à Sciences Po est essentiellement consacrée à un renforcement dans les disciplines fondamentales dans la continuité de la première approche offerte au cours de l'enseignement secondaire. Vous bénéficierez donc d'enseignement en droit, en histoire, en économie, en humanités, en science politique ou encore en sociologie.

Outre ces enseignements fondamentaux, vous suivrez d'autres expériences d'apprentissage comme :

- **Les conférences de lecture**, en prolongement du cours magistral d'Humanités ; elles permettent de se confronter à l'étude des textes et images relatifs à différentes disciplines comme l'histoire de l'art ou la philosophie.
- **Les ateliers artistiques**, dispensés par des enseignants et des artistes ; ils offrent l'opportunité d'aborder la démarche artistique et d'étudier des œuvres de nature différente comme le théâtre, la musique, la danse ou encore les arts plastiques.
- **Les séminaires d'exploration**, dans l'objectif d'étudier l'actualité politique, économique, sociale ou culturelle.

La première année offre également d'autres situations d'apprentissage comme la participation à différents projets, notamment des simulations de réunions des Nations Unies. Vous débuterez également au cours de cette première année votre parcours civique, une étape essentielle de votre scolarité en bachelor (voir ci-après).

2 La deuxième année, une première spécialisation

La deuxième année permet à la fois de prolonger ses apprentissages dans les matières fondamentales tout en se spécialisant. Vous aurez ainsi un choix à effectuer entre trois majeures pluridisciplinaires :

- **Économies et sociétés** destinées à vous permettre d'approcher « les effets des transformations économiques sur les sociétés contemporaines, l'ampleur des changements sociaux et leurs impacts sur l'économie, ainsi que la relation entre forces économiques et principes de justice. »
- **Humanités Politiques** afin d'« appréhender la politique comme une expérience humaine vécue individuellement et partagée collectivement. »

- **Politique et gouvernement** dans le but de « comprendre les modes de l'action publique, le rôle des institutions politiques nationales et internationales, et les spécificités de la vie politique à l'échelle locale, nationale, régionale et internationale, dans une approche historique et comparative. »

Vous bénéficierez ainsi de plusieurs cours magistraux parmi lesquels un cours d'histoire du xxe siècle dont la thématique précise varie en fonction du campus où vous réalisez vos études. Un deuxième cours magistral en droit, en économie, en science politique ou en sociologie est à choisir en fonction de vos appétences et de votre projet d'étude. Là encore, les intitulés exacts de ces cours varient en fonction des campus.

Ces cours magistraux sont complétés par des conférences de langues, des ateliers artistiques ainsi que des projets collectifs, sur le même modèle qu'en première année. Le parcours civique prend ici place au cœur de votre scolarité puisqu'il est nécessaire de réaliser ce dernier en parallèle de votre scolarité au cours de la deuxième année.

3 La troisième année, une scolarité hors les murs

Conséquence de l'allongement progressif des études, Sciences Po Paris impose à ses étudiants de passer une année à l'étranger depuis le tournant des années 2000. Deux solutions s'offrent cependant à vous :

- Un séjour d'une année dans une université partenaire
- Une « année mixte » à l'étranger associant un semestre d'études et un semestre de stage

La situation sanitaire et géopolitique perturbe depuis quelques années maintenant la liste des universités partenaires ; elles sont cependant près de 500 et concernent donc l'intégralité du globe. Les partenariats les plus nombreux sont néanmoins noués avec des universités d'Amérique du Nord, d'Europe, du Moyen-Orient, de Chine et d'Australie.

L'objectif de cette troisième année est d'approfondir la majeure pluridisciplinaire choisie en troisième année et il est donc tout naturel que le Grand écrit soit à rédiger en fin de troisième année. Les places offertes dans les universités partenaires dépendent d'ailleurs de la majeure suivie.

4 Le parcours civique

Au cours de votre bachelor, il vous sera demandé de réaliser un parcours civique dans le but de vous amener à une prise de conscience de la diversité des réalités sociales à différentes échelles. Cet exercice de citoyenneté permet plus largement d'offrir un autre regard sur les enseignements théoriques reçus par ailleurs et de faire de vous un citoyen accompli.

Preuve de l'importance de cette démarche au sein de Sciences Po, la validation du parcours citoyen est indispensable pour obtenir son diplôme de bachelor puisque ce parcours délivre des crédits ECTS. Les étudiants doivent donc développer au cours de ces trois premières années un projet personnel autour d'une thématique d'intérêt général.

Deux approches complémentaires

Le parcours citoyen articule une démarche empirique à travers la réalisation de plusieurs expériences sur le terrain et une démarche réflexive par le biais de la rédaction de plusieurs écrits relatifs à ces expériences. L'articulation entre les deux apparaît en effet comme essentielle pour maîtriser les réalités de terrain, tout en s'efforçant de donner du sens à ces expériences vécues. Sciences Po justifie cette articulation en mettant en avant le principe du "*learning by doing*".

Plus concrètement, le parcours citoyen comprend plusieurs étapes :

- **Une lettre d'engagement** à rédiger en première année afin d'exposer son choix d'intégration en faveur de publics discriminés ou en difficulté.
- Un **stage civique** à réaliser durant l'été de la première année pendant au minimum 140 heures.
- **Un projet civique libre** à réaliser en deuxième année, pour une durée de 60 heures minimum.
- **Un grand écrit** à composer en troisième année afin de dresser le bilan de cette expérience en l'associant aux enseignements suivis au sein de la majeure.
- **Un deuxième projet civique libre**, optionnel, afin de prolonger l'expérience au cours de la troisième année et au-delà.

Des doubles diplômes variés

Du fait de sa réputation, Sciences Po a noué de nombreux partenariats avec d'autres institutions universitaires, offrant à ses étudiants de nombreuses possibilités de suivre un double diplôme. Si ces cursus sont réputés plus exigeants, ils permettent d'enrichir son futur C.V. et ainsi de se distinguer des autres futurs diplômés.

1 Six filières proposées

Outre ses campus, Sciences Po propose aussi des doubles diplômes avec des universités françaises. C'est une bonne opportunité pour celles et ceux qui ne souhaitent pas rompre immédiatement avec d'autres disciplines vues au lycée, notamment les sciences dites « dures » ou qui souhaitent approfondir des disciplines précises comme les lettres, l'histoire ou la philosophie. C'est un bon moyen d'anticiper votre spécialisation future.

Ainsi, les mathématiques vous seront très utiles si vous continuez en économie, en finance ou en commerce. La physique vous aidera si vous choisissez la filière urbanisme en master. Quant à la double-licence du campus de Reims elle vous sera d'une grande utilité si vous choisissez de vous orienter vers les métiers de l'environnement.

Sciences Po propose également une école de la recherche particulièrement prestigieuse (histoire, sociologie, droit, philosophie politique etc.). Avoir suivi des enseignements plus spécialisés dans l'une de ces disciplines, à la Sorbonne qui compte parmi les universités les plus célèbres dans le monde (en réalité la Sorbonne est beaucoup plus connue à l'étranger que Sciences Po) vous sera donc très utile, voire décisif. Depuis l'apparition du double diplôme en histoire, Sciences Po n'a cessé d'améliorer ses résultats à l'agrégation d'histoire, présentant des candidats maîtrisant mieux les différentes périodes historiques.

En plus de vos cours à Sciences Po, qui sont aménagés (vous aurez moins d'heures que les autres étudiants de Bachelor), vous suivrez des cours dans l'université concernée. Vous aurez ainsi un programme un peu plus chargé que vos camarades de Bachelor mais qui reste acceptable.

Au terme de ce double diplôme vous obtiendrez votre bachelor de Sciences Po, mais aussi une licence de l'université partenaire dans la spécialité en question. À la fin de la troisième année vous pourrez choisir de rester à Sciences Po ou de vous spécialiser définitivement dans la filière et faire un master dans cette université.

Il existe ainsi six doubles diplômes dont cinq concernent le campus de Paris :

- Mathématiques appliquées avec Paris 1 Panthéon-Sorbonne
- Physique avec l'Institut de Physique du Globe
- Lettres à Paris-Sorbonne
- Histoire à Paris-Sorbonne
- Philosophie à Paris-Sorbonne

Le campus de Reims propose en outre un double diplôme avec l'Université de Champagne-Ardenne en Sciences du vivant. Mais attention, ce double diplôme est plus long que les autres. Il se fait en quatre ans au lieu de trois d'ordinaire.

Les six doubles diplômes de Sciences Po :

Mathématiques (Paris 1 Panthéon-Sorbonne)	Physique (Institut du Globe)	Lettres (Paris-Sorbonne)
Histoire (Paris-Sorbonne)	Philosophie (Paris-Sorbonne)	Sciences du vivant (Reims)

2 Les doubles diplômes internationaux

Last but not least, Sciences Po propose aussi des doubles diplômes internationaux dès le Bachelor. Ceux-ci existaient déjà pour le master, mais ont été étendus au collège universitaire depuis un an. Comme pour les doubles diplômes français, ils permettent d'obtenir un diplôme en plus de celui de Sciences Po d'une prestigieuse université étrangère.

Vous passerez au moins un an dans l'université en question, avec une formation plus spécialisée dans un domaine que celle proposée par Sciences Po. On n'en compte pas moins de neuf, couvrant une large partie du globe. Au terme de ce double diplôme, vous pourrez soit choisir de rester à Sciences Po, soit poursuivre votre formation dans l'université d'accueil, à moins que vous n'optiez pour un double-master.

Les États-Unis sont bien évidemment représentés avec Berkeley, l'un des repères mondiaux en sciences sociales – les analyses en termes de genre et de races y trouvent leur origine depuis les années 1970 – et la prestigieuse université new-yorkaise : Columbia.

L'Amérique du Nord est également représentée via l'université de Colombie britannique à Vancouver. Là aussi il s'agit d'une des meilleures universités au monde. Le partenariat concerne le *Bachelor of arts*, c'est-à-dire sciences sociales.

L'Asie est aussi représentée via trois doubles diplômes qui concernent le campus du Havre. La Chine est bien évidemment représentée avec l'université de Hong Kong qui offre trois choix de diplôme avec Sciences Po : *Bachelor of Arts*, *Bachelor of Social Sciences* ou *Bachelor of Business Administration*.

Pour les plus férus en économie et intéressés par le Japon, Sciences Po a aussi un double diplôme avec l'Université Keio. Celui-ci est spécialisé en économie avec des cours de renforcement dans cette discipline et l'apprentissage obligatoire du japonais.

Ce double-diplôme se fait en quatre ans, deux ans dans chaque université.

Enfin, Singapour est aussi représenté avec un diplôme en Arts / Sciences d'une durée de quatre ans (deux ans dans chaque université). Les cours proposés à Singapour concernent l'histoire, l'économie et la sociologie.

L'Europe est moins bien représentée (mais en réalité Sciences Po a énormément de destinations possibles en Europe en 3e année) avec deux partenariats : l'University College de Londres et la Freie Universität de Berlin. Pour Londres, il est nécessaire d'avoir un excellent niveau en anglais. L'offre de formation est assez généraliste couvrant les humanités, les sciences sociales dans un sens large. La Freie Universität de Berlin est l'une des meilleures universités allemandes. Créée avec le soutien des Américains après la Seconde Guerre mondiale, elle fut pendant longtemps la principale université de Berlin Ouest. Elle est reconnue comme une des meilleures universités d'Europe en économie et sciences sociales. Les deux années à Sciences Po se font sur le campus de Nancy. Pour candidater il est nécessaire d'avoir déjà un très bon niveau tant en anglais qu'en allemand. Le diplôme à Berlin est tourné vers la science politique.

Enfin, Sciences Po propose aussi un double diplôme en Océanie avec l'Université de Sidney. Là encore une bonne maîtrise de l'anglais est indispensable. À Sidney, les étudiants auront le choix entre deux filières : un *Bachelor of Arts* ou un *Bachelor of Economics*. Au terme de quatre années (deux ans dans chaque école) les étudiants recevront un diplôme des deux universités.

Les doubles diplômes internationaux de Sciences Po en Bachelor :

L'offre de Master de Sciences Po

Préalable indispensable à toute bonne candidature, une bonne connaissance des formations délivrées par Sciences Po Paris vous permettra plus généralement de vous projeter dans un avenir proche, puisque vous devez toujours garder en tête que vous ne sortirez pas seulement diplômé d'une école mais titulaire d'un Master en particulier.

Sciences Po Paris ne propose pas moins de sept écoles mastérales différentes qui elles-mêmes contiennent plusieurs masters chacune. Ces sept écoles résultent de la fusion de différents parcours qui proliféraient jusque-là dont certains étaient pléthoriques (Affaires publiques) et d'autres plus clairsemées. En les rassemblant dans sept écoles, l'objectif était de clarifier cette offre de formation mastérale et professionnalisante.

1 L'offre de master de Sciences Po Paris

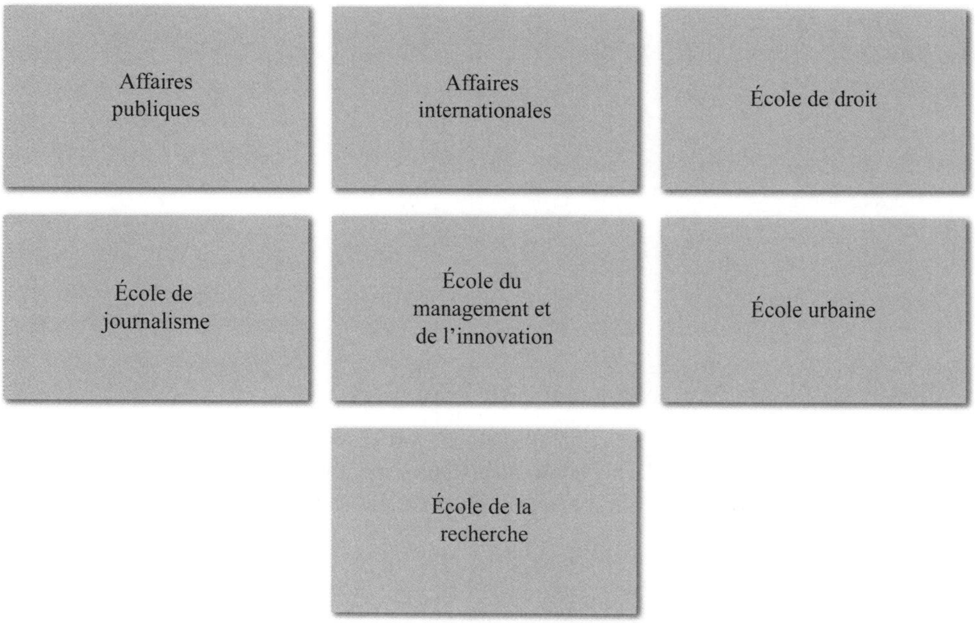

a. L'école des affaires publiques

L'École des Affaires Publiques de Sciences Po est la plus célèbre. C'est historiquement celle qui permet de se préparer aux concours de la haute fonction publique et plus particulièrement de l'ENA. Elle compte deux Masters en son sein : le **Master Politiques Publiques** et le **Master Affaires Européennes**, ce dernier formant plus spécifiquement aux concours de la fonction publique européenne. Cette école mastérale possède différentes filières de formation aux concours de l'ENA, du fonctionnariat européen, ou d'autres métiers de l'administration française.

Ces masters offrent également diverses spécialisations dans les domaines de la culture, de la santé (pour devenir directeur d'hôpital ou de tout autre organisme sanitaire), digital, environnement, en économie publique, analyse des politiques publiques, gestion de projets etc. Les étudiants sont invités à se plonger dans le monde professionnel par la réalisation d'une étude de cas et la rédaction d'un mémoire. Elle ne compte pas moins de 15 doubles diplômes tant avec des universités françaises (Saint-Cyr, HEC) qu'étrangères (LSE au Royaume-Uni, Saint-Gall en Suisse, Tokyo, Shanghai, etc.)

b. L'école de management et de l'innovation

L'École de management et de l'innovation fait office de *business school* au sein de Sciences Po. L'école rassemble les masters qui forment aux métiers de la finance, de l'entreprenariat, du marketing et du management. Actuellement, l'école compte les masters suivants.

- Master in Economics and Business
- Master en Finance et Stratégie
- Master en Organisation et Management des RH
- Master Innovation et Transformation Numérique
- Master Communication, Médias et Industries Créatives
- Master Marketing

Les masters de l'école de management et de l'innovation

Le parcours de cette école se veut particulièrement professionnalisant ce qui implique une année de césure possible entre la première et la deuxième année de Master et un stage obligatoire de fin d'études. Cette école masterale propose aussi plusieurs double-diplômes :

ISAE-Supaero ; AgroParisTech ; Strate (Master Innovation et Transformation Numérique) ; Università Bocconi (Masters Finance et Stratégie, Économie et Business) ; Universität of St. Gallen (Master Finance et Stratégie) ; University of Pennsylvania ; Fundaçao Getullio Varga ; Escola de Administraçao de Empresas ; Stockholm School of Economics ; Fundan University.

L'organisation de la maquette pédagogique des doubles diplômes dépend du Master et de l'université partenaire. De manière générale, la première année s'effectue à Sciences Po et la deuxième année de Master dans l'université partenaire.

Il existe également un *joint course* Droit, Finance et Stratégie.

c. L'école de la recherche

L'École de la recherche de Sciences Po a pour vocation de préparer ses diplômés aux métiers de la recherche et postes de doctorants en Sciences Sociales. C'est une école de prestige : Sciences Po a été classée deuxième au monde au *QS ranking* dans les domaines de la science politique et des sciences sociales.

L'école compte quatre Masters : **Économie** (uniquement en anglais), **Histoire**, **Science Politique**, **Sociologie** (en français et en anglais).

Bien qu'il n'y ait pas de Master de Droit au sein de l'École de la recherche, celle-ci assiste et oriente les étudiants des Masters Droit Économique et Carrière Juridique souhaitant poursuivre avec un poste en recherche, à Sciences Po ou ailleurs.

Les diplômés de l'École de la recherche peuvent être amenés à poursuivre en doctorat à Sciences Po sous condition d'acceptation de leur candidature par un jury. Ils auront également les crédits nécessaires pour postuler à des offres dans d'autres universités en France et à l'international.

Compte tenu du niveau de technicité et de spécialisation des formations proposées, celles-ci sont destinées aux candidats démontrant une réelle appétence pour la recherche et une excellence académique dans le domaine étudié.

La maquette pédagogique est organisée de sorte que les étudiants effectuent plusieurs travaux et papiers de recherche, ainsi qu'un mémoire obligatoire au semestre 4. Il est donc primordial que le candidat s'informe sur les cours proposés et sache présenter les thèmes de recherche qui a priori l'intéressent le plus.

Le doctorat n'est pas forcément la suite logique d'un Master de l'École doctorale : près de 55 % des diplômés ne poursuivent pas en thèse. Tout projet personnel ou professionnel cohérent peut donc être valorisé. Dans le domaine de l'histoire, Sciences Po forme ainsi au concours de l'agrégation avec une préparation qui compte parmi les meilleures de France (derrière l'ENS de Lyon en règle générale, mais devant l'ENS de Paris, rue d'Ulm).

d. L'école urbaine

C'est l'une des dernières nées de Sciences Po. Elle forme ses étudiants à la création et à la gouvernance des villes de demain. Les parcours y sont fortement professionnalisants avec de longs stages et des projets collectifs répondant à des demandes réelles en Master 1.

Des visites de terrain et voyages d'étude sont également prévus. Les enseignements y sont clairement interdisciplinaires mélangeant droit urbain, sociologie urbaine, économie, politiques publiques etc. L'école se sous-divise en plusieurs parcours :

- **master Stratégies territoriales et urbaines** qui forme à l'organisation et à la gestion des villes ;
- sa version anglophone : le **master Urban Policies** qui est un double-diplôme avec la LSE ;
- **master Comparative Urban governance** (en anglais), double-diplôme avec le Centro de Estudios Demográficos, Urbanos e Ambientales (CEDUA) du Colegio de México. Comme les deux précédents il forme aux métiers de l'urbanisme avec une approche nettement plus mondiale et ouvre également vers la recherche ;

- **master Governing the Large Metropolis** (en anglais) spécialisé sur les très grandes métropoles mondiales ;
- **master Governing ecological transitions in European cities** (en anglais) centré sur le développement durable urbain en Europe.

e. L'école de journalisme

Elle fait partie des quatorze écoles reconnues par la profession et fait sans doute partie des plus prestigieuses. Nombre de journalistes parmi les plus connus ont été formés à Sciences Po qui est un lieu de rencontre naturelle entre les élites politiques, économiques et journalistiques.

La force de cette école est d'arriver à offrir aux étudiants une formation spécialisée en sciences humaines et sociales aux futurs journalistes, tout en les ouvrant à la pratique du métier. Parmi ses enseignants, l'école compte de nombreux journalistes célèbres qui viennent éclairer les étudiants de leur connaissance professionnelle.

L'école se subdivise en plusieurs masters :

- master journalisme
- master *journalism and international affairs* qui combine la formation de l'école de journalisme avec celle de la PSIA. Cette formation nettement plus internationale débouche sur des carrières de journalistes spécialisés dans les relations internationales, la géopolitique, le développement.
- double-diplôme avec Columbia qui offre aux étudiants une expérience dans les deux pays, ainsi que le bénéfice des réseaux de deux écoles prestigieuses.

f. Paris School of International Studies (PSIA) ou Affaires internationales

C'est l'autre master historique de Sciences Po, à l'origine destiné aux étudiants se préparant au concours du Quai d'Orsay (le ministère des Affaires étrangères) et aux métiers de la diplomatie. Ce master s'est très largement diversifié et internationalisé.

Ses parcours sont très divers, mais ils se rejoignent par la volonté de former à la géopolitique et aux relations internationales. La grande majorité des cours sont dispensés en anglais, à l'exception d'un tiers qui sera en français.

Il se compose de 7 masters :

- **International Security** : ce master s'intéresse plus spécifiquement aux problèmes de la sécurité à l'échelle du monde, c'est-à-dire à la lutte contre le terrorisme, les trafics, les réseaux illégaux etc. Fan de James Bond, vous avez trouvé votre master, ou presque…
- **International Governance and diplomacy** : cette filière forme les futurs cadres des organisations internationales. On y apprend à mieux comprendre les enjeux de la gouvernance mondiale, de la diplomatie, à maîtriser le droit international.
- **International Economic Policy** : les enjeux économiques, la finance internationale, les politiques monétaires sont au cœur de ce master qui forme des cadres de la finance internationale, des organisations internationales et des administrations publiques.

- **International Development** : Ce master porte sur les questions de développement dans le monde. Il forme des spécialistes de ces enjeux tant dans le privé, l'association que les institutions publiques et internationales.
- **Human Rights and Humanitarian Action** : Très demandé, le master en *Human Rights and Humanitarian Action* porte sur le domaine de l'humanitaire. Il forme les futurs responsables d'associations, d'organisations internationales qui organiseront les opérations humanitaires de demain.
- **Environmental Policy** : Ce master récent s'intéresse aux enjeux de plus en plus cruciaux de l'environnement à l'échelle internationale. Il forme les futurs acteurs du développement durable dans les organisations internationales, les administrations publiques etc.
- **International Energy** : Ce master rejoint le précédent sur les questions environnementales, mais se focalise plus spécifiquement sur le domaine des énergies (pétrole, gaz, électricité etc.). Sujet hautement stratégique à l'échelle globale, notamment face au réchauffement climatique et à la raréfaction des énergies fossiles il offre une spécialisation particulièrement utile pour les futurs diplomates, administrateurs, entrepreneurs.

9. L'école de droit

L'école de droit de Sciences Po constitue là aussi une des filières historiques de l'école. Dès sa fondation par Émile Boutmy en 1872, le droit faisait partie du socle commun dispensé aux étudiants. La science politique en général a longtemps été cultivée dans les universités de droit avant de prendre son véritable envol. Enfin, Sciences Po constitue une excellente filière pour la formation des avocats et obtient les meilleurs résultats au concours d'entrée de l'École nationale de la magistrature.

L'école de droit propose deux filières différentes :

- le **master droit économique** : qui dispense des enseignements généraux en droit et plus spécifiquement dédiés à sa dimension appliquée au secteur économique. Il prépare notamment aux métiers de juristes, d'avocat, d'avocats d'affaires, de juges.

Ce master aboutit à six spécialisations en deuxième année : Contentieux économique et arbitrage, Droit public économique, Entreprises, marchés, régulations, *Global Business Law and Governance, Global Governance Studies*, Droit de l'innovation.

Ce master existe aussi dans une version intégralement anglophone.

- le **master carrières juridiques et judiciaires** : c'est cette filière qui forme plus spécifiquement aux métiers judiciaires comme avocat, commissaire de police, officier de la gendarmerie, des douanes, directeur des services pénitentiaires.

L'école organise aussi, avec le concours de plusieurs cabinets d'avocats internationaux, le concours d'arbitrage international de Paris autour d'un cas fictif et qui offre un vrai tremplin aux vainqueurs.

Partie 3

Construire son dossier d'admission

- La procédure de sélection
- Motivation et projet pour Sciences Po
- L'essai
- Activités et centres d'intérêt

La procédure de sélection

1 Une procédure renouvelée

a. L'esprit de l'épreuve

Conditions

L'intégration de ces éléments personnels du dossier de sélection sur Parcoursup est accessible à tous, à condition de sélectionner le (s) vœu(x) relatif(s) à Sciences Po et de s'acquitter des frais liés à cette sélection.

Cette procédure est désormais la même pour tous les candidats français et internationaux, quel que soit leur lieu de naissance, leur lycée d'origine ou encore leur parcours. L'école de la rue Saint Guillaume qualifie elle-même cette nouvelle procédure : « des épreuves exigeantes, qui demandent des qualités diverses et complémentaires. Des épreuves claires et lisibles, conçues pour donner leur chance à tous les meilleurs talents. »

Description de l'épreuve

Le dossier de sélection est composé de plusieurs éléments. La plus grande partie des données est renseignée par votre établissement scolaire. Ce dernier intègre en effet vos différents bulletins de première et les deux premiers bulletins de terminale.

Vos enseignants complètent par ailleurs « une fiche avenir », qui leur permet de donner un avis sur les vœux auxquels vous postulez. Cette fiche avenir permet également de mentionner vos engagements particuliers dans le lycée, notamment en tant que délégué ou dans d'autres instances comme le Conseil de vie lycéenne ou le Conseil d'administration.

De votre côté, vous avez à compléter plusieurs écrits en ligne. Si le nombre d'écrits annoncés est de trois, certains de ces écrits sont communs avec les autres sélections sur Parcoursup tandis que l'un d'eux est en réalité divisé en trois. Il vous faudra donc rédiger trois exercices rédactionnels :

- **Motivation et projet pour Sciences Po** (lui-même subdivisé en trois questions, 7 000 caractères maximum au total)
- **Un essai sur l'un des cinq sujets proposés** (entre 3 000 et 4 000 caractères)
- **La rubrique Activités et centres d'intérêt** (commune avec les autres formations sélectives auxquelles vous postulez, quatre rubriques de 1 500 caractères maximum chacune)

Le projet motivé pour Sciences Po Paris est donc l'écrit le plus long puisqu'il peut comporter jusqu'à 7 000 caractères. **Il se décompose lui-même en trois questions** auxquelles il vous faut répondre de manière structurée :

- Quelle est l'origine de votre intérêt pour les sciences humaines et sociales ? En quoi les contenus et les méthodes de l'enseignement délivré au Collège universitaire de Sciences Po répondent-ils à votre projet d'études ? (2 500-3 000 caractères espaces inclus)

- Le cursus du Collège universitaire de Sciences Po se déploie sur plusieurs campus et à travers plusieurs programmes d'études. Précisez les deux choix de programmes que vous souhaiteriez intégrer et développez votre intérêt pour chacun.

  (1 500-2 000 caractères espaces inclus)

- En vous appuyant sur des exemples concrets tirés de vos activités, expériences ou centres d'intérêt personnel, quels engagements ou projets souhaiteriez-vous poursuivre ou développer dans votre parcours d'étudiant à Sciences Po ? Comment et pourquoi ?

  (1 500 – 2 000 caractères espaces inclus)

La rubrique Activités et centres d'intérêt est quant à elle commune à toutes les formations sélectives auxquelles vous postulez. Cette rubrique porte également le nom de **parcours personnel** et recense vos principales activités et engagements. Ce document est lui aussi divisé en quatre rubriques :

- Mes expériences d'encadrement ou d'animation ; décrivez ici vos expériences d'encadrement ou d'animation (1 500 caractères maximum).
- Mon engagement citoyen ; décrivez ici votre engagement citoyen ou bénévole dans une association, dans votre établissement ou dans un autre cadre (1 500 caractères maximum).
- Mon expérience professionnelle ; décrivez ici vos expériences professionnelles ou les stages que vous avez effectués (1 500 caractères maximum).
- Votre ouverture au monde (pratiques sportives et culturelles, parcours spécifiques) ; décrivez ici vos pratiques sportives et culturelles et/ou les parcours spécifiques que vous avez suivis (exemple : cordées de la réussite, parcours d'excellence). Il peut également s'agir de la pratique d'une pratique sportive avec l'UNSS, d'une langue étrangère non étudiée au lycée, de séjours à l'étranger ou d'un intérêt particulier pour une culture étrangère (1 500 caractères maximum).

Vous n'aurez à compléter ce premier élément qu'une seule fois puisqu'il sera le même pour toutes les formations.

b. La suppression du concours écrit

Traditionnellement, les Instituts d'études politiques recrutent sur concours. Sciences Po Bordeaux a conservé son propre concours écrit jusqu'à la session 2019 ; il comportait trois épreuves dont l'une d'elles était exclusivement centrée sur une analyse de l'actualité. Sciences Po Grenoble a suivi la réforme, dans le cadre d'une adaptation face à la crise sanitaire. Cette école organisait auparavant son propre concours, qui comportait notamment une épreuve sur ouvrage d'histoire.

Mais c'est la décision prise par Sciences Po Paris de suivre cette tendance et de l'appliquer pour la première fois lors de la session 2021 qui a suscité l'attention des médias. Sciences Po a en effet fait grand bruit en annonçant la fin de son mythique concours et une procédure de sélection intégralement sur Parcoursup.

Pour l'école fondée en 1872, il s'agissait de renouveler sa procédure tout en rompant avec un concours de plus en plus décrié. Toutefois, contrairement à ce qu'ont pu croire nombre d'élèves, le passage sur Parcoursup ne signifie pas la fin de la sélection à l'entrée à Sciences Po, bien au contraire. Le taux d'admis n'augmente pas, ce sont juste de nouvelles modalités qui s'appliquent.

Le précédent de Bordeaux, passé un an plus tôt sur Parcoursup a au contraire mis en évidence une augmentation du nombre de candidatures, puisqu'en l'absence de concours écrit, l'entrée dans ces trois écoles semble désormais plus ouverte.

La sélectivité est désormais encore plus rude. D'où la nécessité de soigner particulièrement son dossier et de réussir ses oraux. Le maître-mot est donc de se démarquer des autres candidatures. Soyez précis, original pour vous distinguer et marquer les membres du jury qui auront en main votre dossier.

Veillez aussi à une rédaction soignée. Les écrits personnels qui vous sont demandés ont pour mission d'évaluer vos capacités d'écriture, en l'absence d'un concours écrit. Relisez-vous, faites-vous relire (même si Sciences Po vous conseille le contraire !) et évitez à tout prix les fautes d'orthographe qui sont rédhibitoires.

2 Un processus identique pour tous

a. Une logique d'uniformisation pour l'entrée à Sciences Po Paris

Le déplacement de la procédure de sélection sur Parcoursup fait disparaître les procédures uniquement sur dossier, les CEP ou encore les filières internationales.

Tous les étudiants de lycées français sur le territoire national ou à l'étranger doivent donc avoir recours à cette procédure. Seuls les candidats de lycées internationaux et qui préparent un diplôme étranger équivalent au bac (Abitur, A-level, Maturité suisse) peuvent encore prétendre à une sélection spécifique, plus précoce, et ce même s'ils ont la nationalité française.

En revanche, les candidats de lycée français en France ou à l'étranger qui préparent un double-diplôme comme l'Abibac, l'Esabac ou le Bachibac doivent eux passer par la procédure Parcoursup. Cette procédure internationale repose sur les mêmes documents et écrits que la procédure Parcoursup, même si la plate-forme est différente puisque les documents devront être intégrés directement sur le site de Sciences Po.

Un autre élément diffère pour la procédure internationale. Il vous est demandé deux lettres de recommandation de vos enseignants ou de personnes qui vous ont observés dans vos activités d'encadrement, associative ou autre.

Pour la procédure internationale, les candidatures peuvent se faire au fil de l'eau à partir de fin novembre de l'année jusqu'à fin avril. Elles sont étudiées à la suite de la soumission et un oral d'admission a lieu entre janvier et mi-juin. Les étudiants internationaux qui présentent des difficultés financières peuvent également postuler à la bourse Emile Boutmy. Attention si vous choisissez cette procédure, vous ne pourrez présenter votre candidature sur Parcoursup, et vice-versa.

Pour les conventions CEP, c'est-à-dire les lycées aux étudiants plus défavorisés et avec lesquels Sciences Po a établi un partenariat égalité des chances, la procédure est la même que pour les autres. Leur dossier sera en revanche étudié de manière séparée et avec un taux de réussite plus important, ce qui permettra de leur assurer jusqu'à 15 % des places dans une promotion, contre moins de 10 % actuellement. Les boursiers doivent à terme constituer près d'un tiers des reçus.

b. Une volonté de diversifier les profils

Cette nouvelle procédure de sélection s'inscrit plus largement dans une volonté de renouveler les modalités de recrutement des grandes écoles. C'est ce même état d'esprit qui avait conduit à la création des Instituts d'études politiques après la Seconde Guerre mondiale.

Cette volonté de diversifier les profils à l'intérieur des grandes écoles a resurgi depuis le tournant des années 2000.

Remplacer les épreuves écrites par un oral a donc officiellement pour objectif de permettre à un public socialement ou culturellement plus large d'accéder aux Sciences Po. Les écoles ont donc insisté sur la nécessité de valoriser vos expériences et ont annoncé leur intention de prendre en compte à la fois les voyages ou les stages dans des institutions prestigieuses mais aussi les emplois saisonniers ou toutes autres expériences de vie moins marquées socialement.

Les critiques ont évidemment accompagné à la fois cette intention mais aussi sa réalisation. D'excellents élèves qui n'ont pas été retenus lors de la sélection sur dossier ont dénoncé cette logique de sélection. De la même manière, un débat s'est cristallisé autour de l'oral, jugé par certains socialement sélectif et donc contraire aux intentions initiales.

Dans tous les cas, en tant que candidat, nous vous conseillons de faire abstraction de ces débats et de défendre pleinement vos chances, en fonction de votre profil.

c. Les qualités requises

Sur sa page consacrée aux admissions en bachelor, Sciences Po met explicitement en avant les qualités nécessaires au candidat désirant intégrer cette formation. « Le programme en sciences humaines et sociales repose sur trois piliers : l'exigence académique, l'ouverture internationale et l'engagement civique. »

Si le fait d'avoir de très bons résultats au lycée est un prérequis indispensable, l'excellence scolaire ne suffit donc pas. Vous devrez en effet défendre vos motivations et vous distinguer des autres candidats lors de la constitution de votre dossier et au moment de l'oral.

Parmi les qualités mises en avant sur le site de l'école, figure ainsi le fait de « connaître le projet éducatif de Sciences Po », de « démontrer une forte motivation pour les sciences humaines et sociales », de « faire preuve de curiosité intellectuelle et d'esprit critique » ou encore de « démontrer leur engagement et leur esprit d'équipe ».

3 Une démarche exigeante

a. Les modalités de soumission sur Parcoursup

Depuis sa création, Parcoursup ouvre à la mi-décembre. Dans un premier temps, vous pouvez avoir accès à l'offre de formation, en consultant les différentes fiches renseignées par les écoles.

La phase des vœux ne commence véritablement que fin janvier. Celle-ci dure jusqu'à début mars. Vous aurez après cette date encore un mois pour ajouter les pièces nécessaires à vos vœux, c'est-à-dire dans le cas de Sciences Po les différents éléments constitutifs de votre dossier.

Un maître-mot : l'anticipation

Ne tardez donc pas trop pour réfléchir à la composition du dossier, rassembler les documents et écrire vos écrits personnels. Il est bon d'entamer votre réflexion dès l'automne et de profiter des vacances de fin d'année pour rédiger les écrits. Si vous n'en avez pas eu le temps, il vous reste encore les vacances d'hiver pour le faire. Mais gardez un peu de temps pour vous relire et vous faire relire.

Rédigez vos exercices personnels sur un fichier séparé que vous pourrez modifier, Word par exemple. Nous vous déconseillons de rédiger directement en ligne ce qui vous rendrait tributaire de dysfonctionnements techniques. Une fois rédigés, relus, vous pourrez les copier-coller sur Parcoursup directement dans les rubriques appropriées.

Faites bien attention à ce moment-là que le collage se soit bien fait et n'ait rien modifié à votre lettre. Assurez-vous que la fin ne soit pas coupée en raison de la longueur. Il est donc nécessaire de respecter strictement la limite maximale de signes (1 500 signes par rubrique du parcours personnel, 2 000 signes par rubrique du projet motivé ainsi que 4 000 signes pour l'essai personnel).

Pour cette dernière étape, ne vous y prenez pas à la dernière minute. Là encore un dysfonctionnement et vous pourriez dépasser les délais involontairement. Finissez donc votre dossier quelques jours avant l'échéance.

b. Des écrits à soigner

De la même manière que nous ne pouvons que vous conseiller d'être particulièrement vigilants sur les résultats que vous obtenez au lycée dans le cadre de votre année de première et de terminale, vous aurez compris qu'il est fondamental de bien soigner les différents éléments de votre dossier, puisque l'appréciation du jury fait la différence dans les classements et donc dans votre possibilité de vous présenter à l'oral.

Sciences Po a ainsi fixé quatre critères de sélection. Chacun de ces critères est noté sur 20, ce qui vous permet d'accéder à l'oral, en fonction d'une première note construite sur 60, à laquelle s'ajoute la note d'oral pour obtenir une évaluation sur 80.

Votre dossier pour Sciences Po Paris se compose donc de :

- vos bulletins du lycée (notés sur 20),
- vos notes du baccalauréat (notés sur 20)
- et vos trois écrits personnels (notés sur 20).

Au terme de cette procédure écrite vous vous verrez donc attribuer une note sur 60 qui sera complétée à l'oral par une nouvelle note sur 20. L'oral ne concerne donc que ceux dont le dossier leur aura permis d'être sélectionnés.

Le dossier pour Sciences Po Paris

Notes et appréciations du lycée (/20)

Notes du bac (/20)

Trois écrits personnels (/20) : parcours personnel, projet motivé, essai personnel

Il vous est demandé pour Sciences Po Paris d'effectuer deux vœux dans l'offre pléthorique du collège universitaire. Vous devez donc sélectionner deux campus, en fonction de l'intérêt qu'ils représentent pour vous mais aussi en fonction de vos propres expériences.

Sciences Po propose ainsi de suivre des cours dans 7 campus différents, dans 5 double diplômes en France et dans 9 double-diplômes avec des universités étrangères (Columbia et Berkeley notamment). Les double-diplômes ne comptent pas dans les deux vœux de campus de Sciences Po, ils font l'objet d'un autre vœu spécifique sur Parcoursup, faisant l'objet d'une procédure propre – étude du dossier par les deux parties.

Motivation et projet pour Sciences Po

Si Sciences Po Paris a choisi de suivre la démarche initiée par Bordeaux, l'école de la rue Saint Guillaume a pourtant refusé de se contenter de demander aux étudiants les écrits traditionnels proposés dans le cadre de la plate-forme Parcoursup, en particulier le Projet de formation motivé dont le format type est de 1 500 caractères espaces compris.

Au-delà des quatre rubriques communes à toutes les formations sélectives, vous devrez donc compléter un Projet de formation motivé spécifique, lui-même subdivisé en trois questions ainsi qu'un essai personnel à choisir entre plusieurs sujets proposés. Les sujets d'essai ont été modifiés à chaque nouvelle session mais un regard sur les énoncés donnés précédemment peut vous permettre de mieux comprendre l'esprit de cette épreuve. Vous veillerez cependant à suivre avec attention l'annonce des nouveaux sujets, généralement publiés à l'automne.

1 L'élément de base de votre candidature

Il s'agit clairement de l'écrit le plus important de votre dossier. D'une longueur de 5 000 à 7 000 caractères, il a pour but de mettre en valeur votre motivation à suivre votre scolarité à Sciences Po et d'indiquer vos choix de campus. Pour rappel, ce projet motivé se décompose en trois rubriques :

- Quelle est l'origine de votre intérêt pour les sciences humaines et sociales ? En quoi les contenus et les méthodes de l'enseignement délivré au Collège universitaire de Sciences Po répondent-ils à votre projet d'études ? (2 500-3 000 caractères espaces inclus) ;
- Le cursus du Collège universitaire de Sciences Po se déploie sur plusieurs campus et à travers plusieurs programmes d'études. Précisez les deux choix de programmes que vous souhaiteriez intégrer et développez votre intérêt pour chacun. (1 500-2 000 caractères espaces inclus) ;
- En vous appuyant sur des exemples concrets tirés de vos activités, expériences ou centres d'intérêt personnel, quels engagements ou projets souhaiteriez-vous poursuivre ou développer dans votre parcours d'étudiant à Sciences Po ? Comment et pourquoi ? (1 500-2 000 caractères espaces inclus) ;

Il convient donc dans un premier temps de parvenir à expliquer le pourquoi de cette candidature à Sciences Po. Cela peut sembler simple, mais en réalité beaucoup de candidats peinent à vraiment le justifier, au-delà du seul intérêt pour une école de prestige. Vous devez ainsi expliquer ce qui vous intéresse à Sciences Po et que l'on ne trouve pas ailleurs.

La pluridisciplinarité compte parmi les atouts certains de l'école. Contrairement à un cursus universitaire, à Sciences Po on ne vous demande pas de vous spécialiser dès la première année. Si vous êtes d'un naturel indécis sur votre avenir et curieux, vous pouvez ainsi apprécier la possibilité de garder de nombreuses portes ouvertes.

Pour les plus scientifiques, vous n'aurez pas totalement à rompre avec celles-ci puisque plusieurs double-diplômes permettent de garder un pied en Mathématiques ou en Physique et que les Mathématiques sont enseignées dans tous les campus.

Une école innovante

Si les cours à Sciences Po sont très divers, ils ont aussi l'avantage de croiser en leur sein plusieurs disciplines. L'IEP de Paris est ainsi un des rares lieux dans le monde universitaire français où il est apprécié de mêler histoire, science politique, sociologie, anthropologie, économie, droit etc. Un type d'approche que vous avez déjà peut-être en partie croisé au lycée avec notamment l'option Histoire géographie géopolitique sciences politiques.

Enfin, Sciences Po c'est aussi la possibilité de rencontrer beaucoup de personnalités tant des enseignants que des élèves qui marqueront les prochaines décennies par leur engagement politique, social, journalistique etc.

a. Votre appétence pour l'international

Bien évidemment, parmi les éléments les plus attractifs de Sciences Po, il y a la forte ouverture internationale de l'école. Près de la moitié des étudiants de l'école sont en réalité étrangers. Une bonne partie des cours sont dispensés en anglais, même dans les cursus francophones et l'on trouve également des enseignements en allemand ou en espagnol.

L'école est en outre un des rares lieux en France qui peut s'honorer de recruter des enseignants à l'international grâce à son prestige dans le domaine des sciences humaines et sociales. Dans un pays comme la France, parfois accusé d'être refermé sur lui-même, Sciences Po constitue un lieu privilégié d'étude de l'international.

Tant dans les cours, dans les associations que les événements – des dirigeants ou anciens dirigeants étrangers sont régulièrement invités et honorés – l'école ne cesse de regarder et décortiquer le monde. Mais Sciences Po c'est aussi plus de 470 partenariats avec des universités dans le monde ! Ce qui vous laisse un nombre de possibilités quasi infini de partir en troisième année.

Puisque cette dimension fait partie de l'ADN de l'école, il est essentiel de la mettre en avant au sein de votre projet motivé.

b. Votre intérêt pour les sciences humaines et sociales

Il vous est ainsi explicitement demandé d'expliquer ce qui vous intéresse dans les cours dispensés par Sciences Po. Il est pour cela nécessaire de vous plonger dans les maquettes pédagogiques des enseignements proposés par l'école.

La maquette pédagogique dépend largement du campus que vous avez choisi. On retrouve toutefois quelques tendances. Déjà une certaine interdisciplinarité propre à Sciences Po.

À l'IEP, contrairement à l'université, on n'hésite pas à mélanger les disciplines et à faire dialoguer dans un même enseignement l'histoire, la philosophie, la sociologie, le droit ou la science politique.

La première année est en général consacrée à des fondamentaux. Au premier semestre on retrouve des cours magistraux d'histoire du XIXe siècle, d'initiation à l'économie et dédiés aux institutions. On retrouve également des mathématiques dans chacun des campus. Au second semestre, on découvre la sociologie et la science politique, ainsi que les statistiques.

En plus de ce tronc commun, vous avez le choix entre deux cours « électifs » plus spécialisés et qui concernent en général le thème du campus (la route de la soie au Havre, les échanges interculturels en Méditerranée à Menton, les systèmes communistes à Dijon, par exemple).

Plus original, au second semestre de la première année vous sont proposés des ateliers artistiques afin de vous initier à la littérature, au théâtre, à la photographie, au cinéma, au journalisme, toujours en rapport avec les thèmes chers à Sciences Po (sciences sociales, relations internationales, politique, histoire etc.).

En deuxième année, vous devez déjà vous spécialiser et choisir une majeure : économie et société, politique et gouvernement ou humanités. Loin de correspondre à des disciplines en soi, ces majeures sont plutôt des thématiques de spécialisation. Elles recoupent plusieurs disciplines. Cette majeure va déterminer vos cours magistraux qui exploreront plus spécifiquement ce que vous avez aperçu en première année.

Rassurez-vous, vous ne serez pas cantonné à un domaine, puisque les cours électifs existent toujours et vous permettent d'explorer toute sorte d'autres thèmes. En outre, des cours fondamentaux restent dans le prolongement de la première année autour des grandes disciplines de Sciences Po : histoire (du XXe siècle cette fois), sociologie, science politique, droit constitutionnel, droit et Relations internationales. Un cours obligatoire dédié au numérique se retrouve également dans la plupart des campus.

Enfin, vous pourrez évoquer dans votre projet motivé la troisième année à l'étranger, notamment lorsque vous parlez de votre envie d'ouverture au monde. Avec plus de 200 partenariats étrangers, vous n'avez que l'embarras du choix. Vous pourrez même dédier un semestre à un stage professionnel ou dans une institution.

Quand vous évoquerez ce qui vous attire le plus au milieu de cette grande diversité, n'hésitez pas à être précis et à citer explicitement un ou une enseignant(e) ou un intitulé de cours qui vous intéresse plus particulièrement. Vous y retrouverez plusieurs noms qui ne vous sont pas inconnus, les enseignants de Sciences Po étant souvent invités sur les plateaux de télévision ou à la radio. Cela permettra de souligner votre motivation qui vous a poussé à vous documenter finement sur l'école et les cours proposés. La présentation des cours est souvent en ligne donc n'hésitez pas à les consulter.

c. Les liens avec vos expériences personnelles

Il vous est également demandé de faire un lien entre les enseignements de Sciences Po et des exemples concrets tirés de vos activités, expériences ou centres d'intérêt personnels.

Vous pouvez ainsi évoquer votre intérêt pour les matières que l'on retrouve à Sciences Po : l'histoire, l'économie, la géographie, l'économie. La création depuis la réforme du lycée d'enseignements de spécialité vous permet en outre de croiser des disciplines qui étaient jusque-là peu présentes directement dans les programmes de l'enseignement secondaire : le droit, la sociologie, la géopolitique.

Surtout ces enseignements de spécialité, pluridisciplinaires représentent assez bien l'esprit de Sciences Po, ce qui n'est pas illogique quand on sait qu'ils ont été inspirés par des personnes formées dans cette école. La spécialité Histoire-géographie, géopolitique, sciences politiques est à elle seule un concentré de ce que vous allez continuer à découvrir à Sciences Po.

Mais si vous n'avez pas choisi cette option, ni aucune en rapport avec les Sciences humaines et sociales, ne vous inquiétez pas. Vous pourrez expliquer votre choix qui peut peut-être découler d'une volonté d'approfondir les sciences dites « dures » qui ont d'ailleurs désormais toute leur place dans la maquette pédagogique de Sciences Po comme nous l'avons vu plus haut.

Singularisez votre candidature

N'hésitez pas à être concret en parlant d'une partie précise des programmes voire si, au-delà d'un cours, c'est un enseignant en particulier qui vous a passionné, d'y faire référence. Cela rajoutera de l'humain et des éléments plus personnels dans votre projet motivé. C'est ainsi un bon moyen de distinguer sa candidature de celles des autres candidats et donc potentiellement de retenir l'attention du jury.

Outre les cours, Sciences Po demande également à ses étudiants de réaliser un parcours civique au cours du Bachelor, c'est-à-dire un projet personnel autour d'une thématique d'intérêt général ou promouvant l'égalité et la solidarité, le tout encadré par un enseignant-référent. Ce parcours civique se compose d'une lettre d'engagement, rédigée en première année, et présentant le projet, puis d'un mémoire à rendre en troisième année.

La réalisation concrète du parcours a lieu entre la première et la deuxième année (aide dans une maison de retraite, soutien à une organisation d'intérêt public, bénévolat). Dans la lignée de ce qui se pratique en entreprise avec la Responsabilité sociale de l'entreprise, le but est d'ouvrir les étudiants à des valeurs de solidarité et d'implication sociale. Mais cela permet aussi de donner une image plus positive de l'école à l'extérieur. Autre nouveauté : les étudiants peuvent participer à des projets collectifs, encadrés par une institution extérieure.

d. Vos choix de campus

Veillez aussi à bien justifier vos choix de campus. Vouloir entrer à Sciences Po ne suffit pas à prouver votre motivation. L'IEP de Paris est de plus en plus une institution tentaculaire et il faut se montrer au fait des offres proposées, d'autant qu'elles sont de plus en plus différenciées. Chaque campus a une spécificité sur laquelle nous insisterons par la suite. Il faut donc que vous arriviez à justifier logiquement vos vœux.

Il vous faudra formuler deux vœux, en plus des éventuels double-diplômes. Vous pouvez soit choisir de privilégier un de vos vœux pour bien signaler qu'il est votre premier choix et passer plus de temps à l'expliquer, soit mettre les deux vœux à égalité. Mais il sera en tout cas nécessaire de dire au moins quelques lignes des deux. Là encore, cela implique d'avoir bien étudié la maquette pédagogique de ces campus qui est bien distincte de celle de Paris.

Si vous choisissez Dijon, expliquez pourquoi l'Europe centrale et orientale vous intéresse. C'est un espace très divers que vous allez découvrir ou pouvoir mieux connaître, allant des États baltes aux Balkans, un espace à la fois très proche de nous, mais peu connu.

N'hésitez pas à parler de vos convictions européennes qui sont très ancrées dans ce campus, résolument tourné vers la construction européenne. Il peut être bon d'évoquer vos séjours dans cette zone géographique. Dijon est aussi un campus qui vous propose l'apprentissage de langues assez rares dans le système secondaire et universitaire français et que l'on peut démarrer sans base préalable. L'Europe centrale et orientale est aussi un espace économique en plein développement et vers lequel les entreprises françaises se tournent.

Enfin, c'est clairement une zone géostratégique essentielle entre attraction de l'Union Européenne et influence persistante, quand ce n'est pas le *hard power* de la Russie.

Pour Nancy, il faudra d'abord montrer votre bonne maîtrise de l'allemand, une bonne partie des cours étant dispensée dans cette langue. Les Abibac – baccalauréat franco-allemand – sont en outre nombreux à candidater à ce campus, ce qui relève d'autant plus le niveau de langue. Là encore des séjours en Allemagne et une bonne connaissance de son histoire vous seront utiles pour justifier votre choix. Comme Dijon, Nancy est aussi un campus résolument européen, focalisé sur le couple franco-allemand.

Pour Le Havre, la maîtrise d'une langue asiatique n'est pas nécessaire, même si c'est toujours un avantage. L'anglais est par contre indispensable. Vous aurez la possibilité d'apprendre une ou deux langues asiatiques directement sur le campus, avant de pouvoir l'approfondir en troisième année directement sur place. Votre projet motivé explicitera ce qui vous attire dans ce continent que ce soit par sa richesse culturelle, son rôle de plus en plus important dans les relations internationales, ou son économie galopante. Les séjours à l'étranger peuvent être un plus, mais évidemment il n'est pas aussi simple de voyager à l'autre bout du monde, surtout en temps de Covid. L'Océanie est aussi représentée au Havre avec ses enjeux environnementaux et sociétaux (notamment le rapport aux populations autochtones) bien en avance sur notre continent. Le Havre est aussi une porte ouverte vers plusieurs double-diplômes : Keio, Singapour ou Hong Kong.

Poitiers, comme Nancy, nécessite une bonne maîtrise de la langue, l'espagnol, dans laquelle certains cours sont dispensés. L'anglais doit aussi être bien maîtrisé. Avoir été scolarisé dans une classe européenne ou passer le Bachibac sont des vrais plus. Il vous faudra là encore expliquer pourquoi vous ressentez le besoin de vous spécialiser dans le monde hispanophone. Avoir des origines espagnoles ou portugaises peut être un atout, mais cela ne suffit pas. Il vous faut prouver qu'il s'agit d'une motivation personnelle, pas que vous êtes destiné à ce campus.

Il faudra dans votre projet motivé distinguer clairement les deux campus de Reims, surtout si vos deux vœux portent sur les deux campus de cette ville. Bien que situés dans les mêmes locaux, ils couvrent des thèmes bien distincts.

Le campus Europe-Afrique est dispensé en français, la pression sur la maîtrise de la langue y est donc peut-être un peu moins forte. Parlez de votre intérêt pour ce continent souvent associé à des clichés simplistes, alors qu'il est destiné à jouer un rôle essentiel dans le monde de demain, tant du point de vue démographique qu'économique. L'Afrique offre sans doute aussi la plus grande diversité culturelle au monde. Les enjeux de développement y sont très présents, ce peut être l'occasion de parler de votre engagement dans le secteur associatif ou votre intérêt pour l'action humanitaire. Rejoindre ce campus ce sera aussi l'occasion d'apprendre une langue rare comme le swahili et d'être assuré de partir en troisième année en Afrique.

Le campus tourné vers l'Amérique du Nord nécessite une maîtrise parfaite de la langue anglaise, puisque tous les cours sont dans cette langue. C'est aussi avec Paris, le campus le plus demandé et le plus fourni en étudiants, la sélection y est donc rigoureuse.

Il faudra d'autant mieux justifier votre intérêt pour cette zone géographique, certes capitale, voire dominante tant d'un point de vue culturel, géopolitique ou économique. Reims c'est aussi le campus qui offre le plus d'associations après Paris.

Enfin, le campus de Paris est sans doute le plus délicat à justifier. Beaucoup de candidats en font leur vœu principal en le justifiant par leur proximité géographique, ce qui est évidemment une très mauvaise idée. Vous devez convaincre les membres du jury de votre motivation, ainsi leur expliquer que votre choix se porte sur le campus le moins loin de chez vous n'est pas très convaincant… Il en va d'ailleurs de même pour les autres campus. L'autre difficulté posée par le campus de Paris est son caractère généraliste. Contrairement aux autres campus, il n'est pas spécialisé sur une zone géographique précise. Mais c'est peut-être là que se trouve la clé pour justifier le choix de ce campus. Vous pouvez ainsi expliquer que vous ne souhaitez pas d'emblée vous destiner à un espace géographique précis et voulez garder un regard généraliste. C'est aussi le campus qui offre la vie associative la plus riche. Évitez de parler du prestige plus grand du campus. En effet, cela pourrait être mal pris par un membre du jury issu d'un autre campus. La richesse culturelle offerte par Paris peut aussi être un argument, mais sans non plus sembler dévaloriser les autres villes des campus. Nancy, Poitiers, Dijon, Reims sont de très grandes villes de culture !

e. La vie sociale et culturelle

Au sein de votre projet motivé, Vous devez montrer votre bonne connaissance de l'école. Cela implique de s'être renseigné sur les campus, mais aussi au-delà. Ainsi, se montrer capable de citer une association de Sciences Po qui vous intéresse est un plus. Sciences Po offre ainsi une très large vie associative avec près de 200 associations au total couvrant quasiment tous les thèmes. L'environnement, les droits des femmes, le débat politique, l'art oratoire, la dégustation de vin, il y en a vraiment pour tous les goûts et tous les engagements. L'association Artimuse vous propose même de découvrir la voile !

L'interculturalité est bien représentée et pas seulement dans les campus avec des associations dédiées à la culture chinoise, italienne, arabe etc. Pour ceux qui aspirent au journalisme, Sciences Po patronne plusieurs médias gérés par les étudiants comme la radio Germaine, Sciences Po TV, ou le site La Péniche. Les organisations internationales sont aussi bien représentées avec l'ONU, l'Unesco, l'Union européenne. Quant aux partis politiques ils sont aussi représentés, mais ce ne sont pas toujours ceux qui obtiennent le plus de voix aux votes étudiants. Avec les associations We-Start et Junior Consulting les étudiants peuvent même s'initier à l'entreprenariat en répondant à de vraies offres. Les associations sociales et solidaires sont enfin bien représentées à Sciences Po avec une grande palette d'actions, des maraudes, de l'aide au développement, du soutien scolaire ou de l'aide aux réfugiés.

Des associations sélectionnées par les étudiants eux-mêmes

Une grande consultation a lieu chaque année pour élire les associations qui seront reconnues par Sciences Po parmi les nombreuses propositions. Chaque étudiant dispose alors de deux voix. Les associations reconnues bénéficient de locaux et d'un budget alloué par Sciences Po, ce qui est un vrai plus.

En plus de ces associations parfois éphémères, il existe aussi des associations permanentes. Elles n'ont pas besoin de récolter des voix pour être reconnues, puisque leur activité relève de l'intérêt public. C'est le cas de l'association sportive, du Bureau des arts, ou de Sciences Po Environnement. Ces associations permanentes ont des locaux et un budget propre et font quasiment partie de l'administration de Sciences Po, à la différence qu'elles sont gérées par les étudiants.

Sciences Po offre aussi à ses étudiants la possibilité de suivre toute sorte d'ateliers pour enrichir leur culture en dehors du seul cadre des cours. Il existe ainsi un atelier d'art oratoire, un atelier d'écriture avec un ou une écrivain(e) en résidence chaque année. L'école de journalisme accueille également un centre des médias qui propose des enseignements aux étudiants de Bachelor et de masters pour mieux connaître cet univers et s'y former quand on n'est pas spécialiste.

Sciences Po c'est aussi plusieurs prix et festivals culturels. Outre le prix de l'art oratoire déjà évoqué, il existe un prix pour l'art contemporain, un prix littéraire, etc. Du côté de l'événementiel, le campus parisien accueille chaque année un festival artistique, de la danse, du cinéma, des défilés de mode, un salon du livre. Évidemment hors temps de Covid…

f. Comment vous envisagez la suite de votre cursus à Sciences Po

On attend aussi d'un candidat qu'il se projette dans l'école et soit capable de dire ce qu'il envisage comme orientation professionnelle et/ou master. Bien entendu, on comprendra très bien que vous n'ayez pas d'idée définitive et que le Bachelor vous permette de vous orienter.

Sciences Po accorde de plus en plus d'importance à la bonne insertion professionnelle de ses étudiants. Les stages, les années de césure sont déjà encouragés dès le Bachelor. Les masters ont en outre largement renforcé la dimension professionnalisante en s'ouvrant aux praticiens des différents secteurs. Montrer que vous avez déjà des idées en tête de carrière et notamment d'orientation au sein de l'offre des masters peut ainsi se révéler utile dans votre candidature.

Vous vous reporterez donc avec intérêt à la partie 2 afin de bien maîtriser l'offre de formation de Sciences Po Paris.

9. Quelques exemples de projets de formation personnels

Nous avons beaucoup hésité avant de partager avec vous ces quelques exemples de projets de formation rédigés par des tremplinistes au cours des précédentes sessions. Ces derniers nous ont donné leur accord et nous attirons ainsi votre attention sur le risque encouru par la tentation qui consiste à s'inspirer trop étroitement des modèles disponibles ; les écoles dans lesquelles vous postulez disposent en effet de logiciels anti-plagiat qui peuvent vous coûter votre candidature au moindre doute.

Plus largement, s'inspirer trop étroitement de modèles extérieurs peut nuire à l'esprit même de l'épreuve puisqu'il s'agit de produire des écrits personnels qui vous ressemblent. Cela étant dit, les quelques exemples disponibles ici sont destinés à vous rassurer en vous livrant les écrits rédigés par des étudiants au cours de leur année de terminale.

Exemple n° 1

- **Quelle est l'origine de votre intérêt pour les sciences humaines et sociales ? En quoi les contenus et les méthodes de l'enseignement délivré au Collège universitaire de Sciences Po répondent-ils à votre projet d'études ?**

Les stages que j'ai pu effectuer dans des cabinets d'architectes m'ont initiée aux thématiques du patrimoine et de la culture. Depuis, mon intérêt pour ces deux domaines, très liés, n'a cessé de croître sous un prisme nouveau. L'importance du patrimoine, son influence sur les sociétés et sa dimension symbolique, comme gage de puissance étatique notamment, sont des perspectives qui retiennent mon attention et qui ont pu être abordées dans le cadre de la spécialité Histoire Géographie Géopolitique Sciences Politiques (HGGSP). C'est pourquoi je souhaiterais rejoindre Sciences Po. J'envisagerais de poursuivre mes études en master politiques publiques avec spécialité culture de l'École d'Affaires publiques. La préservation et la mise en valeur du patrimoine sont des aspects dont l'intérêt a pu être suscité lors de mes visites de la Sagrada Familia à Barcelone ou de l'impressionnante « Long Room » du Trinity College de Dublin, par exemple.

La majeure « Humanités Politiques » me semble tout à fait pertinente pour mener à bien mon projet professionnel. En effet, il s'agit d'une majeure appréhendant les enjeux politiques, économiques et sociaux nécessaires pour, ensuite, pouvoir prolonger mes études dans une spécialisation dans le domaine culturel. Les cours qu'elle dispense mais aussi les formats dans lesquels ils sont proposés visent à l'assimilation de connaissances en rapport avec les thématiques qui m'intéressent. Ainsi, les ateliers de rhétorique et d'écriture, par exemple, initient une dimension professionnalisante qui me semble indispensable. Les groupes restreints, dans lesquels se déroule ce type d'enseignement, permettent davantage d'interactions et, par extension, contribuent à gagner en aisance à l'oral.

Les enseignements fondamentaux, à l'inverse sous forme de cours magistraux, renforcent les capacités d'adaptation avec un cadre de travail plus global. Le cours d'approfondissement en histoire suscite mon intérêt par la réflexion sur la place des sources (archives et documents) que celui-ci aborde. Mon enthousiasme pour ce module est d'autant plus fort que ma passion pour la généalogie m'a donné un goût particulier pour les recherches d'archives, qu'elles soient consultables en ligne ou en présentiel.

L'acquisition d'une culture intellectuelle et d'un regard critique axé sur les humanités (art, littérature, philosophie, sociologie) permet d'aborder la politique dans toutes ses dimensions. Ainsi, intégrer votre institut serait pour moi un moyen de bénéficier d'enseignements riches et denses me préparant au mieux à un master dans les domaines culturel et patrimonial.

- **Le cursus du Collège universitaire de Sciences Po se déploie sur plusieurs campus et à travers plusieurs programmes d'études. Précisez les deux choix de programmes que vous souhaiteriez intégrer et développez votre intérêt pour chacun.**

Je suis particulièrement séduite par les campus de Menton et de Dijon et leurs spécialisations géographiques respectives, à savoir d'une part le Moyen-Orient et la Méditerranée et d'autre part l'Europe Centrale et Orientale.

À Menton est dispensé en deuxième année un cours intitulé « Patrimoine, mémoires et cultures de la Méditerranée ». La question de l'influence et de la menace que peut constituer l'islamisation de la société méditerranéenne et orientale sur la culture et le patrimoine est primordiale et est un sujet d'actualité qui m'intéresse. La destruction de sites patrimoniaux comme celui de Palmyre par des groupes dissidents (ici Daech) en 2015 en est un exemple. S'intéresser à la place spécifique des femmes dans cette société à forte tradition patriarcale peut être une approche fructueuse pour comprendre les cultures méditerranéennes. Des séminaires d'explorations comme « Femmes et littérature en Méditerranée » contribuent à cette démarche.

La compréhension de la construction du projet européen représente un enjeu pour saisir au mieux la complexité de la culture européenne. Le basculement de la société et des institutions politiques « d'Ancien Régime » à une idéologie, issue des travaux de Marx et Engels, est un phénomène retenant mon attention. Quelles vont être les incidences de ce bouleversement dans la construction d'un projet européen qui se veut uni ? Cette dernière interrogation est d'autant plus légitime au vu de la situation actuelle en Ukraine. Le cours de première année « Histoire de l'Europe au XIXe siècle. Les libertés, la nation, la question sociale », délivré à Dijon, propose de nourrir une réflexion autour de ces thématiques.

Mon objectif, en intégrant l'un de ces deux campus, est de saisir la complexité des phénomènes économiques, politiques et sociaux relatifs à ces régions pour pouvoir aborder, en master, la thématique de la culture, inhérente à ces domaines.

- **En vous appuyant sur des exemples concrets tirés de vos activités, expériences ou centres d'intérêt personnels, quels engagements ou projets souhaiteriez-vous poursuivre ou développer dans votre parcours d'étudiant à Sciences Po ? Comment et pourquoi ?**

Face à la multiplication des violences policières à caractère raciste, la véhémence des réactions populaires dans le monde s'intensifie et a pu se traduire par la destruction de statues de personnalités historiques au passé colonialiste. Tel est le sujet que j'ai choisi pour mon grand oral dans la spécialité HGGSP. Il s'agit d'un débat d'actualité qui m'a marquée par son aspect transversal alliant politique, histoire, patrimoine et sociologie. Ce travail m'a confortée dans l'idée que j'avais concernant le parcours professionnel que j'envisage. Ainsi, le programme de licence étant composé d'un parcours civique, j'ai pensé qu'il pourrait être intéressant de mettre en œuvre un projet autour du patrimoine et de sa préservation tout en y corrélant les valeurs citoyennes que cherche à mettre en avant cet engagement de trois ans. Cela me permettrait de vivre une expérience professionnalisante avec une dimension sociale et solidaire qui me tient à cœur.

En effet, je suis engagée en tant que Jeune Ambassadrice Unicef depuis deux ans. Mon engagement m'a permis d'organiser et de participer à divers évènements. Une action de sensibilisation dans le centre de loisirs du Val-Vert au Puy-en-Velay m'a particulièrement touchée. Le contact avec les autres, l'adaptabilité face à un jeune public, la rigueur sont des éléments que j'ai aimé mettre en œuvre durant cette expérience.

C'est pourquoi je souhaiterais, si j'ai la chance d'intégrer votre institution, y développer une antenne Unicef pour organiser des actions de sensibilisation et des collectes de fonds. Je pense notamment à des conférences sur les droits des enfants, des expositions mais aussi l'organisation d'évènements dans le cadre de l'UNIDAY (journée promouvant la solidarité et l'engagement des jeunes) ou de la nuit de l'eau. Cette implication associative est, à mon sens, indispensable pour la construction individuelle car elle permet d'affirmer des convictions que je serais ravie de mettre au service de votre école.

Exemple n° 2

- **Quelle est l'origine de votre intérêt pour les sciences humaines et sociales ? En quoi les contenus et les méthodes de l'enseignement délivré au Collège universitaire de Sciences Po répondent-ils à votre projet d'études ?**

Les Sciences humaines et sociales sont pour moi aux fondements de nos sociétés. En effet, ces dernières représentent un ensemble de disciplines qui étudient divers aspects de la réalité humaine. Cette réalité est observée sous différents points de vue, individuel et collectif, restituant ainsi la complémentarité des approches.

Mon intérêt pour cette démarche est ancien puisque depuis mon plus jeune âge, je participe à des expositions, des conférences, des salons du livre et des projections de films traitant de sujets relatifs aux sciences humaines et sociales. Néanmoins, je m'y suis réellement impliquée lorsque j'ai compris que ces disciplines permettaient de répondre à un besoin essentiel au développement personnel qui est de comprendre le monde qui nous entoure et dans lequel se construit le projet de vie. Il est en effet essentiel de mettre en œuvre le « vivre ensemble » en société.

Lors de mon entrée au lycée, j'ai pu approfondir mes connaissances et m'ouvrir à d'autres aspects de ces disciplines. La philosophie, la géopolitique, la science politique, les sciences économiques et sociales, l'histoire, la géographie et le droit m'ont permis de me conforter dans mon intérêt déjà marqué pour la compréhension de la complexité des phénomènes sociaux et humains, de leur apparition et de leurs conséquences sur le monde actuel. Grâce à l'étude des Sciences humaines et sociales, l'Homme peut selon moi s'épanouir et évoluer en société en saisissant l'importance des interactions et les échanges qu'entretiennent les Hommes entre eux. Comment pouvons-nous vivre dans un monde dont nous ne connaissons pas la diversité et les enjeux qu'il abrite ?

Le Collège universitaire de Sciences Po se dessine comme l'institut le plus adapté à l'élaboration de mon projet d'études et d'avenir. J'envisage de réaliser le master en « Carrières judiciaires et juridiques » qui me préparerait au concours d'entrée à l'ENM afin de servir la société. Étudier les Sciences humaines et sociales auprès du Collège universitaire de Sciences Po me permettrait d'acquérir les compétences et qualités nécessaires afin de contribuer au bien-être de notre société et à son bon fonctionnement. En effet, au travers des contenus et des méthodes de l'enseignement délivré, je pourrai mieux appréhender les évolutions des sociétés contemporaines, dans le temps et dans l'espace et me doter d'outils pour penser de manière critique et agir avec éthique. Cela est indispensable lorsque l'on souhaite devenir Magistrate. De plus, l'ouverture internationale mise en œuvre à Sciences Po est intéressante puisque les interactions à l'intérieur et à l'extérieur d'un pays sont différentes mais tout aussi passionnantes. Une comparaison avec l'international me permettrait d'acquérir un questionnement plus poussé.

L'intérêt que je porte à la Justice et aux Sciences politiques me motive pour assimiler les connaissances nécessaires à l'élaboration de mon projet professionnel : me rendre utile auprès de la société.

- **Le cursus du Collège universitaire de Sciences Po se déploie sur plusieurs campus et à travers plusieurs programmes d'études. Précisez les deux choix de programmes que vous souhaiteriez intégrer et développez votre intérêt pour chacun.**

Sciences Po propose une riche diversité de programmes d'études. Au vu de mon parcours et de mon projet professionnel, mon attention s'est portée vers les campus de Paris et de Menton.

Au cœur de la capitale française, le campus de Paris retient tout particulièrement mon attention. En effet, l'institut propose un cursus général dispensant des savoirs riches et variés au travers d'intervenants de qualité. Étudier au sein de ces murs relevant d'un patrimoine historique important, dans une métropole qui se présente comme un centre de décisions politiques important et un pôle culturel majeur constituerait pour moi une opportunité me permettant d'expérimenter la vie dans une grande métropole et de profiter de la richesse et de la diversité qu'elle contient. Le cursus général dispensé me permettrait de satisfaire ma curiosité de par l'enrichissement culturel que cela m'apportera.

Le Campus de Menton et son programme m'attirent également. En effet, situé à la frontière italienne et aux portes de la Principauté de Monaco, le campus dispense un programme qui me permettrait d'approfondir l'étude des enjeux politiques, économiques et sociaux des pays du pourtour méditerranéen, du Moyen-Orient et du Golfe. J'ai à plusieurs reprises eu l'occasion de visiter cette région lors de voyages culturels, linguistiques et sportifs à Malte et en Italie et je pourrais continuer d'étudier l'histoire des conflits de la région et les défis géopolitiques contemporains qui la structurent dont j'ai déjà pris connaissance lors de mes cours au lycée.

- **En vous appuyant sur des exemples concrets tirés de vos activités, expériences ou centres d'intérêt personnels, quels engagements ou projets souhaiteriez-vous poursuivre ou développer dans votre parcours d'étudiant à Sciences Po ? Comment et pourquoi ?**

Dynamique, déterminée et empathique, ma volonté de rendre service et d'aider les autres m'a amenée à m'engager activement en tant que sapeur-pompier volontaire et comme secouriste de France. De plus, j'aime me projeter et voir les choses évoluer autour de moi et c'est donc dans cette dynamique que je me suis investie au sein du conseil départemental de mon département, au sein du conseil d'administration et du conseil de vie lycéenne de mon établissement.

Un cadre associatif important représente pour moi quelque chose de primordial et d'indispensable. Je souhaiterais donc apporter ma citoyenneté et mon humanisme auprès de l'association « Politiqu'elles ». Cela rejoint un projet au sein de mon lycée dont je suis à l'initiative échangeant autour de la place de la Femme dans notre société, des inégalités et des violences dont elles sont victimes. Nous avons mené des actions comme une campagne d'affiches promouvant l'évolution des droits des Femmes. Rejoindre l'antenne de la Croix-Rouge française serait également important pour moi puisque cela correspond à mes valeurs. Solidaire et consciente des réalités sociales, j'ai souhaité m'investir lors de ma présidence au CVL pour aider les plus démunis. De fait, j'ai organisé le Téléthon et la collecte de jouets avec le Secours populaire français. De plus, intégrer « Sciences Polémiques » serait bénéfique à mon projet d'études puisque le débat, le discours et l'art oratoire sont des qualités indispensables pour une magistrate.

Enfin, je souhaiterais également intégrer l'association sportive afin de représenter l'École dans les épreuves sportives universitaires. Je souhaiterais contribuer à développer des projets sportifs rassemblant l'ensemble des élèves pour favoriser les rencontres et la cohésion. Pratiquant et enseignant le ski alpin et étant en section sportive, je souhaite transmettre ma passion qu'est le sport et qui est un élément favorisant le développement personnel.

Exemple n° 3

- **Quelle est l'origine de votre intérêt pour les sciences humaines et sociales ? En quoi les contenus et les méthodes de l'enseignement délivré au Collège universitaire de Sciences Po répondent-ils à votre projet d'études ?**

Connaître son histoire permet d'éviter de répéter les erreurs du passé. C'est en ce sens que mon intérêt pour cette matière est né, dès la classe de sixième, lors de laquelle une professeure férue d'histoire m'a transmis sa passion. J'ai dès lors regardé de nombreux reportages portant notamment sur la Seconde Guerre mondiale. Écouter les témoignages de rescapés d'Auschwitz m'a particulièrement frappée. Lors d'une sortie scolaire en seconde sur les plages du débarquement de Normandie, la visite du musée d'Arromanches et du cimetière américain de Colleville-Sur-Mer m'a profondément émue et m'a éveillée à la nécessité du devoir de mémoire. J'ai alors tenté d'acquérir davantage de connaissances sur cette période via la lecture de l'œuvre d'Anne Frank *The Diary of a Young Girl.*

Lors du confinement, j'ai aussi lu une biographie de Raymond Aron écrite par Nicolas Baverez. Ce personnage m'a profondément touchée par sa lucidité et sa clairvoyance face à la fragilité des démocraties. Il a instillé en moi une volonté d'étayer ma connaissance sur nos sociétés. La découverte de cet intérêt pour les questions sociétales m'a poussée à conserver la spécialité SES à la fin de l'année de première. Je me demandais alors si la croissance est compatible avec la lutte contre le réchauffement climatique ? Ou encore, si la discrimination positive permettait vraiment de réduire les inégalités ? Les enseignements du Collège Universitaire répondent en ce sens tout à fait à mes interrogations à l'instar du cours dispensé par Inès de Rode intitulé « *The land of equal opportunities ? The Long Civil Rights Movement in the United States.* » puisque celui-ci me permettrait d'étudier les enjeux qui touchent la société américaine de nos jours. J'ai aussi développé un intérêt pour l'actualité et plus particulièrement les relations entre les grandes puissances. Les tensions sino-américaines donnant lieu, ces dernières années, à une féroce guerre commerciale entre les deux États, m'intéressent tout particulièrement. Je me suis alors abonnée à des journaux internationaux tel que le *Washington Post.* La lecture régulière d'articles de presse en anglais m'a permis d'améliorer ma maîtrise de la langue. Je souhaiterais d'ailleurs poursuivre cet apprentissage à Sciences Po en débutant l'italien, langue qui m'attire de par le patrimoine culturel de ce pays.

Cet attrait pour les langues étrangères m'a permis de développer un intérêt pour les relations internationales et la diplomatie. En ce sens, poursuivre ma scolarité à Sciences Po par le choix de la majeure « Politique et Gouvernement » me forgerait une connaissance générale des institutions internationales. Réaliser un master en International Governance and International Affairs me permettrait d'envisager une carrière de diplomate. Le double diplôme avec la London School of Economics en International Relations me ferait bénéficier d'une expérience internationale, nécessaire au domaine dans lequel je souhaite évoluer.

- **Le cursus du Collège universitaire de Sciences Po se déploie sur plusieurs campus et à travers plusieurs programmes d'études. Précisez les deux choix de programme que vous souhaiteriez intégrer et développez votre intérêt pour chacun.**

Entretenant depuis l'enfance un attrait pour l'univers anglophone, c'est tout naturellement que je souhaiterais réaliser mes études au sein du campus de Reims dans le cadre du programme Europe Amérique du Nord. Le cadre internationalisant de ce campus m'attire d'autant que j'apprécie l'échange et la confrontation des points de vue. Ayant côtoyé de nombreux professeurs d'origine nord-américaine lors de ma scolarité dans une école bilingue, j'ai développé une certaine fascination pour les États-Unis. Son rayonnement culturel et la façon dont ce très jeune pays est parvenu à s'imposer en tant que première puissance mondiale m'attirent. C'est ainsi que lors du confinement, j'ai souhaité approfondir mes connaissances sur son histoire via la lecture de *A Little History of the United States* de James West Davidson. La spécialisation géographique de ce campus me permettrait de saisir les paradoxes de ce pays. Souhaitant travailler dans le domaine des relations internationales, participer aux simulations des Nations Unies me permettrait d'appréhender cet univers.

Lors d'un voyage à Strasbourg, j'ai pu approcher de plus près le parlement européen de par une visite détaillant le fonctionnement de l'Union européenne. J'ai par la suite tenté d'étayer ma connaissance à ce sujet notamment lors de la crise du Brexit durant laquelle j'ai écouté de nombreux débats. L'ouvrage de François Reynaert intitulé *Voyage en Europe* m'a éclairée sur l'existence d'une culture européenne. Par ailleurs, je m'intéresse de près aux enjeux qui frappent l'Union Européenne tels que la montée de l'euroscepticisme ou encore à sa difficulté à s'imposer en tant que puissance géopolitique. L'approfondissement de ces problématiques m'attire et c'est en cela que je souhaiterais étudier au campus de Dijon. Intégrer l'association des Jeunes Européens de Dijon, me permettrait de confronter ma vision de l'UE avec celle d'étudiants venant de toute l'Europe.

- **En vous appuyant sur des exemples concrets tirés de vos activités, expériences ou centres d'intérêt personnels, quels engagements ou projets souhaiteriez-vous poursuivre ou développer dans votre parcours d'étudiant à Sciences Po ? Comment et pourquoi ?**

De nature curieuse, j'ai toujours été intriguée par des questions existentielles portant notamment sur l'origine de l'univers. Comprendre le fonctionnement des comportements humains et de la société me semble aussi particulièrement intéressant. C'est d'ailleurs cela qui m'a poussée à choisir des spécialités mêlant sciences et lettres.

Souhaitant comprendre la nature humaine, je me suis engagée dès la seconde envers des personnes âgées isolées ou atteintes d'un handicap, via la distribution de livres audios. Je me suis alors découvert de nouvelles qualités humaines, que j'ignorais jusqu'alors. L'aide à la personne me semble particulièrement importante en des temps où le monde tend davantage vers l'individualisme.

Il me tient à cœur de poursuivre cet engagement à Sciences Po dans le cadre du parcours civique ou via la création d'une association.

Riche de mon stage au sein du journal *La Croix*, j'ai souhaité lors du confinement étayer ma connaissance de l'univers anglophone en créant un blog en anglais. Ce loisir m'a fait prendre conscience de l'importance de la transmission du savoir. Intégrer le journal du campus de Reims *The Sundial Press*, me permettrait de participer à la diffusion de divers points de vue en faisant avancer le débat d'idées, sur des sujets variés mêlant actualités internationales ou culturelles.

Je pratique également le théâtre depuis de nombreuses années au Cours Florent. M'engager au sein de l'association Sciences Polémiques me donnerait la possibilité de poursuivre cette pratique. L'art oratoire est un pilier de la liberté d'expression permettant de donner son opinion et de le confronter avec autrui. Il me tiendrait ainsi à cœur de participer à des débats constructifs tout en faisant évoluer les points de vue de chacun.

Exemple n° 4

- **Quelle est l'origine de votre intérêt pour les sciences humaines et sociales ? En quoi les contenus et les méthodes de l'enseignement délivré au Collège universitaire de Sciences Po répondent-ils à votre projet d'études ?**

L'histoire de ma famille est à l'origine de cet intérêt pour les sciences sociales. L'un de mes grands-pères a été victime de la politique génocidaire nazie. L'autre est un descendant d'esclaves. Tous deux furent contraints de quitter leur pays d'origine pour rejoindre la France. Leurs chemins et leurs parcours qui paraissent très différents à première vue, sont finalement assez proches : tous deux ont cherché à fuir la persécution.

J'ai compris alors que leurs histoires personnelles et intimes qui m'avaient toujours fascinée, étaient singulières mais pas uniques. Ces histoires et ces passés sont universels et sont intimement liés à des événements politiques. Le dialogue et les interrogations intérieures sur mes origines multiples qui m'animent ont fait naître un désir de créer des liens entre ces histoires intimes et le monde qui m'entoure grâce à l'étude de la géopolitique et à celle des sciences sociales.

Ainsi, un cursus universitaire à Sciences Po m'a très vite intéressé. J'ai très envie d'intégrer cette école qui m'offrira des clés et différents points de vue pour une compréhension du monde et de ses enjeux contemporains. D'autre part, Sciences Po offre une grande ouverture internationale qui, là encore, m'attire du fait de mon histoire familiale et personnelle.

Dans la majeure Humanités Politique que je souhaiterais suivre lors de ma deuxième année au collège universitaire, l'enseignement « Récits représentation et usage du passé » semble être tout à fait passionnant. J'aimerais choisir cette majeure car elle semble apporter des réponses à mes interrogations ou du moins elle pourrait les enrichir. Ainsi, le séminaire intitulé « Guerre, genre et colonisation (XIXe-XXe siècle) » suscite chez moi une grande curiosité.

Enfin, la dernière année qui permet un échange à l'étranger est pour moi l'une des plus grandes opportunités proposées par Sciences Po. Je suis allée vivre dans une famille du Pays de Galles en 2018 et cette expérience m'a beaucoup apporté. Des échanges prévus au Mexique et aux États-Unis ont été compromis ces dernières années mais j'ai toujours le souhait de passer du temps à l'étranger en immersion. Sciences Po propose des partenariats avec de multiples universités dans le monde entier et cela est pour moi très important.

À l'issue de l'obtention d'un diplôme de Bachelor du collège universitaire, je souhaiterais intégrer l'École de Journalisme de Sciences Po ou l'École Supérieure de Journalisme de Lille. Je serais également intéressée par l'École internationale de Sciences Po qui pourrait ensuite me permettre de travailler dans une organisation non gouvernementale et internationale. Ainsi, déposer ma candidature m'est apparu comme une évidence depuis très longtemps. Les anciens diplômés de votre institution et les étudiants que j'ai pu rencontrer n'ont fait qu'affirmer mon désir d'intégrer votre école. Je suis profondément motivée à intégrer votre établissement et vous remercie par avance de l'attention portée à ma candidature.

- **Le cursus du Collège universitaire de Sciences Po se déploie sur plusieurs campus et à travers plusieurs programmes d'études. Précisez les deux choix de programme que vous souhaiteriez intégrer et développez votre intérêt pour chacun.**

À Paris, le programme général m'intéresse particulièrement, pour son approche globale des problématiques. Cette ouverture me semble indispensable pour comprendre la complexité du monde, de ses sociétés et de ses nuances. J'ai toujours préféré la pluridisciplinarité qui donne plus de perspectives sur les objets étudiés. Cela permet en effet d'avoir plus de recul et différents angles de vue. C'est également la raison pour laquelle l'accueil d'étudiants de diverses nationalités constitue une grande richesse. Le mélange culturel que j'imagine régner sur ce campus me semble être également propice à l'ouverture au monde et même à soi. Cette ouverture à l'internationale propre à Sciences Po, particulièrement sur le campus parisien, est aussi illustrée par la variété de langues proposées. J'ai contacté une étudiante au campus de Paris qui a choisi de suivre l'option LV2 chinois et dont les progrès furent très rapides. Mon intérêt pour les langues me pousserait à choisir l'enseignement d'une LV2 dans votre établissement. D'autre part, cette élève était dithyrambique sur la vie associative de ce campus qui m'attire beaucoup.

Le Campus de Reims et son programme Europe-Amérique du Nord est très intéressant pour mon projet également, puisque tous les cours y sont dispensés en anglais. J'ai toujours voulu m'immerger dans cette langue par le voyage et par les cours. C'est pourquoi j'appelle régulièrement ma tante résidant en Arizona chez qui je devais partir deux mois l'été dernier. J'entretiens également une relation privilégiée épistolaire avec ma tante haïtienne qui réside à New York. Ce voyage a malheureusement été compromis par l'épidémie mais je pense faire dès que possible un séjour dans un pays anglophone. J'ai aussi suivi des cours de mathématiques en anglais lorsque j'étais au collège et j'ai beaucoup apprécié cet enseignement. De plus, j'ai travaillé cette année sur le système politique des États-Unis dans le cadre d'un exposé et les recherches que j'ai effectuées m'ont passionnée. Ce système complexe et très sujet au débat me semble extrêmement intéressant. J'aimerais beaucoup poursuivre cette étude à Sciences Po. Les cours des humanités tels que « *Comparative racial and ethnic studies : France and the United States* », propres à ce programme, suscitent un grand intérêt chez moi.

- **En vous appuyant sur des exemples concrets tirés de vos activités, expériences ou centres d'intérêt personnels, quels engagements ou projets souhaiteriez-vous poursuivre ou développer dans votre parcours d'étudiant à Sciences Po ? Comment et pourquoi ?**

Le témoignage et les histoires de mes grands-parents constituent pour moi une grande richesse et un lourd héritage. Ces récits m'ont permis de créer des liens puissants avec eux. Mon rêve absolu aurait été d'assister à un dialogue entre mes deux grands-pères. Je suis actuellement scolarisée au lycée et j'ai été bouleversée d'entendre des propos antisémites au sein de mon établissement. J'ai toujours été sensibilisée au racisme en général et particulièrement à l'antisémitisme par ma famille. Je connaissais l'existence de tels propos mais je n'y avais pas été confrontée directement jusqu'alors. En effet, les actes antisémites sont de plus en plus nombreux en France et en 2018, un article des *Inrockuptibles* affirmait qu'un jeune français sur cinq n'avait pas connaissance de la Shoah. Je trouve cela très inquiétant, d'autant plus qu'aujourd'hui il ne reste que très peu de survivants pour témoigner. En regardant les témoignages de rescapés de la Shoah publiés sur le compte Instagram Les Derniers, j'ai été frappée par la nécessité d'écouter et de transmettre.

Moi aussi, j'ai le désir de créer des liens, historiques, géographiques et intimes. Ainsi, j'ai eu l'idée de créer un podcast pour relater ces destins. Les étudiants du campus de Sciences Po interrogeraient leurs grands-parents sur leurs histoires et celles de leurs ancêtres. Cela permettrait de mélanger les histoires mais aussi les générations. Le podcast mettrait en valeur les différentes musicalités des voix jeunes et anciennes et des accents. Par exemple, j'ai récemment téléphoné à la sœur de mon grand-père maternel et j'aime entendre son accent yiddish très prononcé, comme j'aime percevoir l'accent haïtien de ma grand-tante paternelle, quand je lui rends visite à New York. Ces témoignages seraient alors diffusés dans un podcast mensuel sur une plateforme. Cela rendrait hommage à ces histoires et les ferait vivre dans la mémoire collective.

Exemple n° 5

- **Quelle est l'origine de votre intérêt pour les sciences humaines et sociales ? En quoi les contenus et les méthodes de l'enseignement délivré au Collège universitaire de Sciences Po répondent-ils à votre projet d'études ?**

C'est à la suite de plusieurs entretiens avec des professionnels issus du monde diplomatique -je pense plus particulièrement à l'association du Quai d'Orsay Hors les Murs- que j'ai pris la décision de m'orienter vers l'Institut d'Études Politiques de Paris. Votre école offre à mes yeux trois atouts essentiels qui me permettraient de construire un projet professionnel solide et ambitieux. Tout d'abord, l'apprentissage d'une méthode d'analyse, de synthèse et de rédaction, grâce à des universitaires et des intervenants issus du milieu professionnel, m'apparaît essentiel. Analyser des documents de nature différente et pouvoir en extraire les grandes lignes directrices dans un rapport clair et précis est en effet une qualité recherchée, quel que soit le métier qu'on envisage, et qui se trouve au cœur de la pédagogie de Science Po. J'ai pu me rendre compte de l'importance de ces compétences lors d'exposés que j'ai réalisés en HGGSP, notamment celui traitant de la question du devoir de mémoire ou du devoir d'histoire.

La pluridisciplinarité réunie à Sciences Po me permettrait ensuite de développer un esprit curieux, en prise avec les enjeux contemporains grâce à la découverte du droit, des sciences politiques et de l'économie. Variant les thèmes et les approches, cet enseignement m'apporterait la finesse d'analyse nécessaire à la bonne compréhension des problématiques actuelles. L'année à l'étranger constitue enfin une des plus-values que je recherche. Une immersion complète au sein d'une université anglophone ou germanique me permettrait naturellement d'acquérir une bonne maîtrise de la langue mais également une forte capacité d'adaptation. Deux qualités dont j'ai pu reconnaître l'utilité lors de différents séjours en Allemagne, dont l'un au sein d'une famille pendant plus de six semaines.

Ces trois atouts qui motivent ma candidature à Sciences Po me permettraient ainsi de confirmer ou d'infirmer, notamment parle biais des stages et des échanges avec le corps professoral, mon projet actuel d'une carrière diplomatique tournée vers l'international. Je suis néanmoins convaincue que la formation de Sciences Po et la grande diversité de ses masters m'ouvriraient d'autres perspectives professionnelles. L'École urbaine ou l'École de la recherche, constituent deux domaines que je ne connais pas, mais que mon profil littéraire ouvert sur l'histoire et les langues me permettrait également d'envisager comme débouché professionnel. La formation du Collège universitaire me donnerait donc le recul nécessaire pour définir et affiner un projet professionnel cohérent et pertinent. C'est cet environnement propice à une formation intellectuelle ancrée dans la réalité des défis contemporains et favorable au développement de projets variés que je souhaite rejoindre en intégrant votre école.

- **Le cursus du Collège universitaire de Sciences Po se déploie sur plusieurs campus et à travers plusieurs programmes d'études. Précisez les deux choix de programme que vous souhaiteriez intégrer et développez votre intérêt pour chacun.**

Actuellement en classe de Terminale en spécialités Sciences économiques et sociales, et Histoire géographie géopolitique sciences politiques au lycée, je souhaiterais intégrer à la rentrée 2022 le Collège universitaire de Sciences Po. Deux campus me paraissent correspondre à mon parcours.

Tout d'abord, le campus de Paris qui, étant donné sa proximité et ses liens avec de nombreuses institutions et organismes de la capitale, m'attire ; je pense notamment aux débats et événements organisés avec un grand nombre d'acteurs politiques et intellectuels, ce qui donne une dimension complémentaire à l'enseignement reçu à Sciences Po. Campus attractif par son offre d'un double diplôme en sciences sociales et humanité littéraire avec la Sorbonne. Deux spécialités m'intéresseraient particulièrement : Sciences sociales et Lettres ou sciences sociales et histoire. Ces deux spécialités, qui permettent l'acquisition d'outils conceptuels et méthodologiques nécessaires à la compréhension du monde, dans le temps et dans l'espace, sont en cohérence avec les choix disciplinaires qui ont été les miens au lycée et l'orientation professionnelle souhaitée, à savoir la diplomatie.

Le campus de Nancy proposant un double diplôme de bachelor avec la Freie Universität de Berlin m'intéresse beaucoup également. En effet, élève dans une classe euroallemand depuis la seconde, j'ai pu me perfectionner dans cette langue et mieux connaître l'histoire et la civilisation de l'Allemagne. L'obtention d'une certification B2 en allemand et en anglais me conforte dans ce choix alors que le programme dispensé sur ce campus est trilingue. Cette formation pluridisciplinaire et internationale est, là encore, en cohérence avec mon projet professionnel. Ces deux campus, tournés vers l'international, ouverts sur les enjeux du monde contemporain, répondent à mes désirs d'acquérir une culture générale vaste, solide et approfondie.

- **En vous appuyant sur des exemples concrets tirés de vos activités, expériences ou centres d'intérêt personnels, quels engagements ou projets souhaiteriez-vous poursuivre ou développer dans votre parcours d'étudiant à Sciences Po ? Comment et pourquoi ?**

Mes engagements artistiques et associatifs m'ont permis de comprendre les valeurs de partage. Pouvoir continuer à m'investir, en partageant mes connaissances et mes compétences avec d'autres étudiants, est, pour moi un facteur essentiel, garant de mon épanouissement personnel et intellectuel. Pratiquant le chant depuis l'âge de 8 ans, ayant intégré une maîtrise depuis 3 ans, je souhaiterais m'investir en rejoignant, par exemple, Bureau des Arts de Sciences Po. Ayant fait partie d'une troupe de théâtre pendant 3 ans, au collège, rallier l'équipe de la Comédie Musicale, où pourraient se mêler chant et jeux de scène, me tenterait également.

Je suis également membre et adhérente de deux associations tournées vers le Sénégal : le Lions Club de Saint-Germain-en-Laye et Le Regard d'Emile ; associations dans lesquelles je suis chargée de prendre contact avec différents organismes susceptibles d'offrir une visibilité, une aide matérielle ou financière. J'aimerais rejoindre le BDA et me mettre au service de la Collection Permanente que ce soit pour l'organisation des sorties et conférences ou pour le travail de communication.

L'essai

Ce dernier exercice a pour but de tester vos capacités rédactionnelles et votre maturité. Derrière des questions en apparence anodines que vous pourriez vous poser entre amis, il faut montrer votre capacité réflexive et argumentative, tout en mettant en avant votre personnalité et ses atouts.

Votre réponse peut tout à fait revenir sur un point évoqué dans votre parcours personnel ou votre projet motivé. Ce sera l'occasion de le développer. Dans tous les cas, ayez bien en tête qu'à travers ces essais, c'est de vous dont il s'agit une nouvelle fois de parler, d'où l'importance de les réaliser seul, ce qui n'empêche pas de se faire relire ou de bénéficier de conseils extérieurs.

Cinq questions sont proposées chaque année depuis 2021 ; les candidats devaient en choisir une et y répondre en moins de 4 000 signes. Vous serez donc attentif aux annonces formulées par Sciences Po à l'automne 2023 afin de connaître les questions sur lesquelles vous allez devoir plancher.

Questions des sessions précédentes

En 2022	En 2023
Choisissez une œuvre musicale ou cinématographique (film, série, animation) du XXIe siècle qui mériterait selon vous de traverser les époques. Expliquez et justifiez votre choix. Lorsque vous réfléchissez au monde d'aujourd'hui et à ses évolutions, qu'est-ce qui vous donne de l'espoir pour l'avenir et pourquoi ? À quel événement de la seconde moitié du XXe siècle auriez-vous souhaité participer, dans quel rôle et pourquoi ? 5 % du budget de votre commune sont désormais alloués à un projet porté par les 15-20 ans : quelle initiative proposez-vous et quels arguments mobilisez-vous pour emporter l'adhésion ? Quelle statue voudriez-vous faire ériger dans l'espace public de votre pays ? Rédigez le discours qu'une personnalité politique pourrait prononcer lors de l'inauguration de la statue.	Choisissez une découverte scientifique qui aurait mérité d'obtenir un prix Nobel ou la médaille Fields. C'est à vous de remettre le prix : rédigez le discours qui présente brièvement cette avancée et qui met en valeur son importance politique et sociale. Dans la société qui vous entoure ou dans le monde, y a-t-il ou non, selon vous, un motif d'indignation qui pourrait justifier la désobéissance civile ? Apportez une réponse précise, contextualisée et argumentée. Choisissez une personnalité née ou décédée en 1923. Vous enseignez au lycée. Présentez cette personnalité à vos élèves, puis expliquez-leur pourquoi il est important de fêter le centenaire de sa naissance ou de son décès. Vous souhaitez réaliser un film documentaire sur un événement du XXIe siècle que vous avez trouvé particulièrement frappant. Rédigez-en le synopsis : ce résumé de votre scénario devra montrer la créativité et l'originalité de votre projet. Dans votre voisinage ou dans votre commune, imaginez une initiative d'amélioration concrète qui pourrait être développée dans le domaine social, culturel et/ou écologique. Décrivez votre projet, puis construisez un argumentaire afin qu'il soit examiné lors du prochain conseil municipal.

1 Quelques conseils pour rédiger l'essai

Le terme d' « essai » peut déstabiliser puisqu'il ne correspond pas à un exercice classique tel que la dissertation ou l'analyse de documents. Il doit être compris comme une rédaction plus libre et plus personnelle donnant au candidat l'occasion de « démontrer ses qualités réflexives et rédactionnelles ». Le site Internet de l'école précise bien qu' « il ne s'agit pas d'un exercice académique, mais d'une rédaction axée sur l'exigence d'écriture et de réflexion personnelle. »

Les sujets proposés ont vocation à vous permettre de faire état de votre culture générale, de vos lectures, de vos références intellectuelles ou encore des lieux que vous avez visités. Un essai doit donc d'abord parler de vous et de votre propre culture car il ne faut jamais oublier qu'en arrière-plan se joue votre admission au sein d'une école renommée.

L'autre objectif est d'évaluer votre sociabilité et vos capacités pédagogiques. Ce sont deux valeurs hautement attendues par l'école de la part de ses étudiants. C'est en ce sens que l'on peut comprendre les premiers sujets proposés en 2021 et 2022. Il s'agissait en effet de faire la promotion d'un livre ou d'une œuvre cinématographique ou musicale. Vous avez sans doute déjà fait cette expérience, au moins à l'oral, dans un club de lecture, ou dans un cadre privé. Pour inciter un tiers à apprécier une œuvre culturelle, il vous faudra faire preuve de pédagogie en soulignant l'intérêt du livre et son accessibilité. S'il s'agit d'une personne de votre génération, il faudra donc lui montrer en quoi cet ouvrage peut répondre à certaines de ses préoccupations et lui permettre de mieux comprendre le monde.

Certaines questions peuvent vous permettre de revenir sur votre parcours, sur vos expériences ou sur vos actions. L'essai peut donc offrir un bon complément à un point évoqué trop rapidement dans le parcours personnel. Il peut être l'occasion d'évoquer directement ou non vos actions en faveur des autres que ce soit dans le cadre associatif, lycéen ou autre. Si vous êtes porté sur les arts, ce peut être l'occasion d'évoquer une de vos créations dont vous éprouvez un certain contentement : une œuvre picturale, musicale ou autre. Sciences Po est tout à fait sensible à la création artistique comptant notamment un prix pour l'art contemporain et des ateliers artistiques obligatoires en première année.

L'essai est aussi le moment de faire preuve d'engagement et de témoigner de sa capacité à prendre position. Il faut profiter de cet essai pour montrer votre ouverture d'esprit, votre capacité de dialogue, y compris sur des sujets délicats et souvent source de conflits. À Sciences Po, vous aurez ainsi régulièrement l'occasion de débattre avec d'autres personnes aux opinions très différentes des vôtres et avec lesquelles vous devrez malgré tout cohabiter. L'invective, l'insulte, sans parler de la violence physique, si courantes dans nos sociétés, même démocratiques, sont clairement proscrites. Par cet exercice vous prouverez ainsi que vous respecterez les valeurs de dialogue, de compréhension, d'écoute chères à l'école.

Un bon étudiant de Sciences Po est machiavélien (le logo de Sciences Po vient d'ailleurs du lion et du renard qui doivent inspirer le bon prince selon l'auteur italien), mais pas cynique ! Montrez ainsi que vous n'êtes pas prêts à tout. Appuyez-vous pour cela sur une cause qui vous anime : environnement, droit des femmes, des enfants, peine de mort, etc.

Enfin, les essais proposés peuvent être l'occasion de rendre compte de son intérêt pour la politique. Qu'il s'agisse d'imaginer un dialogue fictif avec un homme politique ou de prononcer un discours à l'occasion de l'érection d'une statue, ces sujets ont pour vocation de vous permettre de témoigner de votre intérêt pour l'histoire et plus généralement pour la chose publique. Même si l'engagement politique a perdu de son importance au sein des promotions de Sciences Po, il demeure dans l'ADN de l'école.

2 Quelques exemples de « bons essais »

Si un essai doit nécessairement être personnel pour être efficace, la lecture de quelques essais rédigés à l'occasion des sessions précédentes vous permettra peut-être d'y voir plus clair dans cet exercice qui peut paraître déstabilisant. Ces écrits ont été rédigés par des étudiants inscrits à la préparation Tremplin IEP Paris. Ces derniers ont accepté de les partager dans ce livre.

Exemple n° 1

- **Choisissez une œuvre musicale ou cinématographique (film, série, animation) du XIXe siècle qui mériterait selon vous de traverser les époques. Expliquez et justifiez votre choix.**

Parmi les œuvres qui mériteraient de traverser les époques, il y a ce court-métrage de Steve Cutts, un illustrateur-animateur britannique qui, dans ses dessins et films animés, questionne nos comportements et nous fait réfléchir sur notre mode de vie et de consommation.

C'est pour accompagner la chanson de Moby intitulée *Are you lost in the world like me ?* et dans laquelle le chanteur dénonce l'addiction à nos smartphones qui entrave notre liberté, que Cutts a créé ce film d'animation. L'artiste s'est inspiré des cartoons produits dans les années 1930 : un choix loin d'être arbitraire. En effet, les dessins animés, qui s'adressent à un large public, n'ont pas comme seul ressort la distraction : ils délivrent aussi un message. Est mis en scène, ici, un petit bonhomme tout en rondeur qui assiste, effaré et impuissant, au défilé d'une population entière littéralement aspirée par l'objet téléphone. Les yeux rivés sur leur portable, les personnages, hypnotisés, en oublient leur humanité. Ils préfèrent filmer une agression ou un suicide plutôt que de secourir la victime ; ils n'expriment leur sentiment que par des smileys et des likes ; ils mettent en scène leur vie rêvée ; ils choisissent d'un revers de la main leurs prétendants et idolâtrent des stars adeptes de la chirurgie esthétique. Le petit bonhomme essaie tant bien que mal de réveiller cette société fantomatique qui s'est arrêtée de vivre. En vain, puisque tous finissent par tomber du haut d'une falaise.

En dénonçant notre dépendance aux écrans qui réduit nos interactions sociales à néant, Cutts met l'accent sur le fait que la technologie nous désensibilise. Il pointe l'absurdité des nouveaux modes de vie occidentaux où l'usage des réseaux sociaux est bien trop souvent exacerbé, où le rapport à la réalité est complètement tronqué. Son animation sonne comme une alerte ; elle montre que le rôle de Partiste n'est pas seulement celui de transmettre des émotions, mais aussi d'être critique avec son temps et d'en retranscrire les grandes questions. Obsession du like, des relations très virtuelles, le voyeurisme, la passivité des personnes face à un événement choquant et l'individualisme sont, pour moi, des fléaux à combattre. Et l'art peut être un formidable atout. De Montaigne à Molière, de Hugo à Picasso, de nombreux artistes se sont inscrits et s'inscrivent encore dans ce registre. Ce clip, vu par des millions de personnes certainement sur leur smartphone ou un quelconque réseau social, cherche à toucher le spectateur, à l'amener à réfléchir, et, je l'espère, à modifier son comportement.

Pour moi, l'art engagé est un espoir pour demain. Ces artistes sont là aussi pour inspirer la jeunesse, pour réveiller les consciences et inviter à s'impliquer pour changer le monde de demain. Leurs œuvres, quel que soit le support sur lequel elles reposent, servent à ouvrir le débat et à créer la polémique. Le monde de l'art a souvent été précurseur de mouvements sociaux : bon nombre de revendications ont été amenées sur le devant de la scène politique grâce à l'action d'artistes engagés et influents. Aujourd'hui, par exemple, des artistes du monde entier se mobilisent pour sensibiliser jeunes et moins jeunes au réchauffement climatique. Au moyen de leur art, ils alertent sur une situation qui devient de plus en plus inquiétante. Je pense notamment au peintre hollandais Demiak dont *Memoirs of loss* a pour sujet des habitations dévastées par des catastrophes naturelles. Et quand bien même ces œuvres ne toucheraient qu'une infime poignée de personnes, c'est déjà une victoire, une graine d'espoir. Dostoïevski ne disait-il pas : « L'art sauvera le monde » ?

En ce sens, ce film animé, en tant que témoignage du monde dans lequel nous vivons, mérite de traverser les époques tout comme les pièces de Molière les ont traversées, elles qui ont été une vraie arme pour le dramaturge, en interrogeant le contexte et les maux de son temps.

Exemple n° 2

- **À quel événement de la seconde moitié du XXe siècle auriez-vous souhaité participer, dans quel rôle et pourquoi ?**

J'aurais aimé marcher dans les rues de Montgomery, le 2 mars 1955, d'un pas léger sous le soleil glaçant d'un hiver pur et dur. Je m'imagine alors cette scène. Je monte dans ce bus qui me conduit dans les bureaux sinistres qui estompent un peu plus chaque jour mon esprit rêveur. Je salue le chauffeur, j'ôte mon chapeau et m'installe sur l'un des fauteuils en cuir luisant qui me sont réservés. J'observe alors à travers les vitres sales, les trottoirs de cette ville d'Alabama, et ses passants. Ces derniers sont de ceux qui marchent d'un pas assuré sans voir ou songer à l'ombre qui pèse sur cet État, ce pays. Alors, je perçois les voix des jeunes filles noires en uniforme saluant en chœur le chauffeur, sans réponse. Puis, je détourne le regard pour retourner à mon observation. Je somnole encore quand une voix aiguë me tire de mon sommeil. Une dame, aux cheveux corbeaux et aux yeux bleus réclame « sa place ». Mais la jeune adolescente qui s'est installée quelques minutes auparavant garde un regard fixe sur le fauteuil libre devant celui sur lequel elle est assise. La femme, continue alors de s'exclamer jusqu'à ce que le chauffeur lui-même, se décide à intervenir. La jeune fille se trouve dans la « white-zone » du bus, et refuse de laisser sa place, alors scandale. Le chauffeur hèle les quelques policiers traversant devant le bus et leur explique l'incident. Ces derniers n'hésitent pas, ils montent, déterminés. Mais les regards des passagers dans le bus, changent soudain à l'arrivée des hommes armés, parés à arrêter une petite de quinze ans à lunettes qui se rend au lycée. Certains blancs, gênés, la plupart rassurés, certains noirs effrayés, la plupart émus. Alors, à ce moment précis, j'aurais aimé être de ceux qui haussent le ton. Car, moi, homme blanc, je serais intervenu, j'aurais élevé la voix face à ces brutes. J'aurais aimé être présente à l'arrestation de Claudette Colvin, une petite fille noire de quinze ans, qui eut le courage de faire le même geste que Rosa Parks, quelques mois avant celle-ci. J'aurais aimé laisser une trace et soutenir cette jeune fille, moi, qui aurait été un alors homme blanc, privilégié par cette ségrégation. Resté silencieux jusqu'alors, l'acte de Claudette m'aurait éveillé. Cette petite fille, qui même dans une société raciste, ne présentait aucune menace, m'aurait touché et fait prendre conscience de l'absurdité des lois de Jim Crow. Mais, après tout, mon intervention aurait-elle eu un réel impact ? Non, peut-être que non. Ou pire, ma protestation aurait même pu effacer celle de Claudette, pourtant bien plus courageuse. En intervenant, c'est mon action que l'on aurait peut-être retenue, ma lutte, qui se serait approprié la sienne. Cependant, j'aurais aimé soutenir cette jeune enfant, brillante, luttant pour ces droits le lendemain de sa leçon sur la Constitution des États-Unis. J'aurais aimé être un de ces blancs qui se sont levés contre cette persécution et ce racisme légal. J'aurais aimé être un de ceux qui témoignaient en sa faveur au côté de sa camarade de classe Annie Larkins Price lors de son procès le 18 mars 1955. Peut-être que mon appel à la barre, aurait permis de soutenir la parole de Price lorsque l'on accusait sa voisine de classe d'agression. Mais Claudette Colvin fut condamnée, et son action resta effacée pendant des années, alors même qu'elle précédait celle de Rosa Parks.

Exemple n° 3

- **Quelle statue voudriez-vous faire ériger dans l'espace public de votre pays ? Rédigez le discours qu'une personnalité politique pourrait prononcer lors de l'inauguration de la statue.**

En ce temple du savoir qu'est la bibliothèque Ste Geneviève, nous célébrons aujourd'hui ce grand homme. Un des plus brillants esprits du XXe siècle, il a mieux que quiconque su saisir la complexité de son temps. Dans une époque agitée par les totalitarismes, Raymond Aron n'en est pas moins resté le plus fervent défenseur des libertés. Philosophe éclairé, écrivain engagé, diplômé de l'École Normale Supérieure, il a toujours su rester modeste et ne s'est jamais vanté de la véracité de ses prédictions.

Cet homme est avant tout un visionnaire. Visionnaire, il a compris le danger du nazisme bien avant les autres penseurs de son siècle. En 1930 à Berlin, Raymond Aron assiste impuissant au déchaînement des passions lors d'un discours du Führer. À son retour en France, il alerte sur l'imminence de la guerre, tel une Cassandre, mais il n'est pas entendu. Visionnaire, il a saisi très tôt le drame qui se déroulait à l'est de l'Europe, sous le joug impitoyable de Staline. En 1948, dans *Le Grand Schisme* seulement trois ans après la fin de la guerre, il avertit sur le danger que représente le tyran communiste. Visionnaire, il a pris conscience de l'inéluctabilité de la décolonisation. En 1957, dans *La tragédie algérienne*, il anticipe la disparition de la dernière colonie française.

Raymond Aron est aussi un modèle de courage. Combattant de la liberté, il a rejoint Londres et a refusé de se soumettre à la paix imposée par Vichy. Il incarne toute la complexité de l'espèce humaine. C'est un homme de paradoxe, il croyait en l'autorité et pourtant l'abhorrait. Homme de paix, il reconnaissait la nécessité de la violence. Conservateur mais aussi non conformiste, excellent analyste de la guerre froide, il a su dompter ses contradictions pour mieux saisir avec subtilité les enjeux du monde dans lequel il vivait. Son goût pour la vérité et la rationalité était au prix de la solitude. Isolé de l'intelligentsia française par l'Opium des Intellectuels, ses prises de position lui ont valu de perdre nombre de ses amitiés de jeunesse. Mais aurait-il été libre, s'il s'était asservi à l'opinion dominante ?

Homme à la pensée moderne, les mots de Raymond Aron résonnent toujours en nos temps si troublés. « Le drame des hommes, c'est qu'ils ne savent pas que l'Histoire est tragique ». Ces quelques mots si évocateurs, nous semblaient, il y a peu, pourtant bien lointains. Défenseur du projet de dissuasion nucléaire, sa prise de position semble plus que jamais d'actualité à l'heure d'un conflit en Europe. Il défendait plus que tout les démocraties, pourtant elles n'ont jamais semblé si fragiles. Raymond Aron en avait bien saisi l'enjeu, imaginant alors le monde d'après guerre froide, il en était arrivé à l'inévitable conclusion de leur déclin.

Figure de l'ombre aux idées lumineuses, son œuvre nous éclaire toujours aujourd'hui. Dans une société où la réflexion semble réduite à l'immédiateté, sa rigueur d'analyse et sa liberté de pensée manquent. Dans une société frappée par le populisme et le fanatisme religieux, la réflexion raisonnable et pondérée du philosophe semble plus que jamais nécessaire.

Inclassable, réaliste et spectateur engagé, il privilégie toujours l'analyse au profit des idéologies. Inlassablement, il a tenté de saisir l'histoire en son essence afin d'agir sur son cours, mais ne s'est jamais résigné à la fatalité. Cet homme de bonne volonté a finalement trouvé le repos mais nous transmet aujourd'hui son flambeau. En tant qu'héritier de Raymond Aron, nous nous devons d'éclairer le monde par la raison.

Exemple n° 4

Choisissez une découverte scientifique qui aurait mérité d'obtenir un prix Nobel ou la médaille Fields. C'est à vous de remettre le prix : rédigez le discours qui présente brièvement cette avancée et qui met en valeur son importance politique et sociale.

Vos Majestés,

Vos Altesses royales,

Chers lauréats,

Mesdames et Messieurs,

Le 17 novembre 2019, à Wuhan en Chine, le premier cas d'un nouveau coronavirus est signalé. Le 11 janvier 2020 marque le premier décès dû à un virus au nom encore nébuleux mais qui deviendra vite fameux : la Covid-19. Qui aurait pu imaginer la tournure prise par ce qui était au départ décrit comme une mystérieuse pneumonie ? 100 000 cas en mars 2020, ils sont 3 millions le mois suivant. À ce jour, 6,73 milliards de personnes ont contracté le SARS-CoV-2 et 6,8 millions en sont décédées.

Ce nombre aurait pu être bien plus important sans le développement et le déploiement rapide des vaccins à ARN messager par les laboratoires Moderna, Pfizer et CureVac qui auraient sauvé près de 20 millions de vies selon l'Imperial College de Londres. Alfred Nobel souhaitait récompenser les personnes ayant rendu service à l'humanité. Grâce à leurs trente ans de recherches sur l'ARN messager et son utilisation comme thérapie, Katalin Kariko et Drew Weissman, tous deux professeurs à l'université de Pennsylvanie, ont sauvé l'humanité de la pire crise sanitaire qu'elle a connue depuis un siècle. Pourtant, lorsque vous avez débuté vos travaux dans les années 1990, vous avez dû vous battre pour obtenir des financements. Ces trente dernières années ont été pour vous un combat perpétuel dans le but de pouvoir mener vos recherches et faire connaître au grand public leurs résultats encourageants. Vous avez permis de rendre l'utilisation de l'ARN messager viable en modifiant sa composition. Par cette découverte, vous avez ouvert la voie à tous les laboratoires qui ont travaillé intensément pour trouver un vaccin à ARN messager afin de proposer une réponse à la pandémie de Covid-19. Cela aurait-il été possible sans vos dizaines d'années de recherche ? Vous êtes en quelque sorte les parents de ce vaccin. Un vaccin qui a fait renaître l'espoir d'une sortie de cette sombre période, un vaccin qui a sauvé des millions de vies, un vaccin qui protège aujourd'hui près de 5 milliards de personnes sur tous les continents. Un vaccin qui est aussi le fruit de la collaboration entre les États du monde entier, qui a renforcé les liens interétatiques et l'aide apportée aux pays les plus en difficulté, parfois oubliés, notamment sur le continent africain. Ce fut ainsi une réussite tant médicale que politique. Et ce, malgré ce que certaines victimes de la désinformation et autres membres des sphères complotistes prétendent.

Si votre découverte s'est illustrée en temps de crise, chère Katalin et cher Drew, elle ne disparaîtra pas avec la Covid-19. Désormais, cette technique apparaît comme une solution au cancer et au VIH. Les laboratoires effectuent en ce moment même des essais cliniques afin de développer grâce à l'ARN messager des réponses à ces maladies qui constituent des tragédies humaines. Le Zika présent dans de nombreux pays chauds pourrait également être traité. Je retiens votre mot, Madame Kariko, et le rêve qu'il contient : lorsqu'on se brûlera en cuisinant, on prendra simplement un flacon adéquat d'ARN codant une protéine utile à la guérison afin de se l'administrer. En effet, votre découverte éclaire de nouveaux horizons, de nouvelles perspectives de guérison, faciles à produire et peu onéreuses, afin de les rendre accessibles à tous. Conformément aux critères et aux ambitions d'Alfred Nobel, vous avez réalisé la découverte médicale la plus importante de l'année écoulée. C'est pour cette raison que le comité de l'institut Karolinska, chargé de décerner le prix Nobel de médecine, vous récompense cette année.

Madame Katalin Kariko, Monsieur Drew Weissman, permettez-moi de vous transmettre les chaleureuses félicitations de l'institut Karolinska de Stockholm, en vous priant de vous avancer pour recevoir des mains de Sa Majesté le Roi, le prix Nobel de médecine.

Exemple n° 5

- **Dans la société qui vous entoure ou dans le monde y a-t-il ou non, selon vous, un motif d'indignation qui pourrait justifier la désobéissance civile? Apportez une réponse précise, contextualisée et argumentée.**

Utilisé en aviation, le kérosène est aujourd'hui le seul carburant issu du pétrole à être exonéré de taxes en France. Cette décision remonte à la Convention internationale de Chicago sur l'Aviation civile internationale, ratifiée par la France en 1944 dans l'objectif de favoriser l'essor du trafic international et de maintenir la paix. Certains pays, parmi lesquels la France, ont ensuite appliqué cette exonération à leurs vols intérieurs résultant à une exonération de Taxe intérieure sur la consommation de produits énergétiques (TICPE) sur les vols. Toutefois, dans un contexte nouveau de dérèglement climatique toujours plus important, le maintien de ces exemptions peut paraître injustifié.

Si l'aviation ne représente qu'environ 3 % des émissions de Gaz à effet de serre (GES) en Europe, il est le mode de transport le plus émetteur de CO2 par rapport à la distance parcourue. L'empreinte carbone d'un aller-retour de 500 km peut s'élever jusqu'à 241 kg de CO2 rejeté, soit 40 fois supérieure aux émissions d'un train et presque 2 fois supérieure à celles d'une voiture. L'exonération de la taxe sur le kérosène pousse les prix des billets à la baisse. En suivant cette tendance, le secteur de l'aviation atteindrait alors 20 % des émissions de GES en 2050, une estimation alarmante sachant que le nouveau rapport du GIEC publié en 2023 estime que la planète atteindra un réchauffement de 1,5° C par rapport à la période préindustrielle à l'horizon 2030. Si nous n'œuvrons pas pour une baisse des émissions, nous serons condamnés, d'où la nécessité de faire appel à la mise en place d'une taxe sur le plus polluant des carburants.

De surcroît, la démocratisation des vols ne concerne pas seulement les vols internationaux, mais également les vols intérieurs qui représentent aujourd'hui 20 % du trafic en France. Ce constat ne peut qu'être révélateur d'une chose : la surconsommation. Pourquoi prendre un mode de transport dont l'utilisation déraisonnée précipite vers notre propre extinction alors que des modes plus soutenables comme le train existent pour ces trajets de courte durée ? Le mode de transport le plus coûteux à l'environnement est aussi souvent le moins cher. L'exonération de la taxe se fait complice de l'ultraconsumérisme et de la dégradation environnementale. La conscience écologique endormie, l'action collective est justifiée pour la réveiller.

Mais l'absence de taxe sur le kérosène n'encourage pas seulement la destruction environnementale, elle creuse également les inégalités sociales. En 2019, un vol sur dix au départ de la France était effectué en jet privé. Au-delà de l'exemption de taxe, le taux d'imposition pour ces carburants étant plus faibles de 35 % à 40 % à celui de l'essence automobile, les jets privés récompensent leurs propriétaires, de quoi susciter l'indignation devant cette injustice sociale. « Les premiers responsables du réchauffement climatique en deviennent les derniers concernés », comme l'exprime Extinction Rebellion.

Enfin, l'inaction des autorités publiques face à cette impasse climatique interroge. Non seulement n'agissent-ils pas en faveur de l'intérêt général, mais ils proposent au contraire de criminaliser l'action des activistes climatiques soucieux de mettre en lumière les failles de la gouvernance climatique. En juillet 2021, l'Assemblée nationale adopte un projet de loi gouvernemental qui sanctionne le délit d'intrusion sur une piste d'aéroport de 6 mois d'emprisonnement et 7 500 euros d'amende. La sentence est doublée en cas d'infraction collective. Contrer cette loi serait le meilleur moyen de mener à la prise de conscience collective sur l'enjeu du réchauffement climatique accéléré par l'exonération de cette taxe.

Agir pour préserver, désobéir pour protéger, *Indignez-vous* comme l'écrivait Stéphane Hessel devant cette taxe irresponsable.

Exemple n° 6

- **Choisissez une personnalité née ou décédée en 1923. Vous enseignez au lycée. Présentez cette personnalité à vos élèves, puis expliquez-leur pourquoi il est important de fêter le centenaire de sa naissance ou de son décès.**

« Bonjour à tous, asseyez-vous je vous en prie. Avant de reprendre le cours sur la Seconde Guerre mondiale, j'aimerais vous livrer un aparté, non sans lien avec l'histoire sur laquelle nous travaillons ensemble.

Connaissez-vous Marcel Mangel ? »

Une réponse négative s'élève à l'unisson.

« Aujourd'hui, 22 mars 2023, nous fêtons le centenaire de la naissance de Marcel Mangel : une personnalité aux multiples messages forts. Je lis sur vos visages une certaine perplexité, mais j'espère illuminer votre esprit avec son nom de scène : le mime Marceau. Artiste décoré et récompensé à de nombreuses reprises, aussi bien pour ses publications que pour les films et les pièces de théâtre dans lesquels il a joué, il a surtout porté l'art du mime, à travers son personnage Bip, sur les scènes du monde entier en lui redonnant ainsi sa réputation. De sa voix sourde et voilée qui aurait pu apparaître comme une faiblesse, il a su tirer une force extrême qui rompt toutes les frontières du langage et constitue le point de rencontre de cultures variées. Créatif dans sa gestuelle, intense dans ses regards, expressif dans ses mimiques, son arbre poétique lui permet de représenter l'homme et de construire son monde insolite et unique. Il paraîtrait même que sa marche dans le vent a inspiré le célèbre moonwalk de Michael Jackson. »

« Mais Monsieur, quel est le rapport avec le cours ? » questionne un élève.

« J'y viens, j'y viens ! Son passé avant d'obtenir sa renommée mondiale est trop souvent oublié, mais il avait votre âge, 16 ans, lorsque la guerre a débuté. Né dans une famille juive, sa vie a alors été bouleversée par la menace nazie. Mais Marcel a décidé de mettre ses capacités d'artistes au service du combat, en s'engageant en 1942 dans la résistance sous le pseudonyme de Marceau. Habitué à amuser de jeunes orphelins juifs cachés, il devient aussi leur professeur de théâtre avec l'objectif de leur permettre de s'épanouir mais aussi de les protéger.

En effet, vous savez à quel point l'art est sans limite et a permis de sauver des personnes de la mort. Il utilisait ses talents d'acteur afin de permettre aux enfants de dédramatiser la situation vécue, de conjurer leur peur afin qu'ils puissent conserver un maximum de sang-froid. Il a même participé à la fuite d'une trentaine de jeunes vers la frontière suisse, opération qu'avait organisée son cousin, le grand résistant Georges Loinger, en jouant un moniteur de colonies de vacances. Si vous êtes intéressés par son histoire, je vous conseille vivement de regarder le film *Résistance*.

Je souhaiterais surtout que vous reteniez que Marceau est le symbole de tant d'autres inconnus ayant pris part à ces actions de résistance. Même si elles peuvent apparaître minimes ou peu spectaculaires, ce sont toutes ces actions qui ont contribué à changer le cours de l'histoire. C'est le courage, l'altruisme et l'empathie de ces personnes qui ont sauvé une partie de l'humanité. Nous ne devons pas les oublier et c'est ainsi la raison pour laquelle, participer au devoir de mémoire est primordial. Célébrer un centenaire fait perdurer, par le souvenir, le partage et la commémoration, les valeurs et idéaux transmis par ceux qui nous ont quittés. Cela empêche en quelque sorte leur disparition. L'année de votre naissance, le 22 septembre 2007, Marcel Marceau est décédé. Son patrimoine artistique et la totalité de ses biens ont été vendus aux enchères contre ses intentions puisqu'il souhaitait que sa maison devienne un musée du mime. Le non-respect de son dernier souhait renforce l'importance de lui rendre hommage, l'importance de cet aparté d'aujourd'hui. »

« Est-ce qu'on peut regarder le film dont vous nous avez parlé ? » demande alors une jeune fille.

« Pas aujourd'hui, désolé, nous devons avancer dans le programme. Mais ne faites pas cette tête, je suis en discussion avec l'administration pour vous préparer une surprise. Maintenant, sortez vos affaires, nous allons travailler sur des témoignages de sa famille, source précieuse mais subjective et difficilement fiable. »

Activités et centres d'intérêt

Élément fondamental de la plate-forme Parcoursup, les quatre rubriques du parcours personnel doivent être particulièrement soignées puisqu'elles seront mises à disposition de toutes les formations sélectives auxquelles vous postulez.

Ces trois écrits personnels sont le cœur de votre dossier. Vous avez normalement fait suffisamment d'efforts pour avoir les meilleurs bulletins possibles et des notes au baccalauréat à la hauteur de votre niveau et vous ne pourrez guère modifier ces aspects au cours de votre année de préparation sauf en travaillant régulièrement et sérieusement.

En revanche, pour ces trois écrits tout est à faire. Et ils sont loin d'être décoratifs ! Ils pèsent dans la sélection à hauteur des bulletins de notes et du baccalauréat. Ce qui veut dire qu'ils peuvent renforcer un dossier déjà excellent, mais aussi aider un dossier moins exceptionnel.

Faites-vous confiance !

Il doit s'agir d'écrits « personnels ». C'est-à-dire qu'ils doivent parler de vous et que vous devez impérativement en être l'auteur. On trouve bien sûr des modèles et nous en proposons nous-mêmes dans les pages qui suivent ; cependant, vous devez être très vigilant quant à leur utilisation. Même si vous arrivez à modifier ces modèles à votre façon, il sera facile de le déceler. D'autant que l'intégralité de vos écrits sera soumise aux logiciels antiplagiat. Faites-vous confiance et prenez donc la plume.

Le propos doit être le plus clair possible. Cela nécessite d'organiser votre argumentation. Il ne s'agit pas de rédiger des dissertations, mais veillez à structurer vos idées pour qu'elles se suivent logiquement. Préparez donc un brouillon avec les grandes idées et ne commencez à rédiger que quand cette organisation vous paraît claire et logique. Essayez de rassembler les idées qui sont proches dans un même paragraphe.

Il vous est demandé sur Parcoursup de remplir une rubrique « activités et centres d'intérêt », celle-ci correspond à l'un des trois éléments du « parcours personnel » demandé par Sciences Po Paris. Vous devez ainsi vous présenter clairement tout en gardant en tête que votre objectif principal est Sciences Po. Mettez ainsi en avant des éléments qui sont attendus dans cette école. Soulignez vos différentes activités d'encadrement, au lycée ou ailleurs, vos engagements (associatif ou autre), vos activités culturelles (pratique de la musique, des arts, sorties culturelles).

1 Tirer le meilleur parti de ces rubriques

a. Les expériences d'encadrement et d'animation

Mes expériences d'encadrement ou d'animation : décrivez ici vos expériences d'encadrement ou d'animation (1 500 caractères max.)

C'est la rubrique de Parcoursup la plus difficile à remplir. Il est normal qu'à 17 ou 18 ans vous n'ayez pas eu beaucoup d'expériences d'encadrement et d'animation, sauf si vous avez pratiqué le scoutisme, que vous avez été moniteur de centre de loisir ou très actif dans une association.

Cette première rubrique à compléter ne doit cependant pas être uniquement comprise comme un moyen de relater vos expériences avec des enfants. Il est même souvent préférable de sélectionner dans votre parcours d'autres types d'expériences, même si vous avez pratiqué le baby-sitting ou que vous avez encadré des colonies de vacances.

L'importance de cette rubrique

Puisque c'est la rubrique la plus compliquée à compléter, vous devez y prêter une attention toute particulière. On lit parfois que les quatre rubriques ne sont pas nécessairement à remplir. Il est évident que dans un tel processus de sélection, nous vous déconseillons de suivre ce conseil. Bien au contraire, puisque certains candidats ne prendront pas la peine de compléter ce premier volet, faites la différence en sélectionnant parmi votre parcours une expérience forte. À travers un exercice d'introspection, vous parvenez toujours à trouver une expérience qui peut être perçue à travers une dimension d'encadrement ou d'animation.

Ces termes d'encadrement et d'animation sont entendus au sens large, donc n'hésitez pas à citer aussi des activités d'animation au sein du lycée – structuration d'une association, animation d'un groupe, d'une activité scolaire.

Vous pouvez également mentionner des expériences de très courte durée ou de faible ampleur. Dans le cadre du lycée ou de votre vie personnelle, vous avez peut-être été amenés à réaliser de l'aide aux devoirs, à encadrer des entraînements sportifs ou encore à effectuer des prestations en public dans le cadre d'un spectacle de danse ou d'une représentation théâtrale.

Le plus important n'est donc pas l'expérience en tant que telle mais votre capacité à prendre du recul sur celle-ci. Le jury cherche alors à évaluer une certaine maturité ainsi que votre autonomie. De la même manière, il va chercher à évaluer votre capacité à prendre du recul sur vous-même.

b. Votre engagement citoyen

Mon engagement citoyen : décrivez ici votre engagement citoyen ou bénévole dans une association, dans votre établissement ou un autre cadre (1 500 caractères max.)

Cette rubrique est évidemment chère à Sciences Po, il faudra donc particulièrement la soigner. C'est l'occasion d'évaluer votre intérêt pour la chose publique et la vie de la cité.

Il faudra ainsi parler de vos activités associatives, politiques. Dites-nous précisément ce que vous avez fait et ce que vous en retirez en termes de valeurs et de travail d'équipe. De la même manière que pour le premier volet, il est évident que toutes les expériences sont bonnes à prendre. Certains d'entre vous se sont effectivement engagés dans des associations ou des partis politiques et auront donc plus de facilité à compléter cette rubrique.

En revanche, certains auront l'impression au premier abord de ne jamais avoir eu d'engagement citoyen alors qu'en réalité, vous avez déjà tous participé à des opérations collectives tournées vers les autres. Ces événements auxquels vous avez participé peuvent avoir une dimension ponctuelle. Il peut s'agir d'une participation à une manifestation ou à une marche pour le climat. Ces engagements citoyens peuvent même prendre une échelle plus individuelle encore, lorsque vous évoquez des dons de vêtements à des associations ou une participation à une course caritative ou à une manifestation organisée dans le cadre du Téléthon.

Trois dimensions doivent être prises en compte

Là encore, le plus important n'est donc pas l'expérience mais votre capacité à la mettre en perspective. Il convient donc de bien expliquer au jury les intentions qui étaient les vôtres lorsque vous avez participé à telle ou telle expérience. Vous pouvez alors très bien expliquer l'importance d'une cause particulière en fonction de votre propre vécu ou de votre propre lecture du monde. Il convient donc à la fois de prendre en compte :

- l'expérience
- les motivations qui vous ont amené à y participer
- la cause au service de laquelle vous avez souhaité vous engager

Ainsi, un engagement écologique peut être mis en évidence à travers la participation à une marche pour le climat ou à travers la pratique régulière du *plogging*. De même, une volonté de lutter contre la précarité peut passer par des dons à des associations ou par de l'aide aux devoirs réalisés auprès d'enfants en difficulté. Enfin, vous pouvez insister sur votre volonté de lutter à votre échelle contre l'exclusion à travers la participation à un projet collectif autour de l'intégration des migrants.

Les engagements au sein du lycée sont évidemment à évoquer : délégué de classe, membre du CVL, de la maison des lycéens, écodélégué etc. Vous montrerez ainsi qu'une fois à Sciences Po vous serez en capacité d'assumer des responsabilités de représentation de vos camarades et dans la gestion de l'école. La vie associative est en outre très présente à Sciences Po, avoir déjà des expériences dans ce domaine préfigure donc votre capacité d'intégration dans l'école.

Ne vous excusez pas de n'avoir pu mener certaines actions à bien en raison de la crise sanitaire. C'est le cas pour tout le monde !

c. Vos expériences professionnelles

Mon expérience professionnelle : décrivez ici vos expériences professionnelles ou les stages que vous avez effectués (1 500 caractères max.)

Là encore, il est difficile de vous demander une grande expérience professionnelle à votre âge. L'idée est plutôt d'évaluer votre connaissance du monde professionnel.

Vous penserez en premier lieu au stage effectué lors de votre année de troisième voire de seconde, en fonction de votre établissement scolaire. C'est la première expérience qu'il convient d'évoquer, même si celle-ci n'est plus en rapport avec votre projet professionnel et qu'elle n'a a priori rien à voir avec votre volonté de rejoindre Sciences Po.

Toutes les expériences professionnelles sont bonnes à valoriser. Nous vous invitons néanmoins à effectuer un véritable travail d'introspection sur ce que vous avez appris lors de cette semaine d'observation. Il convient à la fois de mettre en évidence cette première découverte du monde du travail ou encore la prise en considération du travail en équipe, tout en vous efforçant de ne pas sombrer uniquement dans des lieux communs.

N'oubliez pas non plus les éventuels emplois saisonniers que vous avez pu exercer l'espace de quelques semaines, voire quelques jours pendant l'été ou à un autre moment.

Il n'y a en effet rien de honteux à cela, bien au contraire ! Ce sont des expériences enrichissantes et qui montrent une certaine maturité. Sciences Po avait d'ailleurs mis en place pendant quelques années un stage ouvrier obligatoire qui a finalement été supprimé pour être remplacé par le parcours civique obligatoire.

Enfin, dans le cadre de Parcoursup, une expérience professionnelle ne doit pas nécessairement être déclarée et avoir donné lieu à une rémunération. Vous pouvez ainsi évoquer la participation à diverses tâches dans le cadre d'une entreprise familiale, qu'il s'agisse de l'accueil d'éventuels touristes pour une location saisonnière ou de clients d'un restaurant ou encore de votre implication au sein d'une exploitation agricole ou de tout autre type d'entreprises familiales.

N'hésitez pas à expliquer ce que vous avez retiré de ces différentes expériences, ce que vous en avez appris et à en quoi tout cet apprentissage fait de vous le candidat idéal pour Sciences Po.

d. Votre ouverture au monde

Ouverture au monde (pratiques sportives et culturelles, parcours spécifiques) : décrivez ici vos pratiques sportives et culturelles et/ou les parcours spécifiques suivis (exemple : cordées de la réussite, parcours d'excellence). Il peut également s'agir de la pratique d'une langue étrangère non étudiée au lycée, de séjours à l'étranger ou d'un intérêt particulier pour une culture étrangère. (1 500 caractères max.)

Sciences Po est très attachée à l'ouverture internationale, comme en témoigne la création par Sciences Po Paris de campus dédiés à une aire géographique précise. On attend donc des futurs étudiants de Sciences Po qu'ils possèdent déjà les bases de cette ouverture internationale.

N'hésitez donc pas à mentionner vos séjours à l'étranger dans le cadre du lycée ou familial. Les candidats considèrent souvent que seuls les voyages dans un cadre scolaire sont « légitimes », ce qui est totalement faux. De ces expériences à l'étranger dites ce qu'elles vous ont appris, ce que vous en avez retiré. Dans le cadre de la sélection pour Sciences Po Paris, sélectionnez de façon stratégique les séjours mentionnés en mettant en avant les séjours qui sont cohérents avec vos vœux de campus.

Tout ce qui vous relie à l'international est bon à prendre. D'autant que les voyages à l'étranger sont onéreux et vous n'avez pas tous la possibilité de les multiplier, surtout en temps de pandémie mondiale ! N'hésitez donc pas à parler de votre maîtrise des langues étrangères, à travers le lycée, et notamment si vous êtes en filière internationale ou en classe européenne. La correspondance avec un camarade étranger est aussi intéressante.

L'apprentissage des langues en dehors du lycée est aussi très valorisant. Si vous prenez des cours privés ou apprenez en autodidacte n'hésitez pas à le signaler. De même si vous avez passé des certificats (IELTS, TEOFFEL, TOEIC etc), c'est un bon point à mettre en avant.

Pour renforcer votre profil, si vous ne vous retrouvez pas dans tout ce qui a été évoqué, vous pouvez parler de votre lecture de la presse ou de livres en langues étrangères. Les origines familiales peuvent également être un atout.

Des expériences souvent interchangeables

Enfin, vous devez garder en tête que les expériences que vous allez mentionner dans ces quatre rubriques sont souvent interchangeables. Le scoutisme peut ainsi être évoqué comme un engagement citoyen, comme une expérience d'encadrement voire comme une expérience professionnelle si vous avez été amené à organiser des ventes ou d'autres opérations qui reprennent un cadre plus professionnel. Nous vous déconseillons de répéter une même expérience au sein de plusieurs rubriques car cela pourrait donner l'impression d'une certaine pauvreté de votre parcours. Au contraire, il est essentiel de bien structurer vos quatre rubriques, à la manière d'un plan, en partant de ce qui est le plus important pour vous, c'est-à-dire de ce qui a contribué le plus à vous construire en tant que jeune adulte.

2 Quelques exemples de parcours personnels

Trois avertissements valent mieux qu'un ; après le propos liminaire relatif au projet de formation motivé, celui relatif à l'essai, nous vous rappelons le risque encouru face à la tentation du plagiat ainsi que la nécessité de proposer des écrits qui vous ressemblent.

Ceci étant répété, les quelques exemples disponibles ici, dont le partage a été autorisé par leurs auteurs, sont destinés à vous rassurer en vous livrant les écrits rédigés par des étudiants au cours de leur année de terminale.

Exemple n° 1

Expérience d'encadrement et d'animations

Je compte participer à la journée portes ouvertes de mon lycée. Je trouve important de pouvoir présenter le lycée aux futurs élèves de seconde. J'ai moi-même assisté à cette journée portes ouvertes quand j'étais en troisième et cela m'a aidé à mieux appréhender mon entrée au lycée. Je pense qu'il est primordial de pouvoir permettre aux élèves de troisième de se projeter dans l'établissement. En tant qu'élève de terminale, je connais maintenant bien le fonctionnement du lycée et peux offrir une vision différente de celle des professeurs. C'est aussi une manière de rendre service à l'établissement qui m'a permis de progresser et m'a accompagné durant ces deux dernières années marquées par une situation sanitaire compliquée.

Durant la période du confinement et pendant qu'on alternait les semaines en présentiel et à distance, je me suis proposé, en tant que délégué, d'établir le lien entre les différents professeurs et les élèves. J'ai notamment fait partie d'un système de tutorat mis en place pour des élèves qui éprouvaient des difficultés scolaires. Il y avait un camarade de classe qui était en ULIS et qui manquait beaucoup de cours. Je me suis donc porté volontaire pour prendre ses cours et lui expliquer en outre les cours de français pour qu'il puisse se présenter dans les meilleures conditions au baccalauréat de français.

Mon engagement citoyen

Dans le cadre de mon parcours citoyen, j'ai participé au Concours national de la résistance et de la déportation. Ce concours scolaire qui s'appuie sur l'enseignement de l'histoire des mémoires m'a permis de prendre conscience du devoir de mémoire. Il est à mon sens important d'entretenir le souvenir des personnes qui se sont battues pour la liberté et les victimes du génocide perpétré par les nazis. J'ai aussi participé à la commémoration du 8 mai 1945 et je me suis proposé de lire un discours du général de Lattre de Tassigny devant une assemblée. C'était mon devoir de citoyen d'y prendre part et j'ai ressenti beaucoup d'émotion lors de cette cérémonie.

Par ailleurs, j'ai décidé de m'investir différemment dans mon parcours citoyen en obtenant le diplôme de premiers secours, Prévention et secours civiques de niveau 1. Apprendre à effectuer les gestes qui sauvent afin de porter secours à autrui relève aussi pour moi du devoir citoyen. Pour compléter ma formation, j'ai obtenu un diplôme de rappel pour sauvetage côtier. Ces expériences m'ont permis de mieux appréhender les situations d'accidents et de pouvoir suppléer les secours avant leur arrivée grâce à la méthode qu'on m'a enseignée : protéger, alerter et secourir.

Mon expérience professionnelle

J'ai réalisé mon stage de troisième au tribunal de grande instance de ma ville aux côtés d'un magistrat. J'ai découvert l'organisation de la Justice, le rôle des différents acteurs dans une salle d'audience, la diversité des affaires mais aussi le travail réalisé aussi bien par les avocats, les procureurs et les greffiers. Durant différentes audiences, j'ai pu observer un procureur et un juge d'application des peines dans l'exercice de leur métier. J'ai été particulièrement impressionné par leur capacité à prendre des décisions et à s'adapter à chaque affaire. Cette expérience dans le monde de la Justice m'a permis de me rendre compte de la réalité des affaires traitées et de l'ampleur du travail préparatoire effectué en amont des audiences. D'autre part, j'ai suivi une formation d'éloquence avec l'association Voix Publique dans le cadre de ma formation des délégués en seconde. Cette association de prise de parole en public est intervenue dans mon lycée pour nous donner le goût de l'art oratoire. J'ai eu à cœur d'apprendre à poser ma voix, gérer les silences pour mettre en valeur mes propos, travailler ma posture et mes gestes afin de captiver l'attention de mon auditoire. Cette formation m'a aussi appris à prendre l'ascendant lors d'un débat et savoir retourner l'argumentation adverse à son avantage.

Ouverture au monde (pratiques sportives et culturelles, parcours spécifiques)

J'ai plaisir à apprendre de nouvelles langues et à découvrir de nouvelles cultures. Pour poursuivre l'apprentissage de l'anglais, j'ai participé à des concours comme *The Big Challenge* et j'ai passé la certification B2 First (FCE). J'ai pu découvrir la culture anglo-saxonne lors de voyages scolaires et personnels. J'ai séjourné dans une famille anglaise à Brighton où j'ai appris les habitudes de vie d'une famille modeste. Cette immersion m'a permis de m'ouvrir un peu plus au monde et de rencontrer des personnes avec lesquelles je suis resté en contact. J'ai depuis cette expérience envie de continuer à voyager pour faire de nouvelles rencontres et découvrir de nouveaux pays.

Par ailleurs, je suis très attiré par la culture asiatique. J'étudie depuis le collège le chinois en LV2 et j'aimerais continuer cet apprentissage au cours de mes études supérieures. J'aime comprendre la formation de cette langue si différente des langues romanes, en particulier la calligraphie et la signification des caractères. Je m'épanouis aussi dans la pratique du karaté, sport traditionnel japonais dans lequel je suis ceinture marron. Au-delà des techniques de combats, ce sont les valeurs véhiculées par ce sport qui me passionnent, le respect de son camarade, de son adversaire ou bien la persévérance, essentielle dans la pratique des katas. Il faut beaucoup de concentration et de patience pour pouvoir améliorer ces enchaînements de techniques.

Exemple n° 2

Expériences d'encadrement et d'animation

L'association Unicef m'a interpellée lors d'une intervention de sensibilisation au sein de mon établissement scolaire. J'ai été touchée par l'action menée auprès des enfants. Il s'agit d'acteurs essentiels pour l'avenir qui méritent une enfance digne et ne doivent pas subir le fléau d'injustices dont ils ne sont pas responsables. C'est pourquoi je suis jeune ambassadrice Unicef depuis deux ans.

Avec une camarade de classe, nous avons décidé de nous investir pleinement dans l'association afin de combiner nos parcours scolaire et associatif par la fondation d'un club Unicef au sein du lycée. Nous avons organisé divers évènements dont la tenue d'un stand au marché de Noël de notre ville. Ce projet fut très enrichissant et est, à mon sens, particulièrement représentatif de toutes les valeurs que ce parcours bénévole conforte.

En effet, cette expérience a demandé de la coordination, de la rigueur et de l'esprit d'initiative que ce soit dans la gestion financière du stand ou dans la nécessité qu'il y avait à communiquer avec les autres bénévoles. Mais ce projet fut aussi un moyen pour moi de développer des capacités orales et argumentatives pour convaincre, d'une part les élèves à tenir le stand avec nous, et d'autre part l'administration de la pertinence de notre projet. Ainsi, mon investissement à l'Unicef me permet de m'épanouir pour une cause tout en défendant des valeurs et en endossant des responsabilités.

Mon engagement citoyen

J'aime particulièrement l'histoire ce qui se traduit dans mon quotidien, par exemple, par un attrait pour la généalogie. C'est cet intérêt pour cette discipline qui m'a motivée à participer à l'édition 2020-2021 du Concours national de la résistance et de la déportation dans la catégorie « Travaux de groupes » avec trois autres camarades. Sur la thématique « 1940 entrer en résistance : comprendre, refuser, résister », nous avons monté un projet qui reposait sur des correspondances manuscrites entre différents protagonistes qu'un descendant, dans un souci de devoir de mémoire, s'attelait à rassembler pour reconstituer l'histoire de ses ancêtres.

Ce fut une expérience qui m'a beaucoup apporté que ce soit sur le plan mémoriel ou dans l'organisation et l'écoute qu'a pu demander le travail de groupe. J'ai pu développer des capacités rédactionnelles tout au long de ce travail de recherche qui s'est avéré plus compliqué que prévu, du fait de la situation sanitaire mais aussi de notre isolement géographique. Toutefois, notre détermination nous a permis de rendre un travail de qualité, récompensé par la troisième position au niveau départemental.

La méthode, dont nous avons fait preuve, représente également une composante majeure dans l'établissement et la réussite de notre projet. Celle-ci s'est principalement traduite par une répartition du travail, l'appropriation des témoignages et l'exercice d'un regard critique essentiel dans le cadre de notre étude.

Mon expérience professionnelle

Mon expérience professionnelle se caractérise par trois stages en entreprise.

Deux de ces stages se sont déroulés dans des cabinets d'architectes différents. Le premier a été effectué dans le cadre scolaire. J'ai pu y découvrir différentes professions liées à celle d'architecte ainsi que les divers outils utilisés notamment pour la cartographie. Le deuxième m'a donné l'opportunité d'être plus active. En effet, j'ai pu participer à une réunion de chantier, pour la rénovation d'un amphithéâtre et réaliser quelques plans de logements sur papier mais aussi sur logiciel. Ces expériences m'ont permis de prolonger la vision que j'ai acquise du patrimoine dans le cadre de l'enseignement de l'Histoire Géographie Géopolitique Sciences Politiques (HGGSP).

Enfin, j'ai effectué un stage au sein d'un centre nucléaire de production d'électricité. J'ai pu découvrir le site, les salles des machines et de commande, des matériels imposants tels que turbines et alternateurs ce qui m'a permis de saisir au mieux le fonctionnement d'une centrale nucléaire. J'ai pris connaissance des contraintes et des spécificités liées au nucléaire ainsi que de la rigueur que cela implique notamment dans la gestion des déchets ou encore l'application de procédures.

Ouverture au monde (pratiques sportives et culturelles, parcours spécifiques)

J'ai eu l'occasion de visiter le siège de l'ONU à Genève. Approfondir ma connaissance de cette institution internationale m'a permis de mieux cerner ses missions et les causes qu'elle défend, notamment l'égalité des sexes et les droits de l'homme, auxquelles je suis sensible.

J'ai participé à un programme d'échange franco-allemand pendant trois ans, la situation sanitaire ayant contraint l'interruption du programme. Les élèves germanistes étaient alors immergés pendant près d'une semaine dans une famille allemande originaire de la ville de Monschau. Par ces expériences, j'ai pu gagner en adaptabilité tout en aiguisant ma curiosité et mon envie de découvrir de nouvelles cultures, ce que j'ai eu la chance de faire lors d'autres voyages. Les visites de l'ancien camp d'entraînement SS de Vogelsang Burg et du cimetière américain de Henri-Chapelle (Belgique) effectuées lors de ces séjours furent très enrichissantes en particulier sur le plan mémoriel.

Ayant développé un intérêt pour les familles régnantes, en particulier européennes (Windsor, Bernadotte, ou encore de Bourbon), j'ai pu m'initier, dans une moindre mesure, aux relations internationales et au fonctionnement des institutions politiques. Les lectures, visionnages de documentaires et de séries historiques m'ont, en effet, permis de prendre conscience du rôle fondamental que ces familles ont eu dans le cadre des relations internationales et de la place qu'elles jouent sur l'échiquier politique.

Exemple n° 3

Expérience d'animation et d'encadrement

J'ai encadré des activités durant l'été 2021, au sein de l'Association Migration Solidarité et Échanges pour le Développement (AMSED). Dans le cadre d'ateliers sportifs et créatifs adressés à des enfants habitant des quartiers populaires de ma ville, j'ai cherché à comprendre leurs besoins afin de m'adapter à eux. J'ai également eu la chance de rencontrer et d'échanger avec d'autres personnes suivant des cursus universitaires, notamment dans le domaine des sciences politiques, de la sociologie et des lettres. Ces contacts ont contribué au développement de mon projet d'orientation.

Dans le cadre de l'enseignement d'histoire des arts, j'ai assuré la fonction de guide à l'occasion des journées du patrimoine du 19 septembre 2021 au sein de mon lycée, établissement inscrit au patrimoine mondial de l'Unesco. Il était question de partager la complexité architecturale, artistique et historique de cet établissement en entrant en interaction et en adaptant mon discours aux groupes de visiteurs curieux.

Nous avons également, au sein de ma classe d'histoire des arts, invité Stéphane Bern afin de lui faire visiter notre lycée, dans le cadre du projet de rénovation des lieux. Ce fut une expérience exceptionnelle et pleine d'enthousiasme. J'ai pu participer à la construction du parcours de visite et échanger avec lui sur les questions patrimoniales et culturelles.

Mon engagement citoyen

Je suis activement engagée au sein du club lycéen de l'association PontoLink4Life, fondée en 2012, dont l'objectif est la récolte de fonds à travers diverses actions de vente. Ces fonds visent à améliorer la qualité de vie des adolescents hospitalisés autour de Strasbourg, notamment en service d'oncologie ou de psychiatrie.

Nous avons également un partenariat avec l'association SOLA *(School Of Leadership*, Afghanistan) qui vise à financer l'éducation de jeunes filles en Afghanistan, projet qui est freiné du fait de la situation géopolitique. Je participe à différentes actions comme l'organisation de ventes caritatives. Je joue également un rôle dans la communication au sein de la structure afin de faire connaître les projets que nous menons et de permettre aux autres élèves de s'engager à leur tour dans l'association. Cet engagement me permet d'être proactive et de donner corps à mes idées, tout en offrant une aide à des personnes qui n'ont pas autant de chance que moi.

J'ai également été bénévole au sein de l'association AMSED, en participant aux projets d'animations estivales proposés aux enfants qui ne peuvent souvent pas partir en vacances. Cela a été une expérience très riche en rencontres et sur le plan pédagogique. À de nombreuses occasions j'ai dû m'adapter au contexte et au public, en utilisant mes capacités de dialogue, de persuasion, voire de médiation pour mener à bien le programme.

Mon expérience professionnelle

J'ai effectué mon stage d'année de troisième dans un centre culturel, ce qui m'a permis de comprendre les enjeux et le fonctionnement d'une médiathèque. À travers l'échange avec les professionnels rencontrés, j'ai pu découvrir leurs parcours. J'ai également pu comprendre la démarche de cette structure en faveur de la démocratisation de la culture et de la littérature.

Je suis l'enseignement d'histoire des arts au lycée, ce qui m'a donné l'opportunité d'échanger avec des personnalités culturelles, artistiques et médiatiques. J'ai pu rencontrer l'auteure et comédienne Penda Diouf, suite à l'étude de son texte *Noir comme l'Or*, œuvre à partir de laquelle nous avons construit une exposition virtuelle. Dans le cadre de ce projet, j'ai pu découvrir le processus de création d'une œuvre, le travail littéraire et artistique, ainsi que les influences personnelles de l'écrivain sur l'œuvre.

J'ai également été marquée par la rencontre avec Raphaël Glucksmann, lors de la conférence où il présentait son dernier essai *Lettre à la génération qui va tout changer* et nous invitait à une réflexion citoyenne. Son approche humaniste m'a aidé à prendre conscience de notre pouvoir d'action face aux enjeux de la société et du monde. J'ai été impressionnée par sa culture et sa capacité à mettre en perspective de l'actualité au regard de l'histoire. Son parcours m'incite à développer les connaissances et les capacités nécessaires pour construire mon projet professionnel.

Ouverture au monde (pratiques sportives et culturelles, parcours spécifiques)

Je pratique la guitare depuis maintenant dix ans. Il s'agit pour moi d'une activité particulièrement stimulante. Grâce à un répertoire éclectique, cette discipline m'offre une liberté d'expression artistique et m'encourage à persévérer. Elle implique également une certaine maîtrise de l'appréhension du public lors de concerts et représentations.

J'ai fait le choix d'intégrer la section internationale anglaise, et de suivre l'Option internationale du baccalauréat (OIB) afin d'assouvir ma passion pour la langue anglaise et la culture anglophone. J'apprécie surtout la richesse de ces enseignements dans les domaines de la littérature, de l'histoire et de la géographie : ils m'incitent à développer une approche complexe, personnelle et singulière des œuvres. Ils me permettent également d'établir des liens dépassant les disciplines, notamment avec le cinéma et la musique mais aussi les questions sociétales et éthiques.

J'ai une vive curiosité pour l'actualité politique et culturelle. Je lis quotidiennement la presse, plus précisément *Le Monde* et *The Guardian*, j'écoute des débats ou des podcasts notamment sur France Inter.

Enfin, l'enseignement en histoire des arts a été le point de départ d'une ouverture vers le monde artistique et culturel : j'ai eu l'opportunité de visiter très fréquemment les musées et d'assister à des spectacles vivants. J'ai ainsi développé une sensibilité à l'esthétique. J'apprécie la diversité des points de vue que nous offrent les artistes sur le monde.

Exemple n° 4

Mes expériences d'encadrement ou d'animation

Vivant au pied des pistes et licenciée en club depuis mon plus jeune âge, j'ai intégré lors de mon entrée en sixième une section sportive bi-qualifiante en ski alpin. Ce cursus m'a permis de bénéficier d'entraînements spécifiques afin d'obtenir des certifications telles que le Test technique puis la Formation générale commune aux métiers de la montagne et enfin le Cycle préparatoire. Je suis donc apte à enseigner ma passion auprès de l'École du Ski Français et d'accompagner des élèves débutants dans leur apprentissage et dans leur découverte de la montagne.

De plus, depuis quelques années, je m'occupe d'enfants et je les aide dans la réalisation de leurs devoirs. J'ai une grande capacité d'écoute et je sais faire preuve d'empathie : ces qualités me servent dans mes interventions notamment auprès des enfants.

Toutes ces expériences m'ont poussé à préparer mon BAFA. Cette formation me permet de devenir responsable, autonome et de développer ma créativité en proposant des activités variées.

Enfin, étant scolarisée en section sportive au lycée et après avoir participé à des compétitions de natation, je me suis portée volontaire pour passer le BNSSA ainsi que le PSE1 et le PSE2 me permettant de travailler durant les vacances estivales en tant que surveillante de baignade en colonies de vacances.

Mon engagement citoyen

Depuis de nombreuses années, je m'engage activement. Durant mes années au collège, j'étais déléguée de classe. Et j'étais également déléguée au Conseil départemental des jeunes de mon département. Durant deux ans, j'ai pu bénéficier de nombreuses interventions et sorties culturelles valorisant le patrimoine pyrénéen français et rencontrer des personnes aux profils très différents, formidables et inspirantes. Ces expériences se sont avérées très riches émotionnellement et stimulantes intellectuellement. Nous avons visité des lieux et bâtiments historiques remarquables de notre département.

Au lycée, j'ai souhaité poursuivre cette dynamique en continuant de m'investir pour faire évoluer les choses. Je suis déléguée de ma classe et depuis la Première je suis également vice-présidente du CVL ainsi que membre du CA. Cette année, je me suis particulièrement investie afin de donner un nouvel élan à notre établissement. Nous avons multiplié les projets caritatifs tel que le Téléthon ou la collecte de jouets avec le Secours populaire français. De plus, je suis à l'initiative d'un groupe de discussion sur la place de la Femme dans notre société, des inégalités et des violences dont les femmes sont victimes. Nous avons mené des actions au sein du lycée comme une campagne d'affiches promouvant l'évolution des droits des Femmes. Enfin, je suis engagée à la Fédération française de sauvetage et de secourisme et j'interviens régulièrement sur des évènements sportifs pour porter secours.

Mon expérience professionnelle

Très soucieuse de mon avenir, je souhaite être actrice de mon projet. De ce fait, j'essaie de multiplier les expériences pour enrichir mon parcours et mes connaissances. Cette année, j'ai suivi des cours de DGEMC et cela m'a inspiré dans la réalisation d'un stage au tribunal de Tarbes. Durant plusieurs jours, j'ai donc découvert le fonctionnement d'un tribunal, le rôle des personnes qui y travaillent et les difficultés qu'elles rencontrent. J'ai pu assister à des audiences correctionnelles, à des audiences avec le juge des tutelles et à un tribunal policier. J'ai passé du temps au parquet où j'ai pu échanger avec des magistrats et des procureurs.

De plus, suite à des évènements de mon enfance, je me suis engagée en tant que jeune sapeur-pompier volontaire. Aujourd'hui encore, je continue de me former et de participer à la vie de ma caserne. Je déborde d'énergie et j'ai toujours ressenti le besoin d'aider les autres. Cet engagement en tant que pompier est ma façon de me sentir utile et d'apporter ma contribution à la société. Grâce à mon implication, ma curiosité et mon enthousiasme, j'ai pu développer ma capacité à être polyvalente, réactive et rigoureuse.

Depuis mon plus jeune âge, j'aide au fonctionnement du commerce familial et je réalise toute sorte de tâches. Cela m'a permis de développer mes capacités relationnelles avec la clientèle, mon aisance avec des inconnus mais également mes compétences dans la prise d'initiatives.

Ouverture au monde (pratiques sportives et culturelles, parcours spécifiques)

Je participe à la cordée de la réussite : DISPO, développé par Sciences po Toulouse qui m'a permis de développer de nombreuses compétences. En effet, j'ai participé à la réalisation en Seconde d'un site internet valorisant la préservation de nos écosystèmes et plus particulièrement celui de la Réserve naturelle des Pyrénées. J'ai pris la place de rédacteur principal grâce à ma motivation, mon implication et mon sérieux et nous avons remporté le premier prix : un voyage linguistique et culturel à Malte, riche en émotions et en découvertes.

De plus, je pratique le ski alpin en compétition. De ce fait, je participe à des stages et compétitions à travers la France mais aussi en Europe. Voyageant régulièrement en Andorre, en Espagne, en Italie ou encore en Suisse j'ai conforté mon apprentissage de l'anglais. Ce sport m'a appris la rigueur, la persévérance et l'autonomie. Il a forgé mon mental et ma façon de voir la vie : « je ne perds jamais, j'apprends ».

Habitant près de la frontière espagnole, je réalise des échanges avec des correspondants au sein de l'association du livre d'Aure et du Sobrarbe. Cette association culturelle a pour but de créer des liens et d'échanger autour de la culture pyrénéenne au travers de livres, de conférences, d'expositions, de rencontres sportives et de projections de film. Depuis que je suis en âge de lire, je participe aux réunions et aux évènements, ce qui m'a amené à perfectionner mon espagnol, mes capacités oratoires et relationnelles.

Exemple n° 5

Mes expériences d'encadrement ou d'animation

Entretenant depuis l'enfance une admiration pour le monde anglophone, j'ai créé lors du premier confinement un blog en anglais. Rapidement, je suis parvenue à rassembler une petite communauté de lecteurs, auprès desquels je partage tous les mois un article traitant de sujets liés aux traditions ou à l'actualité anglophone. Cette expérience m'a permis non seulement d'améliorer ma fluidité dans la pratique de la langue anglaise mais aussi de développer encore davantage ma connaissance de la culture britannique et nord-américaine. Cet espace est aussi l'occasion de partager ma passion pour le monde anglophone avec d'autres personnes et d'échanger à ce sujet.

Afin de partager des expériences humaines et d'aider autrui, depuis la seconde, j'anime un petit groupe de soutien scolaire avec des élèves de sixième. Cette initiative a permis à certains d'entre eux de consolider leurs acquis et de davantage s'épanouir dans leur classe, puisque je leur propose aussi d'échanger sur leurs difficultés, lors d'une année qui pour beaucoup est déstabilisante. Il est d'une part gratifiant de voir les progrès réalisés par certains d'entre eux, mais aussi cela m'a fait découvrir une autre facette de ma personnalité, puisque cette expérience a renforcé ma confiance en moi et m'a fait réaliser mon attrait pour le contact avec les autres.

Mon engagement citoyen

L'arrivée au lycée m'a offert la possibilité d'avoir davantage d'autonomie et de réaliser quelques expériences de bénévolat. Tout d'abord en seconde puis en première, j'ai participé dans le cadre de la vie lycéenne à des actions de distribution de soupe populaire. Entretenir un premier contact avec des personnes en grande précarité m'a sensibilisée à leur cause. J'ai été très émue par certains d'entre eux, qui même s'ils vivaient dans des conditions difficiles, gardaient un certain optimisme. J'ai beaucoup apprécié échanger avec eux et je souhaiterais pouvoir recommencer cette expérience.

Aussi, je me suis engagée avec des camarades de classe dans la réalisation de livres audios destinés à aider des personnes âgées malvoyantes qui éprouvent des difficultés à lire. Nous menons cette action à plusieurs et enregistrons des articles de journaux ou des livres que nous leur envoyons afin de les aider. Cet engagement prend pour moi tout son sens puisque cela participe à la diffusion du savoir dans un cadre intergénérationnel.

Mon expérience professionnelle

Ayant toujours nourri une certaine curiosité pour la conception d'un journal, j'ai souhaité réaliser mon stage de troisième au sein du journal *La Croix*. Lors de cette première approche du monde professionnel, j'ai pu appréhender le travail d'une rédaction en passant du choix des thèmes traités à l'impression. J'ai pu aussi m'entretenir avec la rédactrice en chef de ce quotidien, qui m'a éclairée sur l'enjeu des médias dans la vie démocratique mais aussi dans la lutte contre la désinformation. Lors de cette expérience, j'ai eu la chance de découvrir concrètement le quotidien d'un journaliste. Ce qui m'a frappée est la rapidité avec laquelle les rédacteurs doivent écrire un article pour lequel ils ne disposent que de peu d'informations au départ. Lors de ce stage, j'ai découvert aussi les enjeux auxquels doit faire face la profession, notamment avec l'essor des réseaux sociaux qui obligent la presse papier à se réinventer.

Cette expérience fut très enrichissante et décisive dans mon orientation. Malgré un attrait, à l'époque, pour les professions plus scientifiques, ce stage m'a éveillée à d'autres métiers. J'ai par la suite développé un intérêt croissant pour l'actualité et les relations entre grandes puissances. J'ai ainsi réalisé que le métier de journaliste ne me correspondait pas puisqu'il s'agit essentiellement de retranscrire l'actualité et non d'en être acteur. C'est pourquoi je m'oriente davantage vers les métiers de la diplomatie et des relations internationales.

Ouverture au monde (pratiques sportives et culturelles, parcours spécifiques)

D'une nature curieuse, j'ai très tôt développé une volonté de découvrir des domaines différents. Je pratique ainsi le théâtre depuis l'âge de six ans et j'ai suivi pendant quatre ans les Cours Florent. Pratiquer cet art fut pour moi un moyen de renforcer mon aisance à l'oral. J'y ai aussi rencontré d'excellents professeurs qui m'ont toujours encouragée à donner le meilleur de moi-même. En me poussant bien souvent dans mes retranchements, ils sont parvenus à me forger une volonté déterminée de parvenir à mes objectifs et d'apprendre à tirer une leçon de mes échecs. Cette activité est d'ailleurs devenue une réelle passion, à tel point que j'y consacre quatre heures par semaine.

Attirée par la musique, je pratique aussi le piano depuis une dizaine d'années. Savoir jouer de cet instrument m'aura permis de me changer les idées et de prendre de la hauteur par rapport aux événements de la vie quotidienne mais aussi de développer de nombreuses capacités cognitives dont une facilité d'apprentissage. Cet instrument m'a aussi inculqué un certain goût de l'effort et une rigueur nécessaire afin de progresser.

Toujours dans une volonté de m'ouvrir au monde et d'améliorer ma maîtrise des langues, j'ai participé à de nombreux clubs de lecture notamment en anglais dans le cadre des activités proposées par mon lycée. Cela m'a laissé la possibilité de me constituer une certaine connaissance de la culture anglo-saxonne mais aussi de converser avec d'autres sur notre intérêt pour la lecture.

Partie 4

Réussir les oraux de Sciences Po

- Descriptif de l'épreuve orale
- Un oral en trois temps
- Se préparer à l'exercice oral
- S'entraîner au commentaire d'image
- Anticiper l'échange avec le jury

Descriptif de l'épreuve orale

1 L'esprit de l'épreuve

Durée de l'épreuve : 25 à 30 minutes

Conditions : Cette épreuve est proposée aux admissibles, c'est-à-dire à ceux dont le dossier a reçu une note minimale, dite barre d'admissibilité. L'entretien oral fait office de quatrième épreuve du processus global ; elle n'est donc pas éliminatoire.

Description de l'épreuve : l'entretien oral est une épreuve décisive puisqu'il permet de départager les candidats déclarés admissibles. Il est donc nécessaire de bien en connaître les modalités afin de réussir cet exercice déterminant. L'entretien de sélection reste très sélectif et l'on estime que seule la moitié des candidats admissibles environ sont retenus à l'issue de l'oral.

Cette épreuve de Sciences Po Paris a eu lieu pour la première fois en mai-juin 2021. Les entretiens sont organisés en distanciel, via une plateforme numérique dédiée. L'oral a lieu en français, même si le jury se réserve le droit de poser quelques questions en anglais aux candidats désireux d'intégrer l'un des programmes anglophones du collège universitaire.

Les convocations à l'entretien oral ont été adressées aux candidats par mail. Les bonnes nouvelles ont été communiquées progressivement, jusqu'à la veille des oraux eux-mêmes. Il est donc indispensable d'anticiper et de ne surtout pas attendre ce retour pour se renseigner sur les modalités de l'oral ou s'y préparer.

Les candidats ont été interrogés pendant 25 à 30 minutes par deux examinateurs, essentiellement des enseignants et/ou anciens élèves de l'école. Les retours d'expérience des premiers candidats permettent d'y voir plus clair sur le déroulement de ces oraux et de préciser les modalités décrites sur le site Internet de Sciences Po Paris.

2 Le fonctionnement de l'entretien

L'oral constitue l'un des éléments de la sélection et s'ajoute aux écrits. Il constitue une partie de la note, équivalente aux trois notes des écrits. La procédure orale est qu'elle n'est plus éliminatoire. Ce qui veut dire qu'elle ne discrimine plus comme avant ceux qui sont particulièrement à l'aise à l'oral, au détriment de ceux qui préfèrent l'écrit. Elle n'en constitue pas moins une étape essentielle de votre admission.

Autre nouveauté pour Sciences Po Paris, les membres du jury n'ont pas votre dossier sous les yeux. Ce qui implique de revenir sur les principaux éléments de votre candidature et donc de les avoir en tête : ouverture internationale, engagements civiques, intérêt pour Sciences Po, choix de campus.

Pour les filières classiques, la langue de l'oral est le français, mais si vous candidatez à une formation anglophone vous pouvez vous attendre à des questions en anglais, voire en allemand si vous candidatez pour le campus de Nancy ou en espagnol pour celui de Poitiers de Sciences Po Paris. Dans le cadre des doubles diplômes, les entretiens se déroulent en anglais.

Vous aurez face à vous deux évaluateurs de Sciences Po composés pour moitié d'enseignants de l'école (permanents ou vacataires) et de cadres de l'administration. Ils sont sélectionnés pour leur bonne maîtrise des différentes formations dispensées par l'école. Le jury représente également la diversité des campus et des doubles licences, dans le cadre de Sciences Po Paris.

3 Restez vous-même

Même si ce conseil peut paraître banal, il est important de rester vous-même et de ne pas chercher à correspondre à l'idée que vous vous faites ou que l'on vous a donnée d'une quelconque culture Sciences Po. Vous devez à la fois cadrer vos propos et donc d'une certaine manière jouer un rôle, vous mettre en scène, mais il est essentiel que vous montriez votre véritable personnalité de manière la plus sincère possible.

Le jury ne recherche absolument pas un profil type puisque le nouveau processus de recrutement cherche au contraire à diversifier les candidatures et donc potentiellement les admis. Ainsi, tous les éléments de votre candidature peuvent être valorisés et il ne faut en aucun cas penser que le fait d'avoir suivi des enseignements de spécialité scientifique est un point faible par exemple.

De la même manière, il arrive régulièrement que le jury vous interroge sur vos échecs ou vos défauts. Il convient donc d'anticiper cette question classique, tout en évitant la fausse modestie qui consiste à faire passer une qualité pour un défaut.

Dans tous les cas, l'oral ne doit pas être conçu comme une simple formalité. Un entretien ne consiste pas en un simple échange informel, comme vous en avez l'habitude. La compétition est rude et le degré de préparation fera la différence entre les candidats. Si le jury est en théorie bienveillant et là pour vous permettre de donner le meilleur de vous-même, il convient de garder des mécanismes d'autodéfense pour conserver coûte que coûte son self-control face à une situation qui peut être déstabilisante.

Un oral en trois temps

Cette épreuve se décompose en trois temps : une présentation personnelle, un commentaire de document d'actualité et un échange libre autour de votre projet. L'idée est de vous voir évoluer dans trois situations orales différentes :

- Une situation anticipée, préparée en amont : la présentation personnelle ;
- Une situation inédite et déstabilisante : le commentaire et analyse d'image ;
- Une situation d'échange libre : les motivations et projet du candidat.

L'objectif final de ces trois situations d'oral demeure « l'appréciation de la motivation du candidat et de son projet intellectuel pour Sciences Po, de ses capacités à mener un échange, de son attitude face à la contradiction et à la critique, tout en s'assurant de son potentiel à réussir ses études à Sciences Po », comme le précise l'école elle-même sur son site Internet.

1 La présentation personnelle

L'oral débute par une présentation personnelle, comme il est de tradition lors d'un entretien d'entrée à Sciences Po. Les éléments mis à disposition du candidat indiquent de manière explicite que « la présentation introductive est un exercice qui peut être préparé en amont de l'épreuve. » Ce premier temps dure 5 minutes : deux minutes maximum de présentation libre suivie de 3 minutes d'échange avec le jury sur les premiers éléments mentionnés.

Cette présentation personnelle a pour objectif de décrire votre parcours mais aussi vos ambitions académiques et professionnelles. Vous devez donc répondre à deux questions essentielles lors de ce premier moment : qui êtes-vous et quel est votre projet ? Quel est votre parcours personnel et quelles sont vos ambitions ?

Les premières minutes de l'entretien

Une fois dans la salle d'examen, qu'elle soit physique ou virtuelle, le jury débutera par quelques mots d'introduction au cours desquels vos deux interlocuteurs se présenterons très brièvement. Ils vous inviteront ensuite en faire de même avec une formule du type : « c'est à vous » ou « alors, dites-nous ce que vous faites devant nous ». Ce sont ces quelques mots qui doivent lancer la présentation personnelle.

Ce premier moment permet au jury de mesurer qui vous êtes et les raisons pour lesquelles vous êtes devant lui. Il est donc essentiel de vous distinguer des autres candidats qu'il aura rencontrés tout au long de la journée. Il faut donc vous prémunir contre les formules trop classiques qui pourraient être prononcées par n'importe quel étudiant. Réciter les éléments de langage de la brochure de l'école ou de son site Internet est largement rédhibitoire.

Il est primordial de soigner la présentation personnelle puisque sa réussite détermine la suite de l'échange. Une présentation de qualité vous permettra d'attirer l'attention du jury et de lui permettre de vous poser les bonnes questions. Au contraire, en cas de présentation personnelle maladroite ou incohérente, le jury passera les premiers temps de l'entretien à essayer d'obtenir de vous les éléments fondamentaux de votre candidature.

Ou, pire, il se sera déjà fait de vous une image négative et ne se donnera même pas la peine de s'intéresser à vos réponses voire de vous poser des questions pertinentes.

Lors de la présentation personnelle, il est nécessaire de rappeler au jury les principaux points votre dossier, à savoir votre parcours, vos points forts (ouverture internationale, engagement associatif, encadrement) et votre intérêt pour Sciences Po en général. Vous reviendrez donc sur votre identité, sur votre lycée, sur vos spécialités ou autres options suivies au lycée. Il peut-être également utile de mentionner vos stages ou vos expériences professionnelles, tout en veillant à les associer à votre candidature, tout en demeurant le plus cohérent possible. Les activités extrascolaires peuvent être mentionnées, sans pour autant que votre présentation ne s'attarde trop sur cet aspect qui finalement intéresse peu le jury. Enfin, il est primordial de porter une attention particulière à votre projection dans l'école, en témoignant de son intérêt pour une filière en particulier.

Se démarquer

Comme pour les dossiers, nous vous conseillons de ne pas trop uniformiser vos candidatures en mettant en avant les aspects pluridisciplinaires des écoles pour lesquelles vous postulez ou encore la dimension internationale de celles-ci. Ce sont des argumentaires maintes fois répétés et donc entendus par le jury, à tel point qu'il finit par s'en lasser.

Il peut être ainsi judicieux de mentionner sa ville d'origine et le nom de son lycée. Même si ces informations peuvent ne pas sembler essentielles dans le cadre d'un processus de sélection pour Sciences Po, elles peuvent permettre de créer de la complicité avec le jury, en lui rappelant un endroit qu'il a visité. Plus généralement, elles peuvent donner lieu à des questions, tant sur la ville dans laquelle vous vivez que sur le nom de votre établissement scolaire.

Vous veillerez particulièrement à soigner votre argumentaire justifiant votre choix de campus. Il est en effet évident que ces questions interviennent lors de la plupart des entretiens et que vous ne pouvez vous contentez de réponses approximatives. Il est en effet plus intéressant de répondre honnêtement que l'on a sélectionné un campus pour sa proximité géographique avec sa ville d'origine, plutôt que d'affirmer un intérêt pour un espace géographique car on a lu un livre ou vu un film sur ce dernier.

Préparez cette présentation à l'avance. Chronométrez-vous pour qu'elle tienne exactement le temps imparti. Pas la peine de vouloir trop en dire non plus en privilégiant un débit plus rapide, au risque de ne pas vous comprendre. Mais cela peut être aussi long si vous n'avez rien préparé et êtes pris par le trac. Répétez l'exercice à plusieurs reprises et devant des proches afin d'être sûr de votre présentation et de vos mots. Vous pouvez apprendre votre texte par cœur mot à mot, ou juste retenir les grandes idées, cela rendra votre discours plus souple et spontané.

En fin de présentation personnelle, vous veillerez à essayer d'anticiper une phrase simple de conclusion. Il est proscrit de terminer par un « voilà » puisque la présentation doit être le début d'un échange. Il est donc possible de trouver quelques mots pour achever ce premier moment tout en ouvrant la suite, voire de faire simplement comprendre au jury que cette présentation est terminée par une différence de tonalité dans la voix.

Vous veillerez également au strict respect du temps imparti. L'école fixe à 5 minutes la durée maximum de cette présentation personnelle mais elle décompose explicitement ces 5 minutes en deux temps.

Le site de l'école de la rue Saint Guillaume précise clairement la nécessité de se présenter en deux minutes afin de laisser ensuite trois minutes au jury pour revenir une première fois sur votre parcours, avant de passer à la deuxième étape de l'admission.

Ne perdez pas de vue que le jury ne dispose pas de votre dossier sous les yeux et qu'il est donc primordial de revenir sur les grandes étapes de votre candidature.

2 Le commentaire et analyse d'image

Deuxième moment de l'entretien, vous devrez commenter une image qui vous est présentée par les membres du jury. Vous aurez le choix entre deux images ; après observation rapide de celles-ci, vous devrez porter votre choix sur l'une d'elles afin d'en réaliser un commentaire analytique.

De la même manière que pour la présentation personnelle et afin de garantir un maximum d'équité entre les candidats, le temps imparti pour cette deuxième étape est déterminé par le règlement du concours. Vous disposerez au total de 10 à 15 minutes pour réaliser ce commentaire. Ce temps peut cependant être divisé entre un premier moment de description puis d'analyse réalisée par vos soins avant un échange avec le jury portant sur les éléments mentionnés à l'occasion de ce commentaire.

Toutes les sortes d'image fixe sont possibles, le but étant d'évaluer votre capacité à analyser un document en peu de temps. Cela peut être une photographie de presse, la Une d'un journal, une caricature, une peinture ou même un tag ou une bande dessinée.

Partez du commentaire formel du document : qu'y voyez-vous ? Comment l'image est organisée ? Quelles sont les couleurs dominantes ? L'image est-elle accompagnée d'un texte, que dit-il ? Quel type de document avez-vous devant vous (dessin, photographie, œuvre d'art) ? Mobilisez également le vocabulaire d'analyse le plus évident, tel que « premier plan », « arrière plan », « centre de l'image ». Ces quelques expressions permettront de structurer votre propos et éviteront de passer à côté des enjeux centraux du document.

Décrire le document : un préalable indispensable

Il est en effet primordial de partir de la matérialité du document. Ceci vous permet de ne pas laisser un temps trop long sans rien dire lorsque vous réfléchirez à l'analyse du document. Vous ne disposez en effet d'aucun temps de préparation et vous découvrez ce document lors de votre oral. Deuxième avantage de cette description matérielle du document, celle-ci vous permet d'en saisir tous les enjeux, voire de structurer votre analyse en fonction des différents plans de l'image.

Vous pouvez mobiliser le guide désormais classique, mis au point par le sociologue américain Harold Lasswell :

« *Who says What to Whom in Which channel with What effect* » soit « Qui (dit) quoi (à) qui (par) quel moyen (avec) quel effet ». Cela vous permettra de faire aisément le tour du document qui vous est confié.

Vous pouvez ensuite tenter une analyse. L'image peut être en lien avec l'actualité la plus immédiate. Ce qui implique dans votre préparation d'avoir élaboré des revues de presse, d'être au fait des informations économiques, sociales ou politiques.

Nous ne pouvons également que vous recommander de suivre avec attention les événements des espaces géographiques visés si vous candidatez pour un campus en région.

Le document peut aussi revenir sur un fait passé en histoire contemporaine. À vous de montrer que vous pouvez la contextualiser, en identifier certains acteurs. Intéressez-vous aux expressions des personnes figurées, à leurs gestes, leur position dans le cadre. Ces éléments ne sont jamais laissés au hasard et renvoient à des significations bien précises.

On sait par exemple que dans les images de propagande ou de communication politique, un cadrage du bas vers le haut magnifie la personne représentée, la rendant plus grande qu'elle n'est. De même la montrer tournée vers la droite signifie qu'elle regarde vers l'avenir, qu'elle est visionnaire. Prêtez aussi une attention soutenue aux objets et symboles qui peuvent se trouver sur l'image qui peuvent également renvoyer à une signification à l'image du crâne qui symbolise la mort, des fleurs de lys pour la monarchie, des roses pour le socialisme etc. Les couleurs relèvent de la même polysémie politique.

Suivant le contexte, le bleu peut être associé à l'Europe, au ciel. Le blanc se réfère à la pureté, le rouge à la révolution. Mais attention à des interprétations trop vite énoncées, tout dépend du contexte et de la culture de l'image, le blanc étant par exemple la couleur du deuil en Asie. Nous ne pouvons que vous recommander de lire ou de jeter un œil aux ouvrages de l'historien Michel Pastoureau sur le sens des couleurs.

L'image est toujours l'objet de plusieurs lectures, essayez donc de restituer cette pluralité des sens pour montrer que vous avez bien réfléchi à celle-ci. Si vous n'êtes pas certain de ce qui est représenté, émettez des hypothèses.

Cette deuxième partie de l'oral est à soigner. D'une durée de 10 à 15 minutes, elle occupe le centre de votre entretien. Exercez-vous en famille ou avec vos amis à commenter des images de presse, de manuels, de livres ou même vues dans la rue pour pouvoir en tirer des interprétations intéressantes, une contextualisation etc. L'idée de cette épreuve est de voir comment vous réagissez en temps réel et quel est votre degré de culture générale.

3 Un échange libre sur votre parcours

Troisième moment de l'entretien, le jury revient sur votre parcours, vos motivations et plus généralement votre projet d'intégration à Sciences Po. Ce troisième moment est annoncé entre 10 à 15 minutes. Il doit permettre au jury d'évaluer votre capacité à vous intégrer à Sciences Po et votre propension à réussir vos études au sein de l'institution.

Reprendre votre dossier de candidature

Cet échange avec le jury revient donc essentiellement sur votre parcours et votre intérêt pour Sciences Po. C'est une étape que vous avez normalement bien préparée pour le dossier. N'hésitez pas avant l'oral de bien relire celui-ci et de chercher ce qui dans votre dossier pourrait susciter des questions de la part des membres du jury.

L'oral d'entretien est donc un élément qui se prépare ; même s'il n'est pas possible d'anticiper toutes les questions qui seront posées par le jury lors de l'épreuve, il est primordial de réduire les zones d'incertitudes en préparant un certain nombre de réponses aux questions que l'on peut deviner en fonction des éléments mentionnés dans la présentation personnelle.

Lors de cet échange, le jury cherche à évaluer la cohérence de votre parcours. Il est donc essentiel de bien mettre en évidence les liens entre vos expériences passées et vos souhaits de poursuite d'études ou d'engagement professionnel. L'entretien doit donc permettre d'établir des passerelles entre son parcours passé et son parcours à venir.

Si votre parcours est en décalage même léger avec le campus ou la double licence demandée, il est certain que le jury va revenir dessus et demander au candidat d'expliciter pourquoi ce choix. Reprenez également la maquette pédagogique pour avoir en tête les grands enseignements des premières années, ainsi que les masters de Sciences Po.

Si vous mentionnez un intérêt pour le droit, après avoir suivi durant l'année de terminale l'option Droit et grands enjeux du monde contemporain, Il est évident que le jury pourra vous interroger sur la place qu'occupe cette discipline dans l'école à laquelle vous postulez.

De la même manière, les mêmes questions peuvent intervenir si vous mentionnez la géopolitique ou la sociologie. Il est également important de bien connaître l'origine de ces différentes sciences sociales et d'être capable de les définir avec précision. Imaginez le ressenti du jury lorsque vous exposez avec grandiloquence un intérêt pour la géopolitique et que vous vous trouvez incapables dans les minutes qui suivent de la définir avec précision.

Se préparer à l'exercice oral

Puisque vous avez ce livre entre les mains, vous avez conscience de la nécessité d'anticiper la situation qui pourrait se présenter à vous si vous avez la chance d'être retenu pour un oral à Sciences Po. Plus vous réduisez la zone d'incertitude, plus vous multipliez les chances de dominer ce moment qui pourrait vous permettre d'intégrer l'école que vous convoitez.

Une prise de parole réussie repose avant tout sur sa préparation. Au-delà du contenu à transmettre, il est impératif de se poser les bonnes questions pour choisir un plan de communication adéquat et intéresser l'auditoire. Grâce à un entraînement régulier et à quelques conseils pratiques, vous renforcerez à la fois votre confiance en vous et vos connaissances, deux clés de la réussite d'une épreuve orale.

1 Soignez la forme

Contrairement à une idée parfois entendue, la forme ne prime pas sur le fond lors d'un oral. Cependant, de la même manière que vous avez sans doute manqué d'enthousiasme à suivre des cours très riches sur le fond mais assez pénibles sur la forme, le jury manifestera moins d'efforts à vous suivre en fonction de votre présence à l'oral.

a. Anticiper la situation

Les oraux de Sciences Po sont organisés à distance, via le logiciel Zoom. Il est donc préférable de vous habituer à la plateforme au préalable de votre entretien. Même si l'oral peut éventuellement se passer sur tablette ou smartphone, on ne peut que vous recommander de passer par un ordinateur (de bureau ou portable) pour votre confort et celui des membres du jury.

Dans le cadre d'un échange sur Zoom, vous veillerez à bien soigner votre présentation (au moins de votre buste) et votre arrière-plan. En effet, vous n'êtes pas à l'abri de questions sur votre décoration, donc mettez en avant vos livres et oubliez les affiches trop décalées.

L'importance de la courtoisie

Inutile de vous rappeler la nécessité d'être courtois en toute situation. Dans le cas d'un entretien en salle physique, saluez vos interlocuteurs en entrant dans la pièce mais attendez avant de vous asseoir. C'est peut-être un détail pour vous mais à travers cette attente, vous manifestez du respect à l'égard du jury et vous montrez que vous êtes capables de maîtriser vos émotions et de ne pas céder à la tentation de s'asseoir sur cette chaise qui vous tend les bras.

Plus généralement, de la même manière que pour les épreuves écrites, il est indispensable de se préparer physiquement à l'exercice qui vous attend. Apprendre à gérer son stress au cours de l'année de formation est une dimension essentielle de la réussite des épreuves qui vous mèneront à Sciences Po.

Des exercices de respiration simples peuvent ainsi permettre de juguler ce stress. De même, se ménager dans les jours précédant les épreuves est essentiel pour arriver en forme, d'autant plus dans le cadre d'une épreuve orale où tous les aspects comptent dans le cadre de l'évaluation.

b. Essayez d'être à l'aise

Si ce conseil peut paraître évident, la prise en compte des conditions pratiques d'un oral est essentielle pour maîtriser au mieux le moment qui décidera de votre avenir. D'un point de vue vestimentaire, nous vous conseillons une tenue dans laquelle vous êtes le plus à l'aise. Sans pour autant céder au confort offert par les pulls à capuche, le costume n'est pas obligatoire ; donc ne vous forcez pas si vous n'en avez pas l'habitude, soyez formel sans excès. Il peut en effet être maladroit de donner l'impression de sortir d'une cérémonie pour se présenter à l'oral.

Restez toujours poli, cordial et souriant. Les membres du jury peuvent chercher à vous déstabiliser, il faudra résister et garder ses moyens tout en conservant une apparence sereine et sympathique. Il se peut que les examinateurs soient particulièrement corrosifs avec vous et cherchent à vous déstabiliser. Le jury peut ainsi vous questionner sur des éléments personnels. À une candidate qui avait mentionné le fait que son père travaillait dans la police, un jury de Sciences Po Paris lui a demandé de se positionner sur les violences policières.

Sans pour autant trop insister sur cet aspect afin que vous gardiez toujours en tête que le rôle d'un jury est d'être bienveillant et de vous permettre de vous mettre en valeur, certains peuvent avoir des attitudes surprenantes. Il arrive que des jurys se mettent même à tweeter ou à lire le journal. Ne le prenez pas contre vous et restez calme. Ils jouent un rôle ! Ils n'ont rien contre vous. En général avant l'entretien ils se répartissent les tâches et un interrogateur peut jouer le rôle du « méchant », alors qu'un autre pourra être bienveillant à votre égard.

Vous pouvez aussi avoir des questions « loufoques » qui ont pour seul but de vous pousser dans vos retranchements. Un petit panel : « Aimez-vous le fromage de chèvre ? », « À quoi servent les squelettes dans les salles de classe ? ».

c. Tenter de maintenir l'attention du jury

Durant tout l'oral, il va falloir user de votre regard pour maintenir leur attention. Essayez de toujours les regarder, et tout particulièrement celle ou celui qui ne semble pas vous écouter.

La technique de l'anecdote ou du storytelling permet également de maintenir cette attention. Elle consiste à raconter une brève histoire, issue de votre expérience, à la manière d'un homme politique. Il peut s'agir notamment de revenir sur une rencontre avec une personnalité que vous avez croisée lors d'un événement particulier. Plus simplement, vous pouvez raconter un échange avec un interlocuteur lors d'un stage ou d'un emploi saisonnier. Il pourrait également s'agir d'un livre, d'une pièce de théâtre ou d'un film qui vous a particulièrement marqué. Cependant, le fait de raconter une anecdote ne fonctionne que si elle est sincère et qu'elle est véritablement porteuse d'intérêt dans le cadre de son projet.

Évitez également de parler d'un ton monocorde, utilisez votre voix pour attirer l'attention. Tenez-vous droit, mais en position dynamique, le corps légèrement projeté vers l'avant. Évitez de trop gesticuler car cela peut contribuer à déconcentrer voire à irriter le jury. De la même manière, efforcez-vous de contrôler vos tocs ; le plus simple est sans doute de conserver les mains posées et de s'abstenir de prendre en main un quelconque objet posé à côté de soi.

Dans le cadre d'un échange sur Zoom, évitez ainsi les chaises à roulettes si vous ne parvenez pas à tenir en place. Dans ce même cadre, vérifiez bien votre connexion, vous n'êtes jamais à l'abri de problèmes de ce côté. De même pour le son et l'image.

2 La gestion du stress

Il est naturel d'éprouver du stress lors d'une performance orale, surtout lorsque celle-ci comporte un enjeu. Bien qu'il n'existe pas de méthode universelle pour enrayer cette émotion, il est cependant possible d'en faire une force, en apprenant à distinguer le stress qui vous mobilise et celui qui vous désarçonne.

a. Maîtriser ses émotions

Le stress peut être positif, à condition de le maîtriser. Il peut en effet améliorer notre capacité de concentration, notre vigilance et notre détermination. Il peut donc être mis à profit pour prouver au jury sa motivation, à condition de ne pas se laisser dominer par cet état psychologique et physiologique.

Afin de ne pas se laisser déborder par le trac, il convient de trouver en amont la solution la plus adaptée à sa personnalité. L'exercice de la visualisation positive peut être mis à profit. Cet exercice doit être réalisé à intervalles réguliers plusieurs semaines avant votre oral.

Il consiste à se représenter l'oral, en amont de celui-ci, afin d'imaginer cette prestation. Ce travail d'imagination permet en effet de renforcer sa confiance en se figurant un moment maîtrisé au cours duquel tout se déroule parfaitement. Progressivement, à l'approche de l'échéance, vous pouvez visualiser la scène avec davantage de détails. L'unique exigence de ce travail d'imagination peut constituer un gage de réussite de votre prestation.

b. Soigner sa condition physique et mentale

La gestion du sommeil est primordiale dans les jours qui précèdent une épreuve. La fatigue participe à l'augmentation du taux d'adrénaline, ce qui peut vous rendre plus vulnérable au stress et à ses effets.

Il est essentiel de dormir suffisamment mais également d'adopter des rythmes de sommeil réguliers, c'est-à-dire se lever et se coucher à heures fixes. Cette routine facilitera la gestion du stress.

Nous ne pouvons également que vous recommander de pratiquer une activité physique régulière. Pratiquer un exercice physique est bénéfique pour la santé mentale. L'activité physique libère de la sérotonine, des endorphines qui contribuent au sentiment de bien-être. De plus, elle aide à canaliser l'adrénaline libérée dans le corps lors des périodes de stress accru. En ce sens, la pratique du cardio est particulièrement conseillée.

Enfin, la méditation est une méthode fréquemment recommandée pour réduire le stress et lutter contre l'anxiété mais aussi pour favoriser la concentration et augmenter les performances. La pratique de la méditation vise à accorder une pause à l'esprit et aux idées qu'il génère en focalisant son attention sur le moment présent et sur sa respiration.

Là encore, n'oubliez pas de vous détendre en amont de votre épreuve. Le rire est un antidépresseur naturel ; il libère la respiration, détend le diaphragme, les muscles, génère des endorphines… Alors n'hésitez pas à regarder des sketchs, des séries ou films comiques ou à lire des ouvrages humoristiques, car même si le rire est forcé, vous ressentirez les bienfaits de celui-ci. Si parfois il vous semble difficile de rire, n'oubliez pas que le simple fait de sourire peut être bénéfique et provoquer des émotions positives dans une situation stressante.

c. Gagner en confiance en soi

La confiance en soi constitue un atout majeur qui se construit au fil de nos expériences. Bien sûr celle-ci peut s'altérer notamment lorsque l'on se dénigre, que l'on remet en cause non ce que l'on a fait mais ce que l'on est. La confiance en soi, c'est connaître ses forces et ses limites, ses compétences et ses axes d'amélioration. L'estime de soi correspond à l'appréciation que l'on va avoir de soi, la valeur que l'on va s'accorder. Si la confiance en soi découle de l'estime de soi, elle se développe à n'importe quel âge au fur et à mesure de nos expériences et de notre parcours.

Si vous êtes d'un naturel timide et qu'à ce titre l'épreuve vous semble insurmontable, rappelez-vous que la confiance en soi est la clé pour dépasser naturellement cette inhibition.

Dans le cadre de l'épreuve orale, votre meilleure ressource au moment de votre passage est de vous détacher de l'image que vous pensez renvoyer de vous-même car il est essentiel de rester focaliser sur l'instant et de tenir compte de l'attitude du jury ou des examinateurs, notamment lors de l'échange. La stratégie à suivre est de vous exposer petit à petit, d'affronter vos difficultés pas à pas en sortant de votre zone de confort. Pour cela, osez prendre la parole dans des situations où vous êtes habituellement inhibé ; à force de pratiquer, vous gagnerez en aisance.

La confiance en soi est un sentiment réaliste de sécurité : si vous avez une bonne opinion de vous, cela vous conforte dans vos choix, vos actions et à chaque réussite votre niveau de confiance en soi augmente. À l'inverse, si vous avez une mauvaise opinion de vous, vous vous estimez incompétent et donc le moindre écueil va prendre une importance disproportionnée et vous conforter dans l'idée que vous n'êtes pas à la hauteur de vos ambitions.

Apprendre à valoriser ses atouts passe d'abord par une bonne connaissance de soi afin d'être conscient de ses compétences *(hard skills/soft skills)*, de ses leviers de motivation et de ses émotions-ressources. Bien sûr vous devez distinguer ce que vous faites de ce que vous êtes : rencontrer des difficultés dans l'accomplissement d'une tâche comme celle d'une épreuve orale, ne signifie pas que vous êtes « mauvais ». Il faut mettre un point d'honneur à valoriser ses acquis, ses succès car la valorisation est déterminante dans votre axe de progression.

Lorsque l'on se fixe des objectifs, des axes d'amélioration il est nécessaire de les formuler clairement, de façon affirmative et positive pour soi. Se juger sévèrement est contreproductif car l'autocritique excessive ne permet pas d'entrevoir les progressions possibles.

Ne craignez pas d'échouer, de ne pas réussir du premier coup car c'est un passage presque obligé sur le chemin de la réussite. Chaque obstacle est un apprentissage supplémentaire et les échecs ne sont que temporaires tant que vous en tirez les enseignements et que vous continuez à essayer.

Cessez aussi de vous comparer aux autres. Chaque personne est un être unique avec des compétences, des lacunes, des qualités et des défauts et en cela les autres ne peuvent pas être considérés comme un étalon de la réussite. La comparaison est inutilement anxiogène : concentrez-vous plutôt sur tout ce qui peut améliorer votre performance. Savourez vos victoires, soulignez vos compétences, tenez compte de vos échecs ou de vos faiblesses pour redresser la barre afin de suivre votre propre chemin, sans vous soucier de celui des autres.

La confiance en soi doit être mise à l'épreuve pour se fortifier, alors sortez de votre zone de confort, entreprenez, apprenez, intéressez-vous au monde qui vous entoure car si la maîtrise s'acquiert par la pratique, c'est en ayant de l'ambition que l'on renforce la confiance en soi.

3 Anticiper l'entretien tout au long de l'année

On ne répétera jamais assez l'importance d'anticiper l'exercice oral et de se sortir de la tête l'idée préconçue selon laquelle un oral peut se passer au talent. De la même manière que pour les épreuves écrites, un travail rigoureux d'anticipation est nécessaire pour réussir avec brio un exercice oral.

a. S'entraîner à s'exprimer à l'oral

Pour la présentation personnelle, il est indispensable de s'entraîner au préalable. Cette présentation peut être complètement rédigée, à la manière d'un discours politique.

L'exemple du général De Gaulle est éclairant. On imagine toujours que ses discours étaient spontanés puisqu'ils n'avaient pas de feuilles sous les yeux. En réalité, ils étaient écrits à la virgule près et il anticipait même les temps de silence. Cependant, refusant de se montrer en public avec des lunettes, le général De Gaulle préférait apprendre par cœur ses discours.

Il est possible de se filmer lorsque l'on s'exerce à la présentation personnelle. Dans tous les cas, si l'on refuse de se revoir, c'est un bon moyen de se chronométrer et d'anticiper la gestion du temps. Plus généralement, le fait de filmer ses oraux est un bon moyen de se rendre compte de ses tics de langage ou des mots que l'on a tendance à répéter à outrance.

L'entraînement est le secret d'une prise de parole réussie. Être capable de s'exprimer à l'oral n'a rien de naturel mais s'acquiert au contraire dans toutes les situations de la vie quotidienne. Le plus simple pour être à l'aise est également d'avoir des arguments à défendre, d'où la nécessité d'anticiper le travail sur le fond.

b. Respecter le cadre fixé par le jury

Sciences Po Paris définit clairement les temps impartis à chacun des trois moments de l'entretien ; ces recommandations constituent un cadre strict qui vous permet d'anticiper au mieux la situation orale.

Entraînez-vous en respectant scrupuleusement la méthodologie et le temps alloué à votre présentation afin de ne pas empiéter le jour de l'épreuve sur le temps consacré aux questions. Ne pas respecter la durée demandée vous expose au risque d'être interrompu sans avoir la possibilité d'achever votre propos ou pire, d'être sanctionné.

Pour apprendre à ne pas dépasser le délai imparti, utilisez un chronomètre pour contrôler votre temps et enregistrez votre performance à l'aide d'une application de dictée vocale ou de dictaphone. Cela vous permettra de gagner en aisance, de travailler vos points faibles et de corriger vos tics de langage.

Le jour de l'épreuve, n'oubliez pas de disposer devant vous d'une montre ou d'un chronomètre (pas de téléphone) que vous poserez en évidence sur la table afin de vérifier en un rapide regard le temps qu'il vous reste.

c. Maîtriser les grands thèmes de l'actualité

Le commentaire du document d'actualité ne s'improvise pas. Il est primordial de s'entraîner tout au long de l'année mais également de renforcer ses connaissances sur l'actualité. Le suivi de celle-ci doit se faire en prenant des notes.

Plutôt que de suivre l'actualité au jour le jour, il est préférable de l'étudier par thème. Ainsi, vous vous rendrez compte que les événements ont tendance à se répéter et qu'une actualité n'est jamais totalement isolée de l'histoire.

La plupart des éditeurs proposent ainsi des manuels publiés au mois de janvier qui permettent d'identifier ces grands thèmes de l'actualité, voire de leur redonner une certaine profondeur historique. C'est souvent ce qui fait défaut lors d'un commentaire de document d'actualité.

d. Être capable de prendre position

Un bon étudiant de Sciences Po ne doit pas seulement disposer de connaissances importantes, Il doit également être capable de tenir un avis, à la fois nuancé et précis, sur une cause précise.

Il peut donc vous être demandé de prendre position lors de l'entretien. C'est un type de question qui intervient régulièrement et vous devez être capables de l'identifier pour répondre aux attentes du jury. Dans ce cas, il est important d'argumenter son propos, tout en évitant d'affirmer un élément et son contraire.

Dans le cas d'un étudiant qui valorise à la fois son engagement environnemental et ses nombreux voyages, il peut être par exemple demandé de donner son avis sur l'avenir de l'aviation. Faut-il renoncer à prendre l'avion pour défendre l'environnement ? À ce type de question, toutes les réponses sont acceptables, à condition d'être argumentées. Il n'y a donc en aucun cas une réponse type attendue, en fonction de la représentation que l'on peut se faire de l'école.

Vous veillerez cependant à ne pas imposer votre avis à votre interlocuteur et à accepter la contradiction car il peut arriver que le jury exprime clairement un désaccord vis-à-vis de ce que vous venez d'affirmer. Il n'attend pourtant pas de vous un quelconque désaveu mais de nouveaux arguments pour faire avancer le débat.

e. Connaître parfaitement Sciences Po

De la même manière, il est primordial de bien connaître l'école dans laquelle vous postulez. Vous devez à la fois maîtriser son histoire et son actualité mais aussi l'offre de formation qu'elle propose. Parmi les questions fréquemment posées lors d'un oral, figurent notamment les interrogations sur le nom du directeur du Sciences Po, l'année de fondation de l'école ou encore son environnement global.

Le site Internet de Sciences Po Paris offre de nombreuses ressources en accès libre sur ces différents éléments. Les jurys se montrent intraitables sur cet aspect et n'apprécient guère les candidats qui postulent à l'école sans s'être renseigné au préalable sur celle-ci. Des rencontres avec des étudiants ou des échanges avec des professeurs des écoles concernées peuvent également vous permettre de mieux comprendre ces cultures spécifiques. Vous vous reporterez également avec attention aux deux premières parties de ce présent ouvrage, relatives à l'histoire et aux formations de Sciences Po.

Visiter les écoles et rencontrer des étudiants lors des JPO

Il est donc primordial de participer dans la mesure du possible aux journées portes ouvertes organisées par Sciences Po. Elles se déroulent généralement en début d'année civile. Outre l'aspect motivant de ces rencontres, elles permettent également de démystifier le concours en échangeant avec ceux qui vous ont précédé. À travers ces échanges, vous pourrez également vous projeter de manière plus précise dans les écoles concernées et acquérir une vision plus claire de leur offre de formation.

f. Préciser son orientation

Autre aspect essentiel à préparer tout au long de son année de terminale, le projet professionnel se doit d'être précis et cohérent. Vous comprendrez aisément qu'il est plus difficile à défendre la volonté d'intégrer une école parce qu'elle est pluridisciplinaire et que vous ne savez pas quoi faire plus tard plutôt que de chercher à intégrer une filière spécifique de l'école concernée parce qu'elle correspond à votre projet.

Il est certes compliqué d'avoir une idée précise de ce projet lorsque l'on est encore au lycée mais cette orientation doit se travailler et s'anticiper. Des échanges réguliers avec vos professeurs et des professionnels de l'orientation, des visites lors des salons de l'étudiant ou un travail prospectif précis sur les écoles qui vous intéressent sont ainsi des préalables indispensables à un entretien d'admission dans le supérieur.

De la même manière, une bonne candidature doit être capable de se projeter vers un master ; il s'agit à la fois de montrer que l'on a compris la philosophie générale de Sciences Po mais aussi que l'on a réfléchi à son avenir. Dans ce cadre, les sites Internet des écoles concernées vous proposent des maquettes pédagogiques précises de ces filières de master et offrent des exemples de débouchés potentiels, en fonction de ces poursuites d'études.

L'intégration à Sciences Po ne doit donc pas être perçue comme une fin mais comme un moyen de réaliser votre projet. Vos années d'études à Sciences Po vous donneront l'opportunité de réaliser votre projet professionnel, mais ne constituent en rien l'aboutissement d'une vie.

g. L'expression orale s'apprend

Enfin, sur la forme, il est indispensable de profiter de toutes les occasions qui vous sont offertes pour vous améliorer. Le lycée accorde de plus en plus de place à l'oral, notamment dans le cadre de vos enseignements de spécialité. L'option Droit et grands enjeux du monde contemporain vous permet également la plupart du temps de préparer des exposés. La première année de l'enseignement supérieur accorde également une place importante à l'oral pour certaines filières, comme l'illustrent notamment les khôlles des classes préparatoires ou les exposés lors des travaux dirigés de l'université.

Toutes les occasions sont bonnes à prendre pour s'entraîner à s'exprimer à l'oral. La dernière solution consistant à s'enregistrer seul ou à s'adresser à un logiciel de dictée vocale. Si l'exercice peut paraître stupide, il permet de vous rendre compte de votre capacité à articuler. Si le logiciel de dictée vocale ne vous comprend pas, il pourrait en être de même pour le jury.

4 Quelques clés d'une prise de parole réussie

a. Maîtriser le non verbal

Il est souhaitable de maîtriser sa gestuelle dans la perspective d'un échange en public. Cette dernière a évidemment une influence directe sur l'impression que vous donnez à vos interlocuteurs. La communication non verbale est souvent placée au centre de la rhétorique.

Il est ainsi déconseillé de se présenter à l'oral avec un regard fuyant, concentré sur le sol ou sur les murs. Une bonne connaissance de soi permet de se prémunir contre les gestes parasites qui peuvent venir perturber votre discours. Il ne s'agit évidemment pas de refouler ses émotions mais d'en devenir maître.

Tentez de canaliser autant que possible ces gestes parasites qui traduisent un certain malaise. Ainsi soyez attentif aux gestes d'auto-contact : manipuler un objet (stylo), plier/déplier une feuille, balancer ou bouger les pieds, se dandiner, toucher ses cheveux, croiser/décroiser les bras, réajuster ses vêtements…

Deux astuces peuvent vous y aider. D'abord, nous vous recommandons de poser vos mains sur votre bureau. Cela vous permettra de canaliser votre appréhension et vous éviterez ainsi de trembler et de développer des gestes d'auto-contact. Ensuite, dès que vous êtes plus à l'aise, nous vous conseillons au contraire de parler avec les mains. Ces quelques gestes peuvent constituer un bon moyen pour canaliser le stress. Lorsqu'ils sont utilisés à bon escient et avec mesure, les gestes peuvent permettre de rendre votre discours plus animé et donc plus attractif.

Le regard constitue également un élément déterminant de la communication non verbale. Il est indispensable de regarder vos interlocuteurs même s'il est vrai que l'exercice n'est pas toujours aisé, surtout lors d'un concours. Rappelez-vous qu'il ne s'agit pas de regarder fixement mais de garder le contact tel que dans une conversation ordinaire. Pour vous aider, vous pouvez par exemple vous focaliser sur un point imaginaire entre les deux yeux, ou ne vous concentrer que sur un seul, l'expression du regard de votre interlocuteur sera ainsi moins déstabilisante.

Il est conseillé d'alterner regard direct et regard panoramique, le premier traduisant assurance et détermination, le second permettant d'impliquer, de capter l'attention de votre auditoire.

Enfin, la posture ne doit pas être négligée. Il faut éviter de prendre une posture trop relâchée, qui apparaîtrait comme de la nonchalance ou un manque d'intérêt, ou au contraire trop tendue qui trahirait votre stress. Évitez également de croiser les bras ; dans la communication non verbale, cela peut être interprété comme une barrière entre vous et votre interlocuteur. De même, les bras ne doivent pas se trouver dans le dos, tel que le ferait un jeune élève lors d'une récitation.

b. Gérer le paralangage

Poser sa voix s'apprend. Il est ainsi possible de travailler la tonalité de celle-ci afin qu'elle apparaisse la plus agréable possible à vos interlocuteurs. S'entraîner à la lecture à voix haute est un exercice efficace sur ce point.

Le débit avec lequel vous vous exprimez se doit également d'être maîtrisé, en prenant en compte le fait qu'en situation de stress, nous avons tendance à accélérer notre rythme de parole.

Au cours d'un oral, le rythme d'élocution adéquat doit vous permettre de prononcer entre 150 et 200 mots par minute. La variété du rythme ainsi que celle de la longueur des phrases est un élément essentiel à considérer pour ne pas perdre l'attention de ses interlocuteurs.

Une bonne élocution, tout en conservant le sens de la mesure

Même si ce travers n'a pas empêché François Hollande d'accéder à la présidence de la République, nous vous conseillons d'éviter de manger les mots et de vous efforcer à avoir une bonne élocution. Il convient donc de prononcer avec justesse les différentes syllabes des mots, sans pour autant tomber dans le travers de la surarticulation qui ne serait pas naturelle. L'intonation permet également de donner de la vie à votre propos, en variant les aspects mélodiques de votre voix, même s'il ne s'agit en aucun cas de surjouer la situation, au risque de sombrer dans le ridicule.

La maîtrise de la respiration est primordiale pour réussir sa prise de parole. Cela vous permet de projeter efficacement votre voix mais également de mieux contrôler vos émotions. Là encore, même si cela peut paraître surprenant, la maîtrise de la respiration s'apprend. Une respiration abdominale sera toujours plus efficace dans le cadre de l'oral qu'une respiration thoracique.

Ne négligez jamais l'importance des silences lors d'une prise de parole. Ces brèves pauses qui scandent votre discours offrent à votre interlocuteur la possibilité de réfléchir. Cette prise de recul par rapport aux propos que vous exprimez est essentielle dans le cadre d'un oral. Il est donc primordial de maîtriser cette gestion des silences pour mettre en valeur vos idées.

Portez votre voix et exprimez-vous suffisamment fort, d'une voix posée, claire et convaincante. Évitez de prendre une voix trop aiguë ou trop grave et veillez à soigner votre élocution, celle-ci doit être claire pour que votre discours soit compréhensible. Afin de ne pas tomber dans la monotonie, animez votre discours en utilisant le ton adéquat à votre propos. N'oubliez pas que les examinateurs enchaînent les oraux, alors tout ce qui stimule leur attention est bon à prendre.

Veillez aussi à mesurer le rythme de votre discours, attention au rythme rapide et haché du candidat qui souhaite en finir au plus vite. Pour cela pensez à faire des pauses pour respirer et évitez de vous essouffler, phénomène qui est renforcé lorsque l'on porte un masque.

Prenez garde aux tics de langage, ces locutions creuses trop souvent utilisées à une fréquence déraisonnable pour ponctuer le discours et qui sont bien sûr à bannir autant que possible : « pour le coup » ; « carrément » ; « en fait » ; « voilà » ; « genre » ; « bref » ; « donc » ; « euh » ; « du coup » ; « on ne va pas se mentir » ; « au jour d'aujourd'hui » ; « c'est clair » ; « j'avoue » etc.

Vous l'aurez compris votre façon de parler est aussi importante que votre comportement ; les tics de langage ou l'usage d'un vocabulaire familier qui pourraient nuire à votre crédibilité sont donc à éviter à tout prix.

De même, employez les phatèmes (interjections servant à ralentir le discours ou à vérifier que l'interlocuteur vous comprend bien) à bon escient et de façon mesurée.

c. Adopter une bonne attitude

Puisque chaque élément compte lors de l'appréciation d'un entretien oral, nous nous autorisons quelques ultimes conseils.

Dire bonjour, sourire, se présenter, dire merci lorsque l'on vous a remis votre document à commenter instaure une dynamique positive entre vous et vos examinateurs. Il est également important de canaliser dans votre attitude toutes les marques de tension, d'angoisse ou de désinvolture : le regard fuyant, les tremblements, le regard distrait ou ailleurs… Pour cela, le sourire est votre meilleure ressource, il vous met dans état mental positif et vous rend plus communicatif, plus avenant et de façon générale cela met votre interlocuteur dans de bonnes dispositions vis-à-vis de vous.

Donnez le sentiment que vous êtes à l'aise et content d'être là. Ayez une attitude communicative. Le sourire, l'enthousiasme, le ton ou encore le contact visuel participent d'une attitude communicative qui sera grandement appréciée par votre auditoire.

Lors de l'échange, si les examinateurs vous demandent des précisions ou des éclaircissements, sachez qu'il n'y a là aucune volonté de vous nuire ou de vous mener à l'erreur. Le but est plutôt de vous pousser à vous exprimer, de tester la foi en vos arguments ou tout bonnement vous amener à corriger une erreur.

Il est donc essentiel de ne jamais montrer des signes d'agacement. Un ton agressif ou agacé vous desservira inévitablement alors rappelez-vous qu'il s'agit d'une évaluation et non d'un débat ou d'un jeu de pouvoir. Vous n'êtes en aucun cas jugé sur votre point de vue mais sur la cohérence des arguments présentés. Toute opinion peut être recevable si elle est correctement argumentée alors évitez d'être péremptoire et surtout ne fondez pas votre argumentation sur des prétendues vérités générales (« tout le monde sait que », « il est connu que » etc.) qui ne le sont que pour vous.

Dix conseils à mettre en pratique pour réussir l'oral

Bien connaître les modalités de l'épreuve

Multiplier les situations d'entraînement oral

Suivre régulièrement et de manière organisée l'actualité

Être incollable sur l'histoire et la culture de Sciences Po

Préparer sa présentation personnelle

Relire son dossier de candidature avant de se présenter devant le jury

Toujours garder son calme

Arriver en forme le jour de l'oral

Avoir défini au préalable un projet professionnel cohérent

Bien connaître les modalités pour accéder à tel ou tel métier

S'entraîner au commentaire d'image

L'analyse d'image ne s'improvise pas ; les images choisies par le jury ne seront jamais totalement innocentes et n'auront jamais pour simple objectif de tester votre culture générale et votre connaissance des grands enjeux historiques et actuels. Une photographie n'est jamais le simple reflet de la réalité et n'est jamais prise au hasard.

Le jury de Sciences Po Paris vous laissera le choix entre deux images. Il convient évidemment de réaliser ce choix rapidement en fonction de la thématique abordée ou de la nature du document. Dans tous les cas, essayez d'être le plus bref lors de ce moment de sélection afin de vous montrer déterminé et de ne pas perdre un temps inutile au cours de cet oral si précieux pour la suite de votre scolarité.

Une fois ce choix effectué, nous vous conseillons de respecter plusieurs étapes afin de réussir cette analyse :

- Dans un premier temps, vous pouvez lire la légende, même si certaines images proposées lors des sessions précédentes n'en disposaient pas. Cette simple lecture de la légende a pour objectif de combler les quelques secondes de réflexion nécessaire avant d'enchaîner sur votre travail à proprement parler.
- Il convient ensuite de décrire de la manière la plus objective possible le support proposé. Cette description est en effet indispensable pour bien saisir la matérialité de l'image et pour ne pas se tromper de sujet. Il s'agit ici essentiellement de répondre à la question : que voit-on sur cette image ?
- Dans un troisième temps, Il est indispensable de recontextualiser l'image afin de mettre en évidence les objectifs de celle-ci. Vous montrerez dans quel contexte l'image a été prise ou produite. Cette étape est l'occasion de témoigner de votre culture générale.
- Enfin, seulement, il est possible d'interpréter et de critiquer celle-ci, c'est-à-dire d'en déduire une véritable analyse. Lors d'un commentaire d'image, on est souvent tenté de griller les étapes mais une bonne analyse ne peut être proposée qu'après une description et une contextualisation du contenu même de l'image.

1 Aborder la matérialité du document

Afin de réussir son analyse, le premier travail à accomplir reste l'étude du document lui-même dans ses aspects les plus matériels. Cela revient dans un premier temps à présenter le document, comme vous pouvez le faire lors d'une analyse de document en histoire notamment.

Il vous faut donc d'abord identifier la nature du document iconographique présenté ; vous devez clairement définir s'il s'agit d'une photographie, d'un dessin, d'une peinture, d'une affiche, d'une gravure, d'un collage… Les aspects techniques ne doivent pas être survolés et déterminent une partie de l'analyse elle-même.

Ensuite, il vous faudra préciser la nature de l'image. En fonction du type de document, l'intention de son auteur ne sera pas la même. Il est donc indispensable de déterminer avec précision la nature du document :

- Photographie politique, photographie d'actualité, photographie documentaire, photographie publicitaire ;
- Caricature ;
- Affiche politique, affiche publicitaire, affiche culturelle ;
- Carte postale ;
- Œuvre d'art…

L'analyse des aspects matériels ne s'arrête pas là. Il vous faut encore vous poser plusieurs questions et tenter de savoir si l'image proposée est originale ou si elle a été recadrée ou retravaillée. C'est seulement après ces quelques questions liminaires que vous pouvez vous lancer dans une description du contenu même de l'image.

Lors de cette deuxième étape, il vous faut déterminer avec précision les différents éléments représentés sur l'image. Vous devez donc décrire :

- Ce que vous voyez sur les différents plans de l'image ;
- Quels sont les éventuels personnages représentés sur l'image ? Quel est leur nombre ? La relation qui les unit ? Ce qui les distingue les uns des autres ?
- Comporte-t-elle des éléments visuels tels que des symboles, des drapeaux, des slogans ?
- Quel est le thème de la scène représentée : une rencontre officielle, une manifestation, une innovation technologique, une opération militaire…

2 Analyser en profondeur le document

Enfin, au terme de ce travail préalable indispensable, il est désormais possible de donner du sens à l'image proposée. On attend de vous une analyse à différents niveaux. La difficulté est ici de structurer son propos pour le rendre le plus intelligible possible, sans pour autant disposer de temps de travail au brouillon ou même de moment de réflexion à proprement parler.

Seul un entraînement régulier peut permettre de parvenir à réussir cet exercice en un temps limité. Vos manuels scolaires, la presse ou encore les exemples qui suivent peuvent vous permettre de vous tester. C'est en prenant l'habitude d'analyser en un temps bref des images de nature variée que vous parviendrez à rendre cet exercice presque naturel.

La page suivante vous propose ainsi une liste non exhaustive de quelques documents qui ont été soumis au commentaire des candidats lors des sessions précédentes. Ces quelques exemples vous permettront de vous faire une idée des documents susceptibles d'être soumis au commentaire.

Les pages d'après visent à la fois à vous proposer quelques images sur des sujets variés et quelques pistes de réflexion sur lesquelles pourrait reposer le commentaire. L'idée est ici de vous proposer quelques entraînements à réaliser seul. Les quelques éléments de commentaire ont la double ambition de vous livrer une rapide correction de quelques attendus mais aussi d'élargir votre culture générale et surtout votre curiosité personnelle.

Quelques exemples de documents d'actualité proposés lors des sessions précédentes

Une couverture du *Time* figurant Elon Musk en personnalité de l'année
Une caricature de Joe Biden face à la Chine
Une photographie d'une manifestation en hommage à George Floyd
Une photographie de militaires américains devant le Capitole
Une photographie d'une foule devant la Joconde
Une photographie d'une centrale nucléaire / d'un essai nucléaire
Une carte des tensions en mer de Chine
Une photographie de la garde royale britannique
Un tableau de William Turner / de Vassily Kandinsky, d'Edward Hopper
Une photographie de munitionnettes pendant la Seconde Guerre mondiale
Une caricature de Jair Bolsonaro
Une photographie de la passation de pouvoir entre Angela Merkel et Olaf Schulz
Une photographie de la guerre en Syrie
Une photographie prise sur la frontière en Irlande du Nord
Une affiche de promotion du Commonwealth
Une photographie d'Olivier Véran lors de la campagne vaccinale contre le Covid-19
Une photographie d'un livreur Uber Eats
Une photographie de migrants sur une embarcation en Méditerranée
Une image des Jeux olympiques de Pékin
Une caricature de Plantu figurant la lutte contre le réchauffement climatique

Sujet n° 1 - Vladimir Poutine et Xi Jinping

Rencontre bilatérale entre Vladimir Poutine et Xi Jinping, le 26 juillet 2018, à l'occasion du sommet des BRICS à Johannesburg, Afrique du Sud

© Kremlin.ru/ Wikicommons

Cette photographie officielle d'une rencontre bilatérale entre deux des hommes forts de la géopolitique mondiale est symbolique du basculement du centre de gravité mondial. L'Occident, et en particulier les États-Unis, a dominé le monde pendant toute une partie du XXe siècle. Les pays émergents tentent désormais de contrebalancer cette influence en s'organisant lors de sommets ou de réunions régulières des BRICS, association informelle réunissant cinq pays émergents (Brésil, Russie, Inde, Chine et Afrique du Sud).

La mise en scène de cette rencontre entend ici affirmer l'amitié entre les deux chefs d'État. Vladimir Poutine domine la vie politique russe depuis l'an 2000 tandis que Xi Jinping occupe le pouvoir en Chine depuis 2013. Par une poignée de main affirmée, à travers la mise en scène des deux drapeaux, il s'agit ici de témoigner de la proximité diplomatique entre les deux hommes mais également entre les deux puissances émergentes que sont la Chine et la Russie.

Le couloir d'un bâtiment officiel dans lequel a été prise cette photographie participe de cette impression de solennité tandis que les sourires affichés sur les visages des deux hommes tendent au contraire à donner une impression de décontraction.

Cette rencontre témoigne du culte des hommes forts qui a gagné une partie du monde. Les régimes autocrates se sont en effet affirmés au sein de plusieurs puissances de demain. Vladimir Poutine est un président tout-puissant qui n'hésite pas à modifier la constitution pour se maintenir au pouvoir.

Xi Jinping de son côté cumule les trois fonctions de président de la République, de secrétaire général du Parti communiste chinois et de président de la Commission militaire.

La photographie témoigne également des convergences diplomatiques entre ces deux puissances. L'axe sino russe s'est affirmé à travers la conclusion de plusieurs partenariats stratégiques parmi lesquels l'Organisation de la coopération de Shanghai ou encore à l'occasion de nombreux veto communs à l'ONU.

Le déclenchement de la guerre en Ukraine complique cependant la position chinoise ; la République populaire de Chine a pu être ainsi mise en porte-à-faux vis-à-vis de sa politique à l'égard de Taïwan ou même de la position à tenir face au conflit. Malgré tout, les bonnes relations entre les deux États se poursuivent, comme en témoigne l'organisation de nouvelles rencontres bilatérales entre les deux chefs d'État.

Les points clés

La solennité d'une photographie officielle

La proximité affichée entre les deux hommes

La puissance des pays émergents

Leur volonté de contrebalancer l'ordre mondial

Sujet n° 2 - *La liberté guidant le peuple*

***La liberté guidant le peuple*, huile sur toile d'Eugène Delacroix, 1831**

© Wikicommons

La liberté guidant le peuple de Delacroix représente les différentes catégories sociales prenant part à la révolution de 1830 ; les bourgeois obtiennent cependant le maintien d'un roi, Louis-Philippe Ier, ce qui contribue dès la formation de la Monarchie de Juillet à susciter la défiance d'une partie de l'opinion.

Réalisée en 1831 par Eugène Delacroix, cette huile sur toile aux dimensions impressionnantes est devenue un symbole de la conquête de la souveraineté populaire. Elle a été reprise et détournée à de nombreuses occasions, notamment lors de la crise des gilets jaunes ou sur la couverture d'un album du groupe Coldplay.

À travers ce tableau, Eugène Delacroix a tenu à immortaliser la barricade, cette forme de révolution caractéristique du XIXe siècle qui consiste à prendre le contrôle de l'espace public pour dénoncer l'ordre établi. Plusieurs groupes sociaux sont ici mis en scène, notamment les bourgeois incarnés par cet homme au chapeau haut de forme, les femmes symbolisées par celle qui sera amenée à devenir Marianne, l'allégorie de la République, les soldats que figurent ces gisants au sol de la barricade, ou encore les enfants à travers le personnage de Gavroche appelé à devenir le héros du roman *Les Misérables* de Victor Hugo.

Le peintre dénonce à travers ce tableau l'autoritarisme du pouvoir en place. Il ne cherche en aucun cas à masquer la violence de la révolution et les risques encourus par les révolutionnaires ; bien au contraire, il figure la mort de trois révolutionnaires au premier plan.

La promulgation par Charles X de quatre ordonnances le 26 juillet 1830 vise à rétablir son pouvoir à travers la censure, la dissolution de l'Assemblée nationale ou encore la modification du système électoral. Ce raidissement du pouvoir des Bourbons embrase à nouveau Paris après la Révolution française de 1789. Une partie des Parisiens se soulève les 27, 28 et 29 juillet 1830 et dresse plus de 4 000 barricades dans les rues étroites de la capitale.

Par l'usage de divers objets, les Parisiens tentent alors d'empêcher le passage de la troupe tout en affirmant leur contrôle sur l'espace public. La barricade devient dès lors un thème classique des révolutions du XIXe siècle. Heureuse, conquérante et victorieuse sur ce tableau d'Eugène Delacroix, la barricade est dès lors érigée en symbole de la révolution. On la retrouve sur de nombreuses représentations de ces révolutions qui émaillent l'Europe, notamment lors du printemps des peuples de 1848.

La composition de ce tableau n'est pas sans rappeler celle des *Scènes du massacre de Scio*, peintes par Eugène Delacroix, en 1824. Il dénonce alors dans une scène plus macabre encore, les crimes commis par l'Empire Ottoman à l'égard des Grecs en avril 1822, lors de la Guerre d'indépendance grecque. Si Marianne triomphe sur le tableau de 1831, une prisonnière grecque au sein nue symbolise la soumission grecque et la violence de l'occupant. Au contraire, c'est un cavalier ottoman qui surplombe majestueusement la scène, symbolisant sans doute les victoires remportées par les Ottomans en ce début des années 1820, avant un retournement causé par l'engagement des grandes puissances en faveur de la Grèce.

Les points clés

La diversité des publics représentés

La mise en scène d'une révolution populaire

La postérité des icônes ici identifiées, Marianne et Gavroche

Le mouvement des nationalités au XIXe siècle

Sujet n° 3 - Tesla et Space X

Une Model X de Tesla devant un bâtiment de la base de lancement de Cap Canaveral, en Floride

© Steve Jurvetson/ Wikicommons

Alors qu'ils avaient dominé la course à l'espace en remportant la mythique bataille de la Lune le 21 juillet 1969, les États-Unis semblaient avoir renoncé à cette ambition, après les échecs des navettes Challenger puis Columbia qui avaient provoqué la mort de quatorze astronautes depuis 1986. Le renouveau de la conquête spatiale américaine passe désormais par des entreprises privées ; la NASA subventionne en effet ces nouveaux acteurs de la conquête spatiale, notamment Space X, l'entreprise de l'emblématique Elon Musk.

Fondée en 2002, la firme américaine s'est imposée comme le leader mondial des vols spatiaux, devant l'européen Arianespace et le russe Proton, deux acteurs publics. La Tesla figurant ici au premier plan de ce centre de lancement incarne ce succès individuel et collectif. En dépit du scepticisme qui a accompagné ses débuts, Elon Musk est parvenu à imposer la voiture autonome électrique comme le symbole de la voiture de demain et à régner sur la course à l'espace.

D'autres entrepreneurs tentent également de rivaliser avec Elon Musk. Le richissime fondateur d'Amazon, Jeff Bezos, cherche ainsi à s'imposer sur le secteur du tourisme spatial grâce à sa firme Blue Origin.

Sont ici associés les deux symboles de son succès. Cette photographie rappelle le lancement en orbite d'une Tesla rouge en février 2018 à l'occasion du vol inaugural de la fusée Falcon Heavy de SpaceX. Elle rappelle également les mises en scène accompagnant les départs des astronautes dans l'espace, qui embarquent successivement à bord d'une voiture autonome avant de prendre place dans les lanceurs. On pense ici notamment au départ de Thomas Pesquet vers la Station spatiale internationale en avril 2021.

Le drapeau américain figurant sur le bâtiment dit la fierté retrouvée des États-Unis. Depuis le premier vol habité de Space X en mai 2020, les États-Unis ont retrouvé leur indépendance alors qu'ils dépendaient des Russes depuis 2011 pour envoyer des hommes dans l'espace. Le président des États-Unis, Donald Trump, a lui-même participé à ce lancement pour saluer la capacité retrouvée des États-Unis.

Ce nouveau chapitre de la course à l'espace se joue notamment contre les puissances émergentes qui ont compris l'intérêt qu'elles avaient à investir massivement ce créneau. En 2019 par exemple, la Chine a été la première puissance à se poser sur la face cachée de la Lune. Outre l'intérêt scientifique, il s'agissait de marquer de son empreinte cette nouvelle course à l'espace, dont l'un des objectifs clairement affichés est la conquête de Mars.

Elon Musk n'hésite pas à afficher cette ambition à l'occasion de plusieurs conférences publiques. Il associe d'ailleurs régulièrement les missions incarnées par ses deux entreprises phares. Tesla aurait ainsi pour objectif de préparer la voiture de demain, un véhicule capable de se diffuser sur d'autres planètes afin de préparer la nouvelle ère de l'humanité. L'homme aurait ainsi pour vocation à devenir une espèce multiplanétaire afin d'assurer sa survie.

Les points clés

Les enjeux d'une nouvelle course à l'espace

La rivalité affichée entre milliardaires américains

La concurrence avec les pays émergents et les enjeux de souveraineté

L'homme de demain, une espèce multiplanètaire ?

Sujet n° 4 - Le conseil de sécurité des Nations unies

La salle de réunion du Conseil de sécurité des Nations unies au siège des Nations unies à New York

© Neptuul/Wikicommons

Haut lieu de la diplomatie mondiale, la salle de réunion du Conseil de sécurité a été aménagée au deuxième étage du siège des Nations unies. Ce dernier a été construit entre 1947 et 1952, pour accueillir l'organisme chargé de préserver la paix dans le monde né à l'occasion de la charte de San Francisco de juin 1945. Du fait de son importance dans la géopolitique mondiale, elle s'est retrouvée au cœur de plusieurs films ou séries, parmi lesquels *Quai d'Orsay* de Bertrand Tavernier.

La salle a été offerte par la Norvège, dans l'objectif de faire rayonner sa culture aux yeux des principales puissances mondiales. L'architecture circulaire de la pièce a été imaginée par l'architecte norvégien Arnstein Arneberg. À l'arrière-plan, une fresque d'un autre artiste norvégien Per Krogh représente un phénix renaissant de ses cendres, symbole du retour à la paix après la Deuxième Guerre mondiale.

Le Conseil de sécurité des Nations unies est le principal organe décisionnaire de l'ONU. C'est là que sont décidées les résolutions, c'est-à-dire les mesures adoptées par l'ONU. Quinze pays y siègent, parmi lesquels cinq puissances permanentes (les États-Unis, la Russie, la Chine, le Royaume-Uni et la France) qui disposent du droit de veto, c'est-à-dire du droit de refuser toute prise de décision. La taille restreinte de cette salle symbolise à elle seule la domination de quelques puissances sur l'ONU.

C'est notamment dans cette salle que s'est joué le destin de plusieurs États ; on se souvient par exemple des images de la crise de Cuba de 1962. Les États-Unis avaient alors exposé au regard des autres membres du Conseil de sécurité des Nations unies, les clichés capturés par leurs avions espions U2 au-dessus de Cuba. Ils entendaient dénoncer l'agression soviétique du fait de la menace incarnée par les bases de lancement de missiles installées à moins de 800 km de la Floride.

On se souvient également du discours de Dominique de Villepin, alors ministre des Affaires étrangères de la France, qui avait pris la parole pour justifier le refus de la France de soutenir l'intervention américaine en Irak. Considérant que cette intervention militaire allait être déclenchée sur des motifs illégitimes, il s'était fait le porte-voix d'une opinion publique mondiale largement hostile à la guerre, quitte à défier frontalement les États-Unis. La France, ce « vieux pays » d'un « vieux continent » menaçait alors son partenaire de recourir au droit de veto.

Du fait de ce droit de veto, l'ONU est souvent accusée d'impuissance. On lui reproche également d'être le reflet d'un ordre géopolitique ancien et de ce fait inadapté aux équilibres contemporains. Certains États revendiquent ainsi régulièrement leur souhait de devenir des membres permanents, parmi lesquels l'Inde, le Japon, l'Allemagne, le Brésil ou l'Afrique du Sud qui ambitionne de porter la voix du continent africain dont le milliard d'habitants n'est pas représenté au sein du Conseil de sécurité

Les points clés

Un des lieux les plus emblématiques de la géopolitique mondiale

Le reflet de la domination de quelques puissances

Les difficultés de l'ONU et les projets de réforme du Conseil de sécurité

Sujet n° 5 - Le défilé du 14 juillet

Le défilé du 14 juillet des élèves de l'École polytechnique en 2019

© J. Barande/ École polytechnique

Érigé en fête nationale depuis la loi du 6 juillet 1880, le 14 juillet s'accompagne désormais de célébrations traditionnelles parmi lesquelles le défilé des forces militaires sur les Champs-Élysées. Il s'agit à la fois de réaffirmer l'unité française, en hommage à la fête de la Fédération de 1790 mais aussi la souveraineté populaire acquise lors de la prise de la Bastille de 1789.

Chaque année, les forces armées sont ainsi célébrées, notamment les élèves des sept grandes écoles militaires françaises (Polytechnique, l'École spéciale militaire de Saint-Cyr, l'École de l'air, l'ENSTA Bretagne, l'École des officiers de la Gendarmerie nationale, l'École navale et l'École de santé des armées). Depuis 1794, l'école polytechnique assure la formation d'ingénieurs qui intègrent ensuite les grands corps de l'État. Elle est l'un des symboles de l'élitisme à la française. Cette tradition est symbolisée par l'uniforme, le sabre ou encore le bicorne porté par ses élèves.

La photographie met l'accent sur la féminisation croissante des promotions de ces grandes écoles militaires. Le cycle d'ingénieur de l'école polytechnique est ouvert aux femmes depuis 1972 ; cinquante ans plus tard, elles n'occupent que 17 % des effectifs, même si l'école multiplie les initiatives pour encourager cette féminisation.

Dans le ciel des Champs-Élysées, nous pouvons observer l'une des formations caractéristiques de la patrouille de France. Ce régiment acrobatique a été créé en 1953 pour représenter l'armée de l'air et porter haut le savoir-faire aéronautique français. Les neuf Alpha Jets font ici rayonner le drapeau tricolore dans le ciel de Paris.

Ces trois couleurs associant le blanc, couleur royale, à celles de la ville de Paris, ont été choisies lors de la Révolution française. Elles se sont progressivement imposées au cours du XIXe siècle, même si le drapeau blanc a fait de la résistance, notamment sous la Restauration. De la même manière, le 14 juillet s'est imposé et a progressivement évincé une autre célébration, d'inspiration mariale[1], le 15 août, choisie notamment au cours des périodes impériales. Il s'agissait cette fois de rompre avec les régimes personnels mais également de renoncer à une influence trop grande de la religion au sein de la sphère politique.

Tout au fond de l'image, dans la perspective de l'Avenue des Champs-Élysées, nous apercevons l'Arc de triomphe de l'étoile qui assure la jonction avec l'Avenue de la Grande-Armée. Ce monument a été construit au début du XIXe siècle, sur décision de Napoléon Ier qui souhaitait ainsi prolonger la perspective Le Nôtre au départ du Louvre. Il entendait inscrire sa trace dans le patrimoine parisien en même temps que dans l'histoire. Érigé pour célébrer la victoire d'Austerlitz de 1805, cet Arc de triomphe se voulait un hommage à l'Empire romain. Il est depuis devenu un symbole historique, notamment depuis l'inhumation à son pied de la dépouille du Soldat inconnu, tué lors de la Première Guerre mondiale.

Les points clés :

Le 14 juillet et le drapeau tricolore, deux symboles républicains

Polytechnique et la mise en avant des forces armées

La féminisation croissante des grandes écoles et des grands corps de l'État

Les Champs-Élysées et ses symboles historiques

1. En lien avec la Vierge Marie.

Sujet n° 6 – Manifestation contre la guerre en Ukraine

Manifestation contre la guerre en Ukraine, Londres, 26 mars 2022, enjoignant l'OTAN à agir en soutien de l'Ukraine

© John Gomez/ Shutterstock

Emmanuel Macron la disait en « état de mort cérébrale » ; cette institution née en 1949 a pourtant resurgi dans l'actualité à l'occasion de la guerre en Ukraine. Formée au cours de la guerre froide pour faire face à la menace soviétique, l'Organisation du traité de l'Atlantique Nord (OTAN) est une alliance diplomatique et militaire entre les pays d'Amérique du Nord et d'Europe. Elle vise notamment à défendre le modèle démocratique occidental et incarne l'idée d'atlantisme, c'est-à-dire de proximité culturelle et diplomatique entre les deux rives de l'océan Atlantique.

La photographie ici proposée dénonce l'inaction de l'OTAN après la campagne militaire déclenchée par la Fédération de Russie, le 24 février 2022. Des manifestants brandissent un drapeau ukrainien dont les couleurs figurent le blé, l'une des grandes richesses du pays, et le ciel. Le message est explicite et utilise une image ancienne renvoyant à une partie du corps masculin, figurée comme un symbole de virilité et de pouvoir. Avec finesse, le message est appuyé par une représentation figurée qui suit l'acronyme NATO, afin de jouer avec les codes des émoticones.

L'OTAN compte désormais 31 États membres, parmi lesquels ne figure pas l'Ukraine, simple pays partenaire de l'alliance. Si l'OTAN a fermement condamné l'invasion russe, ses représentants ont exclu d'emblée toute intervention directe dans le conflit. En effet, la Russie étant la première puissance nucléaire mondiale, une intervention militaire directe a été jugée potentiellement trop déstabilisatrice pour la sécurité mondiale.

En revanche, l'OTAN joue un rôle dans la coordination de l'aide matérielle et financière apportée par les États membres, avec pour objectif de circonscrire le conflit au territoire ukrainien et afin de « soutenir l'Ukraine jusqu'à la victoire ». Tout en se gardant bien de donner l'impression de prendre part directement dans le conflit afin de ne pas être considérés comme co-belligérants de la part du géant russe, les Occidentaux apportent un soutien décisif à l'Ukraine. Des chars lourds ont notamment été livrés, pièces maîtresses d'une reconquête espérée du territoire.

L'OTAN a également mené depuis 2014 et l'annexion de la Crimée par la Russie plusieurs missions de formation auprès de l'armée ukrainienne. L'alliance atlantique présente d'ailleurs ces actions comme l'un des éléments permettant à la résistance ukrainienne de tenir depuis maintenant plus d'un an face à l'armée russe.

Par ailleurs, de nouveaux déploiements de soldats ont été mis en œuvre dans l'espace proche de la Russie ; la présence militaire française a ainsi été renforcée en Roumanie. L'OTAN a également déployé des bateaux de guerre dans la Baltique et la mer Noire. L'OTAN s'est également renforcée en intégrant un nouvel État parmi ses rangs; la Finlande a en effet été officiellement admise au sein de l'Alliance en février 2023.

Cette photographie est donc révélatrice des attentes citoyennes face à des actes de guerre que beaucoup n'imaginaient plus possible aux portes de l'Europe. Dans une histoire pourtant proche, face aux bombardements serbes en Yougoslavie, l'OTAN avait mis plusieurs années avant d'intervenir, au prix de plusieurs milliers de victimes civiles.

Les points clés

Une alliance militaire héritée de la guerre froide

Les attentes des citoyens occidentaux

Un engagement indirect et défensif dans la guerre en Ukraine

Sujet n° 7 – L'Antarctique, une terre convoitée

***L'Astrolabe*, ici photographié en 2018 au départ de la Terre Adélie, est le navire mobilisé par la France pour assurer la logistique et les missions scientifiques dans les Terres australes et antarctiques françaises (TAAF)**

En vertu du traité de Washington de 1959, l'Antarctique est un territoire dédié à la recherche scientifique et aux activités pacifiques. Aucune activité militaire ne peut être entreprise dans la région. Pourtant, cela n'empêche pas les principales puissances de défendre leur position stratégique dans la région.

La France s'est rapidement positionnée comme un acteur essentiel de l'Antarctique. Dès 1924, elle revendique sa souveraineté sur une portion de l'Antarctique, la Terre Adélie, découverte par Jules Dumont d'Urville, en 1840, à bord de *L'Astrolabe*, nom qu'il emprunte lui-même à Jean-François de La Pérouse que le roi Louis XVI a missionné pour une mission autour du monde en 1785.

Afin d'assurer ses missions scientifiques mais également d'affirmer sa présence dans la région, la France dispose d'un brise-glace, *L'Astrolabe*, ici visible au centre de l'image. Ce navire a été construit en partenariat entre la collectivité des Terres australes et antarctiques françaises (TAAF), l'Institut polaire français Paul-Émile Victor (IPEV), et le ministère de la Défense (Marine nationale (MN).

La composition de la photographie symbolise cette tentative de conquête d'un espace vierge, de plus en plus convoité pour ses ressources. Une opposition très nette se dégage entre l'océan et des terres de glace ; on distingue au premier plan à la droite de l'image quelques taches sombres qui pourraient être des manchots, symbole de la biodiversité présente au sein de cet espace pourtant inhospitalier.

Cette photographie amène plus largement à une réflexion sur les changements climatiques en cours, sur la fonte des glaces et consécutivement la hausse du niveau des océans. Loin de ces enjeux climatiques pourtant vitaux, l'Antarctique est l'objet ces dernières années d'une quasi-militarisation menée par la Russie et la Chine au détriment de l'esprit de coopération du traité de Washington.

L'Antarctique est ainsi régulièrement le centre de rivalités géopolitiques opposant les grandes puissances. La Russie et la Chine refusent ainsi de créer des Aires maritimes protégées (AMP), contrairement à la volonté française de créer ces espaces afin de protéger le krill, une petite crevette essentielle à la chaîne alimentaire locale. Le duo Chine-Russie a également entrepris depuis plusieurs années une politique agressive en Antarctique qui se manifeste notamment par la construction de nouvelles bases ou encore par le déploiement de navires suspectés d'espionnage.

Les points clés

Un espace de coopération dédié à la recherche scientifique

Des enjeux de souveraineté et des rivalités de puissance

Un symbole des changements climatiques en cours

Sujet n° 8 – La Chine, entre humiliations et émergence

Caricature française de 1898,

En Chine - Le gâteau des Rois et... des Empereurs

© Gallica

À la fin du XIXe siècle, la Chine est une puissance affaiblie. Cette grande puissance à l'origine de nombreuses inventions suscite les convoitises de la part des Occidentaux. Figurée par un gâteau que se partagent quelques souverains européens, la reine Victoria du Royaume-Uni, Guillaume II d'Allemagne, Nicolas II de Russie ou encore l'allégorie de la République française, Marianne, la Chine se trouve humiliée et partagée. La vaine tentative du fonctionnaire chinois stéréotypé qui lève les mains pour tenter d'arrêter ce partage qu'entreprennent les Occidentaux achève de symboliser toute la faiblesse de la Chine en cette fin du XIXe siècle.

Après l'ouverture forcée de la Chine au commerce mondial suite aux guerres de l'opium, les Occidentaux imposent en effet à une Chine affaiblie des traités inégaux. Ils s'arrogent le contrôle de régions entières de « ce grand homme malade de l'Asie » et s'approprient ses ressources et ses richesses. L'impérialisme occidental est ici comme ailleurs à l'œuvre pour s'assurer d'une domination mondiale.

La Reine Victoria témoigne par la main posée sur plusieurs parts de gâteau de la suprématie exercée par le Royaume-Uni, suite à son avance technologique grâce aux industrialisations. Elle est à la tête d'un « Empire sur lequel le soleil ne se couche jamais », dont le joyau est en Asie : les Indes. Son regard défie une puissance menaçante, l'Allemagne incarnée ici par l'Empereur Guillaume II.

Le regard ainsi que les mains fermes empoignant le couteau expriment toute la violence prêtée à l'Empereur d'Allemagne. L'origine de la caricature y est sans doute pour quelque chose. En cette fin de XIXe siècle, la France prépare sa revanche contre l'Allemagne dans l'objectif de laver l'affront de la défaite de Sedan du 2 septembre 1871 et de récupérer l'Alsace et la Moselle.

Pourtant, une puissance ne semble jouer que les seconds rôles dans la scène qui se joue. Marianne, allégorie de la République française, est ici placée en retrait de la scène, comme pour symboliser la place qu'elle occupe dans les relations internationales après la défaite de 1871. Seule puissance debout, elle ne semble même pas avoir sa place à la table des négociations. Au milieu du XIXe siècle, la France participait elle-aussi à travers ses incursions au pillage de la Chine, comme le rappelle notamment le sac du palais d'été du 18 octobre 1860 dont les blessures sont encore vives dans la culture chinoise.

Si cette histoire est largement oubliée du côté européen, la mémoire des traités inégaux reste très vive en Chine. Depuis son accession au pouvoir en 1949, le Parti communiste chinois entretient en effet la mémoire de cette humiliation et la nécessité de se relever et de se venger des Occidentaux mais aussi du Japon. On trouve notamment des traces de cette mémoire encore très vive au sein d'une triple injonction qui constitue le refrain de l'hymne national chinois qui s'est imposé depuis 1949 : « Debout ! Debout ! Debout ! ».

Les points clés

L'affaiblissement de la Chine à la fin du XIXe siècle

L'esprit colonial des Occidentaux et les stéréotypes raciaux

La mémoire chinoise du redressement et de la vengeance

Sujet n° 9 – Le mensonge de la guerre en Irak

Le 5 février 2003, le secrétaire d'État américain Colin Powell brandit devant le Conseil de sécurité des Nations unies une fiole d'anthrax afin de convaincre ses partenaires que l'Irak dispose d'armes de destruction massive

© Wikicommons

Le soir même des attentats du 11 septembre 2001, le président Georges W. Bush affirme à l'occasion de plusieurs discours détenir des preuves de la culpabilité de plusieurs puissances. Il cible rapidement la responsabilité du réseau terroriste Al Qaïda, accusé d'avoir fomenté ces attentats qui ont causé la mort de 3 000 personnes. Il pointe également la responsabilité de plusieurs États complices, comme l'Afghanistan et l'Irak. À l'instar de son père, dix ans plus tôt, George Walker Bush rêve en effet d'endosser le costume de chef de guerre. L'attaque la plus meurtrière de l'histoire des États-Unis lui en fournit l'occasion.

Au début du mois d'octobre 2001, les premières frappes touchent l'Afghanistan. La victoire militaire est rapide mais jamais les États-Unis ne sont parvenus à se rendre politiquement maîtres du pays. En février 2003, ils ambitionnent pourtant d'envahir l'Irak afin de renverser Saddam Hussein, à l'occasion de cette deuxième guerre du Golfe.

Les services secrets américains ont aujourd'hui reconnu le mensonge que figure cette photographie. Le secrétaire d'État américain Colin Powell a en effet menti au sein même de l'ONU pour tenter de convaincre ses partenaires de la nécessité d'une intervention.

Cette photographie symbolise à elle seule la faillite du multilatéralisme puisque plusieurs pays parmi lesquels la France ou l'Allemagne ont refusé de soutenir les États-Unis dans cette intervention en Irak. Si la première guerre du Golfe ou la guerre en Afghanistan avaient symbolisé cette capacité des États-Unis à faire accepter leur puissance à leurs partenaires, la guerre en Irak s'est imposée comme le symbole d'un entêtement militaire d'une puissance isolée.

Sans l'aval de l'ONU et avec le soutien de quelques alliés comme le Royaume Uni et l'Espagne, les États-Unis lancent l'opération Iraqi freedom quelques jours après cette photographie. Dès le 1er mai 2003, George Bush annonce l'accomplissement de la mission à bord d'un porte-avion de retour du golfe Persique. Il faut pourtant attendre 2011 pour que l'essentiel des soldats occidentaux soient retirés, en dépit d'une situation politique toujours instable.

Cette photographie est le symbole de la construction d'un mensonge pour justifier une guerre. La lutte contre le terrorisme a ici été instrumentalisée pour une guerre dont les principaux enjeux étaient économiques, à savoir la prise de contrôle du pétrole irakien.

Le mensonge américain que semble déjà préfigurer le regard fuyant du secrétaire d'État a contribué à l'affaiblissement de la confiance envers le modèle occidental mais également envers la démocratie dans le monde. Il a plus largement contribué à nourrir le complotiste ou les *fake news*, en rendant plus vraisemblable encore l'existence de vérités alternatives.

Les points clés

Un mensonge pour déclencher la deuxième guerre du Golfe

La fin du multilatéralisme et l'échec de l'intervention en Irak

La crise de confiance de l'Occident et du modèle démocratique

Un tournant dans la culture occidentale de l'interventionnisme

Sujet n° 10 – Manifestation pour le droit à l'avortement

Manifestation devant le Capitole de l'État du Minnesota pour défendre le droit à l'avortement, 21 mai 2019

© Fibonacci Blue/ Wikiccomons

Aux États-Unis, l'avortement est légal depuis un arrêt de la cour suprême de 1973. L'accession au pouvoir de Donald Trump s'est traduite par une série d'attaques contre ce droit. Des restrictions ont été adoptées dans plusieurs États administrés par les républicains parmi lesquels le Minnesota.

La photographie présentée ici met l'accent sur la diversité des manifestants. On peut en effet distinguer à la couleur des cheveux différentes tranches d'âge. De la même manière, on remarque très nettement la présence d'hommes et de femmes au sein de cette manifestation.

Cette manifestation témoigne également des fractures qui divisent les États-Unis. Plusieurs grands débats de société, parmi lesquels les armes à feu ou encore les violences policières ont également été les témoins de ces fractures, mais aussi de ces mobilisations d'ampleur caractéristiques de la société contemporaine à l'instar du mouvement *Black lives matter* ou #Metoo.

Au centre de l'image, les slogans que l'on peut lire sur les affiches brandies par les manifestants expriment leur volonté de faire pression sur le gouvernement de l'État pour qu'il renonce à l'adoption de lois restreignant l'avortement. Le fait qu'ils se mobilisent devant un bâtiment officiel abritant le parlement de l'État participe de cette même intention.

Ces atteintes portées au droit à l'avortement se sont en effet multipliées sous le mandat de Donald Trump. Plus au sud, en Alabama, une loi interdit toutes les interruptions volontaires de grossesse, y compris dans des cas d'inceste ou de viol. Les médecins pratiquant l'avortement sont victimes d'une criminalisation ; ils peuvent être condamnés à une peine de 10 à 99 ans de prison.

Les conséquences sont désormais visibles à l'échelle fédérale. Le renouvellement de plusieurs juges au sein de la Cour suprême sous la présidence Trump a permis de révoquer l'arrêt Roe vs Wade, qui protégeait l'avortement en tant que droit constitutionnel. Ce sont désormais aux États de légiférer sur ce droit, ce qui va permettre aux plus conservateurs d'entre eux d'appliquer les législations restrictives imaginées lors de cette campagne anti-avortement orchestrée par la droite conservatrice.

La vigilance reste d'ailleurs de mise dans le reste du monde. En France, si l'avortement est légal depuis la loi Veil de 1975, les associations dénoncent régulièrement des entraves à ce droit des femmes à disposer de leur corps. Les praticiens ont en effet le droit de refuser de pratiquer cet acte en vertu d'une clause de conscience. Il existe désormais des zones blanches d'accès à l'IVG qui peuvent menacer la sécurité des femmes désirant y avoir recours.

Aux États-Unis, certains craignent désormais que la Cour suprême s'attaque à d'autres droits garantis par des arrêts plus récents. Le changement de majorité pourrait en effet menacer d'autres droits comme le mariage homosexuel garanti depuis 2015, les rapports sexuels entre personnes de même sexe protégés depuis 2003 ou encore la contraception reconnue depuis 1965.

Les points clés

La défense du droit des femmes à disposer de leur corps

La remise en cause de ce droit par une Amérique conservatrice

Les fractures de la société américaine

Sujet n° 11 – Des réfugiés sur l'île de Lesbos

Des réfugiés débarquent d'un bateau sur la côte de l'île grecque de Lesbos, 2 mars 2020

© Shutterstock

Les migrations sont un phénomène très ancien qui a pourtant pris des proportions beaucoup plus grandes lors de la crise migratoire de 2015-2016. La déstabilisation de plusieurs États du nord de l'Afrique après les printemps arabes et plus particulièrement encore le déclenchement d'une guerre en Syrie sont à l'origine de cette accélération des mobilités migratoires.

L'une de ces routes passe par la Turquie puis par la Grèce. Une partie des 7 millions de réfugiés qui ont quitté la Syrie a emprunté cette route, même si la plupart se sont en réalité réfugiés dans l'espace proche. Le coût des migrations les réserve en effet à une minorité. La Turquie est ainsi devenue le principal pays d'accueil des migrants dans le monde avec près de 4 millions de personnes originaires de différents pays accueillis dans le pays.

Face à ces déplacements de population, les frontières des pays du Nord se sont fermées, ce qui oblige les exilés à prendre davantage de risques, comme en témoigne cette photographie. Des enfants sont ainsi sortis d'un navire au centre de l'image, rappelant d'autres photographies, notamment celle mettant en scène le corps sans vie d'un jeune syrien sur une plage turque en septembre 2015. Elle fait également écho à une autre photographie d'une jeune fille morte noyée, dont l'image du cadavre accroché sur le dos de son père après leur noyade dans le Rio Grande en juin 2019 avait fait le tour du monde.

L'Union européenne a même tenté de délocaliser la gestion de ses frontières en passant des accords avec la Turquie et la Libye pour freiner ces flux migratoires. Le Royaume-Uni de son côté n'hésite pas à expulser des migrants qui se trouveraient en situation irrégulière vers le Rwanda.

Cette photographie rappelle aussi la situation des navires de sauvetage en Méditerranée. Les gilets de sauvetage ici présents ont peut-être été transmis par des passeurs ou des associations qui viennent en aide à ces exilés. Les États européens tentent pourtant d'empêcher les navires de sauvetage des associations d'opérer en Méditerranée, arguant d'un potentiel appel d'air que pourraient générer ces opérations humanitaires.

Chaque année, plusieurs milliers de personnes trouvent ainsi la mort en Méditerranée ou dans la Manche. Depuis 1996, 75 000 personnes se seraient ainsi noyées en tentant de traverser la Méditerranée. Un sculpteur britannique, Jason deCaires Taylor, a imaginé plusieurs œuvres d'art immergées au large des Canaries en guise d'hommage à ces milliers d'exilés morts noyés en Méditerranée.

Les points clés

La crise migratoire

La fermeture des États du Nord

Les dangers d'une traversée menée au péril de la vie des exilés

Sujet n° 12 – Portrait de Malala Yousafzai

Portrait de Malala Yousafzai affiché devant le parlement européen, septembre 2016

© Shutterstock

Victime d'une attaque des talibans dans l'extrême nord du Pakistan pour avoir dénoncé les difficultés d'accès à l'éducation des jeunes filles, Malala Yousafzai est devenue depuis 2013 une icône mondiale de la lutte pour l'éducation des filles.

Dès lors, afin de la soutenir dans son combat, les Occidentaux lui ont offert plusieurs occasions de s'exprimer dans les plus grandes institutions de la planète, notamment devant l'assemblée générale de l'ONU ou le Parlement européen. La photographie est ici prise à Bruxelles, au cœur de l'espace Léopold, un ensemble de bâtiments parlementaires abritant notamment l'hémicycle au sein duquel siègent les députés européens, symboles d'une démocratie en construction.

L'adolescente, alors âgée de 16 ans, a profité de cette tribune pour dénoncer le sort de plus de 130 millions de jeunes filles privées d'éducation dans le monde. Considérées comme une charge du fait de leur vocation à rejoindre le foyer de leur mari, les jeunes filles sont exclues de l'éducation dans une grande partie des pays en développement.

Malala Yousafzai est dès lors érigée en exemple, comme en témoignent sa prise de parole mais également la reproduction de son portrait au cœur de cet espace politique. La juxtaposition des deux photographies, la jeune fille face au parlement, met par ailleurs en évidence l'importance de son combat et son universalisme. Son sourire est un symbole de confiance et d'espoir, comme pour signifier la nécessité de combattre l'oppression.

Depuis son exil en Angleterre et sous haute protection policière, Malala Yousafzai poursuit le combat. Elle a notamment publié son autobiographie *I am Malala* et reçu plusieurs distinctions internationales. Plus jeune lauréate du prix Nobel de la paix, elle a également reçu le prestigieux prix Sakharov pour la liberté de l'esprit remis par le Parlement européen.

Elle est cependant victime d'une campagne de dénigrement au Pakistan et est accusée de véhiculer une image trop négative de son pays. Non seulement rejetée par les islamistes radicaux, la jeune femme est également dénigrée par la classe moyenne pakistanaise qui l'accuse de complot ourdi par les États-Unis pour porter atteinte à la réputation du Pakistan.

Chez le voisin afghan, le retour des talibans au pouvoir en 2021 s'est traduit par une régression en matière d'accès à l'éducation pour les filles. Déjà privées d'enseignement secondaire, les études supérieures leur sont désormais interdites depuis mars 2022. Les talibans s'étaient pourtant engagés à se monter plus souples, lors des accords conclus avec les États-Unis et l'OTAN précédant leur retour au pouvoir. En plus d'être tenue à l'écart des écoles, les femmes sont également bannies de la plupart des emplois publics. Il leur est également interdit de voyager sans l'autorisation et l'accompagnement d'un homme, de même que le foulard est de nouveau obligatoire pour toute sortie publique.

Plus à l'ouest, un autre voisin du Pakistan se montre lui-aussi profondément inégalitaire sur la question du droit à l'éducation des filles. Si l'école reste pour l'heure autorisée, plusieurs milliers de jeunes filles ont été victimes d'intoxication à compter de novembre 2022. Le scénario est partout le même. Les jeunes filles se sont plaintes d'avoir respiré des odeurs nauséabondes avant d'être prises de vertige. Ces empoisonnements pour l'heure inexpliqués prennent place dans un contexte de révolte qui fait suite à l'assassinat d'une jeune femme par la police politique en septembre 2022 pour une mèche de cheveux dépassant de son voile jugée comme une « tenue non appropriée ».

Les points clés

Le combat de Malala Yousafzai pour l'éducation des filles

La nécessité d'une mobilisation mondiale

Un combat contre les mentalités, les traditions et les représentations

Sujet n° 13 - L'ubérisation du monde du travail

Livreur Uber Eats à vélo dans une ville japonaise, décembre 2019

© Yuya Tamai/ Wikicommons

Le marché de la livraison de repas à domicile s'est imposé dans toutes les grandes métropoles du monde. Ce service permet de mettre en relation restaurants et particuliers et offre un nouveau mode de consommation pour les repas préparés à l'extérieur du domicile. Il est essentiellement réalisé par des livreurs indépendants, payés à la course, qui travaillent pour des plates-formes de mise en relation comme Uber Eats. Les mesures de restriction des libertés de déplacement adoptées par les États dans le cadre de la crise sanitaire ont pu encore contribuer au développement de ces plateformes et à leur normalisation.

Au cours du XXe siècle, au sein des pays développés, le salariat s'était pourtant imposé comme une norme, offrant une protection sociale à ses acteurs et une normalisation des relations entre les salariés et le patronat. Face au recul des structures collectives, ces mécanismes de protection ont laissé place à une nouvelle économie qui repose sur davantage de flexibilité. Celle-ci n'a en réalité rien de nouveau puisque l'emploi direct à la tâche était largement la norme dans les sociétés traditionnelles.

Sur cette photographie, on identifie un sac professionnel. Mais le porteur de ce sac utilise son propre moyen de transport pour réaliser ses livraisons, ce qui laisse supposer qu'il est bien un travailleur indépendant.

La baisse du coût du service ainsi que la facilité d'utilisation de celui-ci figurent parmi les arguments mis en avant pour défendre ce travail à la tâche. À l'inverse, ses détracteurs soulignent le fait que le travailleur indépendant ne bénéficie pas de protection sociale en cas de chômage ou d'accident. Cette économie fait émerger une nouvelle forme de prolétariat largement soumis dans une relation inégalitaire avec sa plate-forme.

Plus largement, ce sont des secteurs entiers de l'économie qui souffrent de cette concurrence. On peut notamment penser à l'impact des véhicules de tourisme avec chauffeur sur le secteur du transport ou encore à celui des locations directes entre particuliers sur le secteur de l'hôtellerie.

Au Japon comme ailleurs, c'est donc à la fois un combat entre des normes économiques qui se jouent mais également une lutte entre plusieurs modèles de société.

Les points clés

Des livreurs payés à la tâche

Une nouvelle manière de consommer

Une relation inégalitaire entre employeurs et indépendants

Sujet n° 14 – Le confinement dans les métropoles

Avenue des Champs-Élysées, 4 avril 2020, Paris

© Eric Salard/ Wikicommons

La pandémie de Covid a provoqué une crise sanitaire mondiale en se diffusant sur une bonne partie de la planète à partir des dernières semaines de 2019. Face à l'inconnu, des gouvernements du monde entier ont tenté de réagir dans l'urgence. Au cours du mois de mars 2020, un confinement généralisé a ainsi été imposé en France.

Cette photographie témoigne de la mise à l'arrêt d'une grande partie des activités humaines au cours de cette période. La plupart des emplois ont en effet été suspendus, de la même manière que la mobilité a été largement restreinte. Il n'était plus possible de se déplacer qu'à proximité de son domicile et pour des activités jugées essentielles.

Aménagée dans le prolongement de l'axe historique de développement de la capitale, l'avenue des Champs-Élysées est souvent présentée comme « la plus belle avenue du monde ». Elle est un axe de circulation long de presque 2 kilomètres qui permet de rejoindre le la place de la Concorde à l'Arc de Triomphe ; elle est notamment prolongée au nord par l'avenue de la Grande armée. Cet axe de circulation est ici quasiment vide. De la même manière, les trottoirs sont largement déserts et l'on aperçoit plusieurs commerces fermés.

Face à la saturation rapide des services de santé, le président de la République a annoncé au cours d'une allocution l'interdiction totale de sortir de chez soi, hormis dans certains cas très restrictifs définis par la loi. Au cours de cette intervention, il a utilisé un ton et un vocabulaire martiaux en répétant à plusieurs reprises : « nous sommes en guerre ».

Ces mesures de privation de la liberté d'aller et venir ont pu être observées dans le monde entier, même si les confinements ont été plus ou moins durs en fonction de la nature des régimes et des traditions locales. Ces mesures de confinement sont des déclinaisons directes de la quarantaine, imaginée au XIVe siècle dans les ports de Méditerranée pour tenter d'endiguer les pestes venues d'Orient.

Une partie des citoyens ont refusé ces mesures et ont tenté de défendre leur liberté. Cependant, cette photographie met en avant une forte capacité de résilience des Français et le respect par une majorité d'entre eux des mesures de confinement.

Si la brutalité de la mesure est aujourd'hui dénoncée du fait de ses conséquences économiques massives, elle a sans aucun doute permis de sauver des milliers de vies en limitant le nombre de contaminations. Fort de cette expérience, les différents confinements adoptés postérieurement ont tenté de préserver tout ou partie des activités économiques en autorisant de plus larges capacités de déplacement, avant que les campagnes de vaccination ne viennent changer la donne et autoriser le renoncement à ces mesures de confinement.

Les points clés

Un axe de circulation vidé par le confinement

La mise sous cloche des activités économiques

La lutte contre le Covid et la reprise des activités et des mobilités

Sujet n° 15 – Marche pour le climat

Marche pour le climat du 8 septembre 2018, Paris

© Shutterstock

Les mécanismes du réchauffement climatique ont été identifiés dès la fin du XIXe siècle. Pourtant, l'humanité a choisi de poursuivre avec un développement reposant largement sur la consommation des énergies fossiles et alimentant ce cycle de réchauffement. Depuis plusieurs années, des centaines de milliers de citoyens à travers le monde ont décidé de s'engager pour faire face à l'urgence climatique.

Cette photographie met en avant une mobilisation citoyenne pour le climat. Une banderole occupe le centre de l'image. Elle est essentiellement portée par un public jeune, probablement composé de lycéens qui ont choisi l'engagement dans le sillage de Greta Thunberg, militante écologiste suédoise à l'origine de ce mouvement des marches pour le climat. Les militants arborent les couleurs de l'association « Tour Alternatiba ». Il s'agit d'un mouvement citoyen pour le climat et la justice sociale qui organise des grands tours à vélo afin de sensibiliser les opinions publiques sur la nécessité d'un changement de paradigme économique et social.

Le message est explicite ; un engagement des citoyens et des États en faveur d'un changement de système économique est encore possible pour rompre avec le cycle dévastateur des changements climatiques. Un récent rapport du Giec paru en 2022 a ainsi popularisé l'idée selon laquelle il restait trois ans à l'humanité pour réagir.

Le slogan exprime la volonté de ce groupe de participer à une remise en cause du modèle capitaliste. Si la mondialisation a pu avoir des effets pervers sur les équilibres climatiques notamment du fait du commerce international, elle a également permis de faire émerger de nouvelles formes de mobilisation internationale. On a donc pu retrouver ces mêmes scènes dans la plupart des grandes villes mondiales, même si le mouvement est demeuré essentiellement occidental.

Les phénomènes climatiques extrêmes ressentis ces dernières années ont contribué à alimenter ces mobilisations. Le dérèglement climatique multiplie le nombre et l'ampleur des phénomènes climatiques extrêmes. Il a pu notamment se traduire par des incendies dévastateurs ou des phénomènes caniculaires plus intenses qui ont pu contribuer à une prise de conscience mondiale.

À travers cette mobilisation, les manifestants entendent mettre la pression sur les États. Dans le sillage de cet engagement citoyen, quatre associations ont ainsi lancé une pétition contre l'inaction de l'État, « l'affaire du siècle ». De la même manière, les manifestants cherchent à contraindre les dirigeants à imposer des accords internationaux plus ambitieux dans la lutte contre le réchauffement climatique. Dès lors, on retrouve également ce type de mobilisation au moment des sommets internationaux et en particulier des conférences des parties à la Convention (*Conference of the Parties*, COP), qui se tiennent chaque année à l'initiative de l'ONU depuis 1995.

Les points clés

Des marches pour le climat

Une mobilisation mondiale de la jeunesse

L'adoption de mesures globales par les structures nationales et internationales

Anticiper l'échange avec le jury

Les retours d'expérience des candidats nous permettent d'acquérir une idée plus précise des questions fréquemment posées lors d'un oral. Pour autant, nous attirons votre attention sur le fait qu'il n'y a pas de question type lors d'un oral mais que l'échange dépend surtout de votre présentation personnelle et donc de votre projet.

Il est donc indispensable de s'entraîner à la situation orale avant de vous présenter devant le jury de Sciences Po. Si les entretiens préalables ne peuvent pas nécessairement permettre d'anticiper toutes les questions qui pourraient vous être posées, ils ont pour objectif de vous préparer à répondre aux questions qui peuvent être attendues par rapport à votre projet. Il est donc tout à fait possible d'anticiper le travail de préparation de l'oral, en préparant des fiches sur les thématiques que vous souhaitez aborder lors de votre présentation personnelle ou au cours de la suite de l'échange.

Bien évidemment, une partie de l'échange demeure nécessairement du domaine du spontané. Mais c'est en réduisant ces zones d'incertitude que vous gagnerez en confiance et que vous serez capable de réussir cet oral d'admission.

1 Travailler les éléments liés à son parcours personnel

Le premier travail à accomplir en vue de l'oral est de prendre un maximum de recul par rapport à son projet personnel. Pour préparer votre présentation, il vous faudra donc vous replonger dans votre dossier de candidature. Il vous sera possible de reprendre une partie des idées lors du premier moment de l'entretien mais pour le reste, il sera absolument indispensable de prolonger la réflexion afin d'anticiper les questions qui pourraient porter sur votre parcours personnel.

Parmi ces questions, le jury peut revenir sur le choix de vos enseignements de spécialité. Il s'agit à la fois d'être capable de justifier les choix qui ont été les vôtres lors de la sélection de ces deux puis trois enseignements de spécialité. Il s'agit ensuite d'être capable d'exposer ce que vous avez retenu de ces enseignements.

Le jury peut également revenir sur vos expériences professionnelles ou vos stages. Il est indispensable d'anticiper le travail de réflexion sur l'apport de ces différentes expériences. Vous pourrez donc développer une argumentation autour de chacune des expériences que vous avez eu la chance de réaliser.

Vous réfléchirez donc dans un premier temps aux questions suivantes :

- Pourquoi avoir choisi chacune de vos spécialités ?
- Le cas échéant, pourquoi avoir suivi un ou plusieurs enseignements scientifiques ?
- De même, que retenez-vous de vos enseignements de spécialité ? Quels sont les chapitres ou les objets d'étude qui vous ont le plus intéressé et pourquoi ?
- Que vous a apporté ce stage ? Cet emploi saisonnier ? Cette rencontre ?

2 voir justifier le choix de Sciences Po

C'est un élément sur lequel vous avez dû réfléchir lors de l'élaboration de votre dossier mais la différence principale entre un écrit et un oral, c'est que le premier format vous laisse totale liberté sur les idées à exprimer. À l'inverse, l'oral offre une situation d'échange et donc de potentielle contradiction. Vos arguments doivent donc être encore plus affûtés en vue de l'entretien d'admission.

Il vous faudra donc maîtriser dans un premier temps l'histoire et la culture propre à chacune des écoles. La connaissance des fondateurs de l'école ou encore des différents directeurs qui ont impulsé des réformes au sein de ces institutions est ainsi très importante, même s'il est possible de se concentrer sur quelques figures marquantes.

Il vous faudra également bien connaître l'offre de formation proposée par chacune des écoles. Vous ne pourrez pas vous contenter d'exposer le nom d'une formation qui vous intéresse mais vous devrez au contraire être capable de citer quelques enseignements proposés au sein de cette formation de second cycle. Là encore, ce sont ces éléments qui marqueront des différences importantes entre les candidats à l'oral. S'il est possible d'improviser quelques éléments relatifs à ces expériences ou à ses projets, une bonne connaissance de l'école que vous ambitionnez de rejoindre se travaille.

Le choix du campus se devra donc d'être travaillé de manière plus approfondie encore que pour le dossier ; vous devrez être en mesure de connaître l'histoire de ce campus mais également les principaux intitulés des enseignements qui y sont proposés.

Vous devrez donc être capable de répondre aux questions suivantes :

- Quel est l'enseignement qui vous intéresse le plus à Sciences Po ?
- En quelle année a été fondé Sciences Po ? En quelle année a été créé le campus de X ?
- Quelles sont les ambitions de telles ou telles réformes, notamment les CEP ou les campus ?
- Dans quel pays aimeriez-vous passer votre année de scolarité à l'étranger ?
- Quelle formation de second cycle souhaitez vous rejoindre après le bachelor ?
- Dans quelle association de l'école aimeriez-vous vous engager si vous êtes admis ?

3 Être capable de se projeter

Il est évident qu'avoir une ambition professionnelle précise et définie à votre âge reste hasardeux. Pour autant, une projection professionnelle est indispensable pour construire un projet de formation qui se tient. Vous devrez à la fois être capable de vous projeter dans différentes situations.

La première est une question classique régulièrement entendue lors des oraux ; il vous faudra être capable de répondre à la question d'un plan B en cas d'échec au concours. Ce n'est pas la situation la plus agréable que de répondre devant le jury qui aura décidé de cette réussite ou non à cette interrogation mais il convient de vous y préparer.

La deuxième temporalité de cette projection consiste en une réflexion sur le Master que vous ambitionnez de suivre. Là encore, c'est un élément déterminant du dossier de candidature mais aussi de l'oral d'admission.

Enfin, la projection se doit d'être réalisée à plusieurs échelles en termes de perspectives professionnelles. Le jury peut ainsi vous interroger sur une idée de métier au sortir des études ou dix ans plus tard. C'est là où il vous faudra réaliser un travail précis et être capable de citer des exemples. Vous comprendrez aisément qu'un jury apprécie peu un candidat qui expose avec grandiloquence son ambition de rejoindre une organisation internationale mais qui est incapable de citer la moindre de ces organisations ou encore la moindre des fonctions professionnelles que proposent ces organisations. De la même manière, lorsque vous exposez votre ambition professionnelle, vous devrez vous être renseigné sur les perspectives d'emploi proposées dans cette filière ou sur les concours nécessaires pour l'intégrer.

Dans un troisième temps, vous réfléchirez donc aux réponses que vous pourrez apporter aux questions suivantes :

- Quel est votre plan B en cas d'échec au concours ?
- Quel Master ambitionnez-vous de rejoindre ensuite ?
- Où vous imaginez-vous dans cinq/dix ans ?
- Quelle est la meilleure voie pour rejoindre le métier que vous convoitez ?
- Le cas échéant, quelle est la spécificité d'une ONG ? Qu'est-ce qu'un bon journaliste ? Quel est votre modèle de journaliste ?

4 Savoir prendre position

Il arrive fréquemment que l'on demande un candidat d'être capable de se positionner sur un grand débat de société. Pour qu'un argument soit valable, il faut qu'il soit appuyé sur des éléments précis. Un suivi régulier de l'actualité est donc indispensable pour réussir l'oral d'admission à Sciences Po. Pour qu'il soit efficace, ce suivi de l'actualité doit plutôt être thématique. Chaque année, des livres de synthèse de l'actualité paraissent. Ils peuvent constituer une base de départ intéressante, même s'il est nécessaire de les prolonger de manière plus personnelle.

Afin qu'une prise de position soit possible, vous pouvez réfléchir au préalable aux grands débats qui agitent régulièrement les grandes écoles. Il vous faut être ainsi capable de prendre position sur les politiques de démocratisation, sur les réformes des grandes écoles et même sur les polémiques qu'elles subissent. Cela peut paraître étonnant mais des questions ont été posées aux candidats de Sciences Po sur l'affaire Duhamel. Être capable de se positionner sur un scandale qui a fragilisé les institutions les plus hautes de l'école nécessite de la mesure et de la distanciation.

Prendre position c'est aussi défendre des engagements. Sans pour autant transformer votre oral en une tribune politique, il est possible d'y exprimer avec raison et mesure vos idées. Vous devrez cependant être capable d'affronter l'adversité puisque le jury peut volontairement adopter le parti pris inverse du vôtre. Dans ce cas, évitez de renoncer à vos convictions, sans pour autant vous empêtrer dans un avis péremptoire. Un engagement associatif ou politique peut être évoqué lors de l'oral.

Vous pourrez donc réfléchir aux questions suivantes :

- Comment suivez-vous l'actualité ?
- Quel est votre avis sur la réforme en cours des grandes écoles ?
- Dans quelle cause souhaitez-vous vous engager à Sciences Po ?
- Êtes-vous membre d'un parti politique ? D'une association ?
- Quelles sont les causes qui vous tiennent à cœur ?

5 Anticiper quelques questions classiques

Enfin, même s'il n'y a pas de questions types lors d'un oral d'admission à Sciences Po, il est possible d'anticiper quelques questions classiques. Parmi celles-ci, figurent des questions autour de vos lectures ou de votre rapport aux différents arts.

De même, classique parmi les classiques, le jury peut vous proposer en fin d'entretien d'ajouter un élément. Dans ce cas, il est évident qu'il est impossible de répondre par la négative. Le mieux est de prendre la question dans son premier sens, c'est-à-dire d'ajouter un élément que l'on aurait bien aimé aborder au préalable lors de l'entretien.

Vous réfléchirez donc aux questions suivantes :

- Quel est le dernier film que vous avez vu ? Le dernier spectacle auquel vous avez assisté ? Le dernier livre que vous avez lu ?
- Avez-vous une dernière question ? Souhaitez-vous ajouter quelque chose ?

Partie 5

Candidater à Sciences Po Bordeaux

- Une opportunité à ne pas négliger
- L'histoire d'une institution
- L'offre de formation de Sciences Po Bordeaux
- Le projet de formation motivé
- Les particularités de l'oral de Sciences Po Bordeaux

Une opportunité à ne pas négliger

Au même titre que Sciences Po Paris, Sciences Po Bordeaux a choisi de rester à l'écart de l'initiative du concours commun des 7 Instituts d'études politiques. Fondée en 1948, cette institution mérite largement le détour. Elle jouit en effet d'une très bonne réputation, d'une vie associative très riche et propose une offre de formation étoffée.

Elle s'est en effet imposée comme une école de référence dans le domaine des sciences sociales et accueille actuellement plus de 2 300 étudiants ; depuis sa création, ce sont ainsi plus de 10 000 anciens élèves qui ont été formés à Sciences Po Bordeaux.

1 Une candidature spécifique

Après avoir organisé son propre concours écrit pendant des années, Sciences Po Bordeaux a fait le choix d'une admission en première année qui passe désormais uniquement par Parcoursup. L'école offre ainsi 275 places par an pour sa filière générale. La candidature n'est possible qu'en première et en quatrième année.

L'admission à Sciences Po Bordeaux se réalise en deux étapes :

- Une phase d'admissibilité qui repose essentiellement sur les notes obtenues au lycée (en français, en histoire et géographie, en langue, en enseignement de spécialité et en philosophie) ; cette première phase représente 40 % de la note finale et permet de poursuivre ou non le processus.
- Une phase d'admission qui repose à la fois « sur une étude qualitative du dossier scolaire » (20 % de la note finale) et sur un entretien oral d'admission qui représente à son tour 40 % de la note finale.

La nécessité de préparer le dossier avec sérieux

Cette candidature en deux étapes pourrait donner l'impression que le dossier est peu déterminant dans le processus d'admission à Sciences Po Bordeaux. Cette impression est largement fausse puisque le dossier se doit d'être préparé bien en amont de la phase d'admissibilité. Vous ne pouvez en effet plus le changer après avoir déposé votre candidature sur Parcoursup. Il est donc indispensable de le préparer avec le plus grand sérieux, même si, pour une partie des candidats, il n'est vraisemblablement pas corrigé ni même examiné par le jury.

À l'issue d'un examen essentiellement quantitatif du dossier, les candidats sont donc soumis à une véritable étude de leur profil, à travers l'évaluation de leur dossier et l'échange lors de l'oral d'admission.

L'examen du dossier scolaire pour Sciences Po Bordeaux repose lui aussi sur plusieurs éléments qu'il convient donc de préparer avec le plus grand sérieux :

- Les bulletins disponibles sur Parcoursup ;
- La fiche avenir complétée par votre établissement scolaire ;
- Une copie d'un devoir surveillé (de français, de philosophie, d'histoire, de géographie ou d'enseignement de spécialité) ; ce devoir est à la fois destiné à évaluer votre capacité de rédaction mais aussi à authentifier votre dossier par la recherche de concordance de style entre les devoirs composés sur table et les écrits composés dans le cadre de la candidature ;
- Le parcours personnel – les quatre rubriques « Activités et centres d'intérêt » communes à toutes vos formations sélectives et donc potentiellement à Sciences Po Paris ;
- Le projet de formation motivé à rédiger en 1 500 caractères qu'il conviendra donc de soigner tout particulièrement, en veillant notamment à se distinguer des autres candidats.

Enfin, l'oral dure environ 20 minutes et se doit d'être anticipé, de la même manière que le dossier. Les convocations à l'oral sont envoyées quelques jours à peine avant le déroulement de celui-ci. Le candidat est évalué par un jury composé de deux personnes, essentiellement des anciens élèves de Sciences Po Bordeaux ou des enseignants de l'école.

Comme à Sciences Po Paris, l'oral peut se décomposer en trois temps :

- Une présentation personnelle de cinq minutes environ, à préparer en complémentarité avec son dossier puisqu'il est demandé aux candidats de déposer une version imprimée de celui-ci en se présentant devant le jury ;
- Une analyse d'un document iconographique, essentiellement centrée sur des documents d'actualité, dans la continuité directe de l'épreuve de thème d'actualité qui a permis d'évaluer les candidats de première année pendant des années ;
- Un échange libre autour du projet et de la motivation du candidat, afin de déterminer le degré de réflexion dans la construction du parcours.

L'entretien oral est organisé au cours de la dernière semaine d'avril et de la première semaine de mai. Il a lieu en présentiel sur le campus de Talence Pessac ainsi que dans trois centres délocalisés : les lycées Bellevue de Saintes, Gaston Fébus d'Orthez et Auguste Renoir de Limoges. À noter que les candidats des DROM/COM et des lycées français de l'étranger sont interrogés en visioconférence dans quelques centres délocalisés dont la liste est disponible sur le site Internet de l'école.

2 La nécessité de bien connaître l'école

De la même manière que pour la candidature à Sciences Po Paris, la volonté de rejoindre Sciences Po Bordeaux ne s'improvise pas. Cette école dispose en effet d'une culture et d'une histoire spécifique qu'elle entend préserver en organisant son propre système de recrutement. Les candidats se devront donc de bien connaître ses spécificités.

La maîtrise des grandes lignes de l'histoire de l'école est ici primordiale. Après l'admission, les étudiants de première année disposent de plusieurs cours portant sur l'histoire de l'école elle-même, ce qui témoigne de l'importance de cette tradition spécifique.

Dans le but de donner du sens à votre candidature, il est également indispensable de bien connaître l'offre de formation de Sciences Po Bordeaux. Celle-ci dispose en effet de plusieurs spécificités, à l'instar de la deuxième année qui se passe à l'étranger, d'un master de deuxième cycle totalement anglophone (BIRD) ou encore de doubles diplômes qui offrent des destinations spécifiques.

Ce n'est que dans un troisième temps que nous aborderons de manière plus frontale la question de la méthodologie spécifique du dossier. Si le projet de formation demandé est très court (1 500 caractères espaces compris), il ne doit surtout pas être négligé. Ce document est l'équivalent d'une lettre de motivation même s'il est nécessaire d'en adapter les règles, étant donné l'obligation de synthèse imposée par le format très court de cet écrit.

Enfin, comme Sciences Po Paris ou les autres instituts d'études politiques, Sciences Po Bordeaux offre la possibilité de formuler plusieurs vœux dans l'objectif de rejoindre cette école puisqu'il est en effet possible de candidater au cursus général et aux filières intégrées.

L'histoire d'une institution

Quelques dates à retenir

1948 : ouverture de Sciences Po Bordeaux

1951 : les premières femmes intègrent Sciences Po Bordeaux

1958 : fondation du Centre d'étude d'Afrique Noire (CEAN), actuel Les Afriques dans le monde

1967 : ouverture du Centre de préparation à l'administration générale (CPAG)

1968 : déménagement sur l'actuel site de Talence-Pessac

1987 : premier critérium Inter-IEP

2003 : inauguration des nouveaux locaux

2005 : le diplôme de Sciences Po Bordeaux est désormais obtenu en cinq ans

2005 : mise en place d'un dispositif de démocratisation, JPPJV, « Je le peux parce que je le veux »

2011 : création du centre Émile Durkheim

2016 : inauguration du nouveau campus après des travaux de rénovation

Sciences Po Bordeaux et Sciences Po Paris sont les deux écoles qui accordent le plus d'importance à leur ego-histoire ; nous ne pouvons donc que recommander chaudement aux candidats désireux de rejoindre cette école de s'y intéresser pleinement.

Pour prolonger la lecture des quelques pages suivantes, nous vous recommandons deux ressources qui peuvent être mises à profit lors de votre préparation. Deux publications incontournables s'imposent en effet à tous ceux qui veulent en savoir plus sur l'école ; Pierre Sadran, directeur de l'IEP entre 1985 et 1998, a publié en 2018 *La mémoire en partage. Sciences Po Bordeaux (1948-2018)*, à l'occasion des 70 ans de l'école.

À partir de ce témoignage, un ouvrage collectif a été réalisé par les équipes de Sciences Po Bordeaux, Le livre des 70 ans, en accès libre sur le site Internet de l'école. Ce livre en deux volumes vous permet en particulier de vous familiariser avec plusieurs générations d'anciens élèves de l'école et de prendre ainsi conscience de la diversité de leurs parcours une fois diplômée de l'institut.

Chronologie des directeurs de l'école

Maurice Duverger (1948-1957)	Marcel Merle (1957-1967)	Albert Mabileau (1967-1977)
Claude Émeri (1977-1985)	Pierre Sadran (1985-1998)	Robert Lafore (1998-2007)
Vincent Hoffmann-Martinot (2007-2016)	Yves Deloye (2016-2021)	Dominique Darbon (depuis 2021)

1 Une nouvelle école bâtie sur le modèle parisien

a. La naissance d'une institution

Sciences Po Bordeaux a vu le jour dans le contexte de la reconstruction des élites administratives et politiques, après la Seconde Guerre mondiale. Avec le même esprit qui a guidé la création de l'Institut d'études politiques de Paris, il s'agissait ainsi de promouvoir une nouvelle élite pour administrer la France et renouveler en profondeur des cadres institutionnels et politiques qui ont largement suivi le régime de Vichy.

Par une ordonnance de 1945, est ainsi autorisée la création des instituts d'études administratives, très vite renommés instituts d'études politiques sous l'égide des universités. L'IEP de Bordeaux est officiellement créé par un décret du 13 août 1948, trois mois après ceux de Grenoble, de Lyon et de Toulouse et trois ans après ceux de Strasbourg et de Paris.

La naissance de ce sixième IEP de France se fait « au forceps » si l'on en croit les mots employés par Pierre Sadran dans son ouvrage précité, et doit beaucoup à la volonté et à l'engagement personnel de Maurice Duverger.

Portrait

Maurice Duverger, le fondateur

Maurice Duverger (1917-2014) est l'emblématique fondateur de Sciences Po Bordeaux qu'il dirige entre 1948 et 1957. Diplômé de la Faculté de droit de l'université de Bordeaux, Il enseigne à l'université de Poitiers, à celle de Bordeaux puis à la Sorbonne. Éditorialiste au monde à partir de 1946, il siège également comme député européen à partir de 1989 et son élection sur une liste italienne. Il est l'un des politistes les plus reconnus, notamment du fait de ses publications parmi lesquelles *Les partis politiques*, qui s'est imposé comme un classique depuis sa première édition en 1951.

Dès sa création, Sciences Po Bordeaux est tout naturellement installé dans les locaux de la Faculté de droit et de sciences économiques de l'université de Bordeaux qui en assure la tutelle. Comme au sein du modèle parisien, les études sont organisées en trois ans : une année préparatoire suivie de deux ans de formation avant l'obtention du diplôme.

Les méthodes qui ont fait le succès de l'École libre des sciences politiques sont donc largement reprises à Bordeaux. Les enseignements tout comme les enseignants se caractérisent d'abord par leur diversité. La pluridisciplinarité est en effet l'un des éléments constitutifs des IEP de la même manière que la pluralité de leur corps enseignant au sein duquel on retrouve dès les années 1950 des professeurs d'université, des chargés de recherche aux CNRS, des professionnels mais également des professeurs agrégés de lycées. Ces derniers sont particulièrement présents pour animer les conférences de méthode que l'on retrouve dès les premières années à Sciences Po Bordeaux, là encore dans la tradition parisienne.

Des débuts très timides

Les débuts du nouvel IEP sont néanmoins modestes. La première promotion de diplômés en 1949 ne compte que 12 élèves. En 1955, ils ne sont que 32 diplômés. En 1964, ils ne sont guère plus qu'une cinquantaine. L'école est exclusivement masculine dans ses premières années, avant de s'ouvrir peu à peu aux femmes à partir de 1951. Christiane Houdin est ainsi la première diplômée de Sciences Po Bordeaux. En 1964, 20 % des diplômés sont des femmes. Si les femmes restent minoritaires, il faut attendre 1968 pour que la major de promotion soit une femme, Françoise Prado.

En dépit d'effectifs très mesurés, Sciences Po Bordeaux s'impose par sa capacité à attirer des enseignants renommés, parmi lesquels Maurice Duverger ou Jacques Ellul. Ce dernier a marqué plusieurs générations d'anciens étudiants par son enseignement atypique et sa pensée proche de l'anarchisme et de la révolution politique et sociale.

b. Le déménagement à Talence-Pessac

Après deux décennies passées au sein de l'université, Sciences Po Bordeaux déménage sur le campus de Pessac, dans des locaux autonomes. Cette quête d'autonomie est menée en particulier par Marcel Merle, directeur de l'institut entre 1957 et 1967.

Portrait

Marcel Merle, le bâtisseur

Marcel Merle (1923-2003) a tout particulièrement marqué l'histoire de Sciences Po Bordeaux pour avoir été à l'initiative de son déménagement de la rue du Maréchal Joffre vers le campus de Talence-Pessac. Il est l'un des grands spécialistes français des relations internationales ; certaines de ces publications ont particulièrement marqué, parmi lesquelles sa Sociologie des relations internationales, publiée en 1974. Diplômé de l'École libre des sciences politiques de Paris, Il a enseigné le droit notamment à l'université de Bordeaux puis à la Sorbonne, tout en publiant des chroniques régulières dans le journal La Croix. Il a assuré à la fois la pérennité de l'œuvre institutionnelle de Maurice Duverger, tout en assurant l'indépendance de Sciences Po Bordeaux.

Comme les autres IEP, Sciences Po Bordeaux rayonne d'abord par la réussite de ses élèves aux concours de la fonction publique. Dès sa première promotion en 1949, l'école parvient à envoyer son premier diplômé à l'ENA, André Délion. Elle abrite à partir de 1967 un Centre de préparation à l'administration générale (CPAG) qui forme à la fois aux concours administratifs et à ceux de la défense.

Au cours de ses premières années, l'école entretient également sa réputation de pépinière d'énarques et d'agrégés de droit public. Elle profite de l'installation de l'École nationale de la magistrature (ENM) dans le centre-ville de Bordeaux en 1958 pour assurer un nouveau débouché à ses préparations aux concours administratifs.

Le rayonnement de Sciences Po Bordeaux tient aussi de ces centres de recherche. En 1958, est ainsi créé le Centre d'étude d'Afrique Noire (CEAN), dans la continuité du Centre d'étude pluridisciplinaire pour les problèmes d'Outre-mer. De la même manière, en 1967, est institué le Centre d'études et de recherches sur la vie locale (CERVL). Ces deux instituts participent à la renommée de Sciences Po Bordeaux, en relation directe avec la Fondation nationale des sciences politiques (FNSP), institution pourtant imaginée à l'origine pour gérer le nouvel IEP de Paris et garantir son autonomie.

À l'initiative de Jean Touchard, secrétaire général de la FNSP, Sciences Po Bordeaux est reconnu au même titre que l'IEP de Grenoble comme « IEP d'équilibre », dans le contexte de la politique de rééquilibrage du territoire national promu par la DATAR. Il bénéficie alors non seulement d'une plus forte visibilité mais également de moyens supérieurs, notamment dans le recrutement d'enseignants.

c. Une institution entre crises et croissance

À compter de 1967, la direction de l'institut est assumée par Albert Mabileau ; c'est à ce professeur de droit que revient la tâche de faire face à plusieurs mobilisations entre 1968 et 1976.

Portrait

Albert Mabileau, infatigable chercheur

Albert Mabileau (1927-2003) le troisième directeur de Sciences Po Bordeaux. Diplômé comme son prédécesseur de l'IEP de Paris, il devient professeur de droit et de science politique à l'IEP de Bordeaux en 1954 après avoir obtenu l'agrégation de droit. Il a concentré ses recherches sur le système politique britannique puis sur la vie politique française. Il est reconnu comme l'un des acteurs majeurs de la création du Centre d'études et de recherches sur la vie locale (CERVL), ancêtre du centre Émile Durkheim. Il marque ainsi l'institution en occupant une décennie la fonction de directeur (entre 1967 et 1977), avant d'accéder à la direction du CERVL qu'il occupe jusqu'en 1990.

Le mandat d'Albert Mabileau ne débute pas sous les meilleurs auspices puisque très rapidement la crise de mai 68 atteint Bordeaux. Cependant, Sciences Po Bordeaux est relativement épargné puisque les examens y étaient déjà presque terminés lorsque débute le mouvement social.

De la même manière, le terme de son mandat est lui aussi agité. En 1976, Albert Mabileau doit en effet affronter une mobilisation menée par des étudiants d'inspiration socialiste, trotskiste et maoïste. Ces derniers s'érigent contre les décrets Soisson-Saunier-Seïté dont l'adoption déclenche une grève générale de trois mois contre la réforme du deuxième cycle.

Les étudiants dénoncent déjà l'autonomie accrue des institutions universitaires et en particulier la possibilité de nouer des partenariats avec des entreprises privées. À Sciences Po Bordeaux, les cours sont perturbés et de nombreux étudiants manifestent aux cris de « patrons hors des facs ».

Ses successeurs, Claude Émeri (1978-1985) puis Pierre Sadran (1985-1998) doivent aussi faire face à plusieurs crises de croissance, en particulier la lutte politique pour garantir le statut des Instituts d'études politiques et donc de fait leur indépendance. Ces difficultés n'empêchent pas l'institut de poursuivre son expansion. Les promotions de diplômés sont de plus en plus nombreuses tandis que le bâtiment de Sciences Po Bordeaux accueille une nouvelle aile consacrée à la recherche.

Portrait

Claude Émeri, le premier directeur lui-même formé dans l'école

Claude Émeri (1933-2013) occupe la fonction de directeur de Sciences Po Bordeaux entre 1977 et 1985. Il est le premier à être diplômé de cette même école avant d'en occuper la direction. Comme son prédécesseur, il est docteur en droit et lauréat de l'agrégation de droit public et de science politique. Ancien élève de Maurice Duverger, il concentre ses recherches sur les systèmes politiques, notamment les discours et les modes d'élection. Claude Émeri cède sa fonction en 1985 pour rejoindre l'université Panthéon Sorbonne et confier à Pierre Sadran les clefs de la négociation avec le pouvoir socialiste sur l'autonomie des IEP.

À la fin des années 1980, Sciences Po Bordeaux joue un rôle majeur dans la mise en réseau des instituts d'études politiques. Cet effort de fédération de différentes écoles unies par les mêmes valeurs et les mêmes pratiques pédagogiques passe notamment par la création d'un événement sportif imaginé à Sciences Po Bordeaux en 1987, le critérium Inter-IEP.

Surnommé le Crit', ce rassemblement annuel d'étudiants scolarisé dans les différents IEP leur permet à la fois de prendre conscience de l'unité formée par les Sciences Po mais aussi de défendre les valeurs de leur école ; il est dès lors inutile de préciser que la première édition fut remportée par les étudiants de Sciences Po Bordeaux.

2 L'un des Sciences Po les plus attractifs

Sciences Po Bordeaux se revendique désormais comme le deuxième IEP de France derrière celui de Paris. L'école accueille environ 2 300 étudiants et propose la première offre de Masters derrière Sciences Po Paris, avec 20 parcours différents répartis en quatre majeurs.

a. Un nouveau modèle administratif et pédagogique

Pierre Sadran, administrateur provisoire de 1985 à 1989 puis directeur de Sciences Po Bordeaux jusqu'en 1998 marque particulièrement l'école du fait des réformes engagées sous son égide. Son premier défi est de conserver l'autonomie de l'IEP par l'obtention d'un nouveau statut.

Portrait

Pierre Sadran, le refondateur

Pierre Sadran (né en 1943) est le cinquième directeur de l'IEP de Bordeaux et le deuxième à en être également diplômé. Il a vocation à conserver le record de longévité à la tête de l'institution puisqu'au-delà de son mandat réglementaire de dix ans, il a occupé pendant quatre autres années celui d'administrateur provisoire. Agrégé de droit et de science politique, Il enseigne à l'université de Clermont-Ferrand puis à l'IEP de Bordeaux au sein duquel il assume notamment la direction de la préparation à l'ENA. Il occupe ensuite différentes fonctions d'encadrement, notamment la direction de l'École doctorale de science politique de Bordeaux entre 1998 et 2008.

Après avoir menacé de démissionner collectivement de leur mandat, les directeurs d'IEP obtiennent la publication d'un nouveau statut à travers le décret du 19 décembre 1989. Au même titre que les autres IEP, à l'exception de Paris reconnu « grand établissement » dès 1984 et de Strasbourg qui fait le choix du statut d'Unité de formation et de recherche (UFR) de l'université de Strasbourg, Sciences Po Bordeaux obtient dès lors une véritable autonomie administrative, pédagogique et financière. Bien que rattaché d'un point de vue administratif à l'université de Bordeaux 1, Sciences Po Bordeaux est doté de sa propre personnalité juridique et morale.

Une décennie plus tard, la fin du mandat de Pierre Sadran est marquée par une nouvelle négociation avec le pouvoir central. Au même titre que l'IEP de Paris, celui de Bordeaux fait rapidement le choix de s'engager dans la masterisation. Après quatre décennies d'organisation des études en trois ans, l'IEP de Bordeaux fait le pari de s'engager pleinement dans un diplôme de bac +5, afin d'éviter d'être relégué en simple relais du premier cycle de Sciences Po Paris.

Depuis 2005, il faut désormais attendre cinq ans pour obtenir le diplôme de master délivré par Sciences Po Bordeaux. C'est donc au successeur de Pierre Sadran, Robert Lafore, qu'est revenue la mission de mettre en place cette réforme structurelle. En réalité, les trois années de formation théorique demeurent globalement la norme mais deux autres années sont ajoutées : la deuxième passée en mobilité ainsi qu'un semestre passé en stage en entreprise ou en administration au cours du second cycle.

Portrait

Robert Lafore, l'homme de la démocratisation

Robert Lafore (né en 1951) dirige l'IEP de Bordeaux de 1998 à 2007. Professeur des universités en droit public, il enseigne dans différentes universités avant de rejoindre Sciences Po Bordeaux, institution dans laquelle il s'impose très vite puisqu'il en est élu le directeur à peine un an après l'avoir intégré comme enseignant. Spécialiste des politiques sociales, il est l'initiative de la création du Master Économie sociale et solidaire et Innovation sociale (ESSIS). Soucieux de démocratiser l'accès à l'IEP de Bordeaux, il est également à l'origine de l'instauration du programme « Sciences Po Bordeaux, je le peux parce que je le veux » (JPPJV) offrant à des lycéens d'Aquitaine un accompagnement au sein de leur établissement pour préparer l'admission à Sciences Po Bordeaux.

b. La quête d'une ouverture internationale

Sur le modèle très vite promu au sein de Sciences Po Paris, l'ouverture internationale s'impose comme l'un des objectifs primordiaux de l'IEP de Bordeaux depuis plusieurs décennies. Depuis les années 1980, une deuxième langue y est obligatoire.

L'internationalisation passe aussi par le développement de partenariats avec des universités étrangères. En octobre 1993, Sciences Po Bordeaux crée ainsi en partenariat avec l'université de Silésie une École internationale des sciences politiques pour faire rayonner la culture universitaire française au sein d'une Pologne qui n'est qu'au début du mécanisme de transition politique et économique postsoviétique.

La réforme de la masterisation adoptée en 2005 s'accompagne également d'un accent mis sur l'internationalisation des études. Depuis cette date, la deuxième année est obligatoirement passée en mobilité. De la même manière, sont imaginées les filières intégrées binationales au début des années 2000, notamment sous l'influence de son directeur, Vincent Hoffmann-Martinot.

Portrait

Vincent Hoffmann-Martinot et l'internationalisation de l'école

Vincent Hoffmann-Martinot (né en 1957) dirige l'institut de 2007 à 2016, après avoir occupé du principal centre de recherche de l'IEP, SPIRIT (ex CERVL et futur CED). Docteur en sciences politiques, il consacre ses recherches aux politiques publiques locales comparées. Devenu professeur des universités, il enseigne notamment au sein de l'université d'Harvard et conserve de cette expérience américaine le sentiment profond d'une nécessaire internationalisation des études. Docteur honoris causa de l'université de Stuttgart, il est notamment à l'origine de la création de la filière intégrée binationale franco-allemande.

c. La modernisation des locaux de Sciences Po Bordeaux

Inauguré en 1968, le bâtiment qui accueille les locaux de Sciences Po Bordeaux au sein du domaine universitaire de Talence Pessac Gradignan souffre rapidement de vétusté. Après la construction d'une nouvelle aile consacrée à la recherche au cours des années 1980, des travaux d'ampleur permettent d'inaugurer un nouveau bâtiment en 2003, devant l'ancien hall d'entrée de Sciences Po Bordeaux. Mais l'allongement des études et l'augmentation du nombre de ses étudiants contraignent l'institution à entreprendre une véritable métamorphose entre 2013 et 2016.

Tout en étant conservé, le site historique de Sciences Po Bordeaux a été intégralement transformé, pour offrir des capacités d'accueil deux fois supérieures. Ce chantier titanesque a été entièrement financé par la région Nouvelle-Aquitaine pour offrir aux étudiants de Sciences Po Bordeaux des conditions d'études à la hauteur de la réputation de leur école. C'est à Yves Deloye, directeur de 2016 à 2021, que revient le privilège d'inaugurer le tout nouveau campus.

Portrait

Yves Deloye, le renouveau dans la continuité

Yves Deloye a occupé la fonction de directeur de l'IEP de Bordeaux entre 2016 et 2021, après la démission de Vincent Hoffmann-Martinot. Docteur en sciences antiques, il a enseigné l'IEP de Strasbourg, à l'université de Paris I Panthéon – Sorbonne avant de rejoindre Sciences Po Bordeaux en 2010. Ces recherches portent principalement sur la sociologie historique du politique. Son mandat est marqué par la célébration des soixante-dix de l'école et par l'inauguration des nouveaux locaux.

Les étudiants et visiteurs sont notamment subjugués par l'atrium installé sous une verrière de 15 mètres de hauteur et 100 mètres de long qui dessert les principaux lieux de vie de l'institution, notamment la cafétéria ou les bibliothèques.

L'occasion était belle d'inaugurer les locaux en présence du Premier ministre, Bernard Cazeneuve, cinq jours après sa prise de fonction, puisqu'il était le premier diplômé de Sciences Po Bordeaux à occuper de telles responsabilités.

d. La recherche à Sciences Po Bordeaux

De la même manière que Sciences Po Paris et dans une moindre mesure les autres IEP, Sciences Po Bordeaux a rapidement cherché à s'imposer dans le paysage scientifique par la qualité de ses centres de recherche. L'école abrite ainsi en son sein deux centres de recherche de réputation internationale.

Le Centre Émile Durkheim (CED) a été fondé en 2011 pour rassembler des politistes et des sociologues autour d'une même méthode comparative. Cinq axes de recherche structurent son activité : « Identifications », « Vulnérabilités, inégalités, parcours », « Savoirs », « Légitimités, Organisations et Représentations » et « Sociologies de l'International ». Le centre

Émile Durkheim s'inscrit dans la continuité du Centre d'études et de recherches sur la vie locale (CERVL). Il porte plusieurs partenariats internationaux, notamment avec l'institut des sciences sociales de l'université de Stuttgart.

Le laboratoire Les Afriques dans le monde (LAM) est le deuxième centre de recherche du CNRS présent à Sciences Po Bordeaux. Il porte quant à lui l'héritage du Centre d'études Afrique Noire de Sciences Po Bordeaux (CEAN) et se spécialise sur l'analyse comparative des mutations du politique et des transformations sociales des Afriques. De la même manière que le centre Émile Durkheim, il porte un projet pluridisciplinaire et associe des chercheurs issus de la science politique, de l'économie, l'histoire, de la géographie, de l'anthropologie, du droit ou encore des études littéraires. Il revêt lui aussi une dimension internationale, notamment en tant que membre fondateur en 1980 d'AEGIS (Africa-Europ group for Interdisciplinary Studies). L'actuel directeur de Sciences Po Bordeaux a dirigé le laboratoire Les Afriques dans le monde avant d'occuper cette fonction.

Portrait

Dominique Darbon, l'ouverture aux suds

Dominique Darbon occupe la fonction de directeur de Sciences Po Bordeaux depuis septembre 2021. Docteur et professeur en sciences politiques, il a dirigé le laboratoire Les Afriques dans le monde à compter de 2018. Ses recherches portent principalement sur l'analyse des politiques publiques dans les pays africains. Après avoir effectué son service militaire en Afrique, Dominique Darbon a notamment enseigné la science politique et la sociologie des organisations et des administrations à l'université de Montréal. À Sciences Po Bordeaux, Il a notamment marqué de son empreinte les Master Gestion des risques dans les pays du Sud, Coopération internationale et développement ou encore Politique et développement en Afrique et dans les pays du Sud.

L'offre de formation de Sciences Po Bordeaux

Contrairement aux sept Sciences Po du réseau ou à Sciences Po Paris, Sciences Po Bordeaux propose un cycle Bachelor au sein duquel la deuxième année est consacrée à la mobilité internationale.

Hormis cette différence que l'on retrouve également à Sciences Po Grenoble, l'organisation des études est globalement la même que dans tous les IEP ; la scolarité structurée en deux cycles : un Bachelor en trois ans suivi d'un second cycle de deux ans en master.

1 Un premier cycle commun à tous les étudiants

Le premier cycle du diplôme permet d'acquérir les fondamentaux disciplinaires et méthodologiques, avant de choisir une spécialisation dans le deuxième cycle du diplôme.

La première année est donc consacrée à une formation en culture générale, en économie, en science politique, en histoire, en sociologie, en droit ou encore en langue. Elle permet de se familiariser avec le fonctionnement spécifique d'un institut d'études politiques. Comme à l'université, les enseignements sont à la fois dispensés en cours magistraux, c'est-à-dire en amphithéâtre, mais aussi en conférences de méthode, l'équivalent des travaux dirigés, c'est-à-dire en groupe restreint.

La deuxième année s'effectue en mobilité internationale[1]. Cette expérience peut avoir lieu dans une université partenaire ou prendre la forme plus exceptionnelle d'une expérience professionnelle à l'étranger. La mobilité revêt véritablement une dimension mondiale puisque Sciences Po Bordeaux a noué des partenariats avec des écoles dans toute l'Europe, en Amérique du Sud, au Canada, aux États-Unis, en Chine ainsi que dans plusieurs pays d'Afrique et du Moyen-Orient.

Enfin, la dernière année du premier cycle permet une première spécialisation avec davantage d'enseignement au choix. Vous retrouverez des compétences transversales telles que la culture générale, le droit, l'histoire les sciences sociales, l'économie ou les langues. Mais vous disposerez également d'options à choisir pour donner une première coloration spécifique à votre parcours.

2 Un second cycle pour se spécialiser

Sciences Po Bordeaux propose des masters très diversifiés puisque pas moins de 18 formations différentes ont été imaginées pour répondre aux besoins des étudiants. Il est essentiel de vous reporter aux descriptifs précis de ces différents diplômes proposés par l'école, afin de vous faire une idée précise de celui qui vous correspondrait le mieux. Vous veillerez également à consulter les maquettes pédagogiques mais aussi les débouchés potentiels de ces différentes formations.

1. L'organisation de la scolarité à Sciences Po Bordeaux devrait être modifiée prochainement et c'est en troisième année que s'effectuera désormais la mobilité internationale.

On trouve ainsi des formations permettant de se diriger vers la haute fonction publique, parmi lesquels Carrières administratives ou Objectif ENA.

D'autres cursus vous permettront de rejoindre des institutions internationales, notamment le master en Gouvernance de la transition écologique ou encore celui porté sur les Risques et développement aux suds.

Certains masters ont davantage été pensés pour une insertion vers le secteur privé, notamment la Gestion des entreprises et des organisations ou encore le Management de projets culturels et développement territorial. L'économie sociale n'est pas oubliée avec le Master Économie sociale et solidaire et innovation sociale.

Le journalisme n'est pas non plus en reste puisque cette spécialité est proposée dans le master Métiers du journalisme et du politique.

Enfin, une formation est entièrement dispensée en anglais, le master BIRD pour Bordeaux international relations degree.

3 Le cas particulier des filières intégrées

Comme d'autres instituts d'études politiques membre du réseau ScPo, Sciences Po Bordeaux propose des filières intégrées qui offrent la possibilité de suivre un enseignement dans l'école mais aussi dans une université partenaire à l'étranger au cours des cinq années de formation. Contrairement à d'autres IEP, la scolarité s'effectue ici la plupart du temps en cinq ans, en alternance entre Bordeaux et l'université partenaire. Ces enseignements biculturels correspondent à des vœux particuliers et répondent parfois des modalités spécifiques.

La **filière intégrée France Allemagne (FIFA)** repose sur un partenariat avec l'institut de sociologie et de science politique de Stuttgart. Le nombre d'étudiants admis est très restreint puisque cette filière n'offre que douze places pour les étudiants français. La scolarité est ici alternée entre Bordeaux et Stuttgart.

La **filière France-Caraïbes (FIFCA)** est également très spécifique puisqu'elle recrute à bac +1. Elle repose sur un partenariat avec l'université des Antilles de la Martinique et le Campus de Mona en Jamaïque. Là encore, elle est réservée à une poignée d'étudiants et s'effectue en quatre ans.

La **filière France-Espagne (FIFE)** repose sur un partenariat avec l'Université Autonome de Madrid. Elle permet d'étudier la gouvernance des politiques publiques au cours d'une scolarité partagée entre l'Espagne et la France. Cette scolarité est alternée entre Bordeaux et Madrid, au cours des cinq ans du diplôme.

La **filière France-Hong-Kong (FIFHKG)** est un double diplôme en sciences politiques et sociales, proposée en partenariat avec l'Université Baptiste de Hong Kong. Les étudiants sélectionnés peuvent ainsi passer leurs deux premières années d'études à Hong Kong avant de rejoindre Sciences Po Bordeaux pour les trois années de second cycle.

Les **filières France-Italie (FIFI)** sont proposées en partenariat avec la Liberia Università Internazionale degli Studi Sociali Guido Carli de Rome ou la Laurea specialistica de la faculté de science politique de l'Université de Turin. Les étudiants bénéficient ainsi d'une scolarité alternée sur leurs trois premières années pour la FIFI romaine alors que les étudiants inscrits en FIFI turinoise ont une scolarité alternée sur les cinq ans du diplôme.

Enfin, la **filière France-Portugal (FIFPO)** est un double diplôme proposé avec l'Université de Coimbra, en relations internationales ou en sociologie. Comme la plupart des autres filières intégrées, les cinq ans de scolarité s'effectuent en alternance entre les deux écoles.

Certaines filières intégrées ne concernent que le second cycle ; elles peuvent donc être rejointes après le Bachelor et délivrent à terme un double-diplôme. Ces masters binationaux concernent des partenariats avec :

- l'École supérieure d'études internationales de l'Université Laval au Canada ;
- l'Université de Sherbrooke au Canada ;
- l'Universidad del Rosario de Bogotá, ouvert aux étudiants au terme de leur quatrième année ;
- l'Université de l'Amitié des Peuples de Moscou pour le Master Europe-Russie : stratégies et enjeux globaux.

Le projet de formation motivé

Dans le cadre du processus de sélection de Sciences Po Bordeaux et de Sciences Po Grenoble, il vous sera demandé de compléter un projet de formation motivé. Contrairement aux rubriques activités et centres d'intérêt, ce deuxième écrit est strictement destiné à une école en particulier. Il devra donc être rédigé en fonction d'un projet d'intégration dans l'une des deux écoles.

En 1 500 caractères seulement, il s'agit donc de décrire à la fois votre personnalité, votre parcours mais aussi votre projet et votre motivation pour intégrer Sciences Po. La lettre doit donc être particulièrement synthétique mais aussi originale pour tenter de vous distinguer des autres candidatures.

1 Le fruit d'une réflexion personnelle

Il est donc une nouvelle fois totalement proscrit de s'inspirer de modèles en ligne voire pire de reprendre à votre compte les éléments de langage disponibles en ligne. Une candidature standard qui reposerait sur votre intérêt pour la formation pluridisciplinaire proposée par les écoles ou encore par sa dimension internationale n'aurait donc quasiment aucune chance de retenir l'attention du jury.

Ce projet de formation motivé doit être le reflet de votre personnalité ; Il est donc primordial que vous le rédigiez vous-même. N'hésitez pas à y réfléchir tout au long de votre année et à la réécrire plusieurs fois afin de soigner les enchaînements entre vos idées. Une lettre personnelle ne signifie en aucun cas qu'il n'est pas possible de se faire aider pour celle-ci, notamment pour acquérir une meilleure connaissance des écoles convoitées ou de façon plus prosaïque pour éliminer les dernières fautes d'orthographe au cours de plusieurs relectures externes.

2 Un moyen de montrer la cohérence de votre parcours

Votre propos doit s'efforcer de mettre en évidence une certaine linéarité dans votre parcours ; vous devez donc sélectionner au sein de vos expériences passées, les éléments les plus en phase avec votre candidature à Sciences Po. Il s'agit donc à la fois de concevoir votre candidature comme un pivot entre une somme d'expériences personnelles et une projection vers une école et donc vers une insertion professionnelle.

La lettre doit donc partir de vous, de vos expériences au lycée mais également dans le monde associatif voire professionnel. Vous pouvez donc reprendre des éléments déjà mentionnés dans les différentes rubriques du parcours personnel, tout en vous efforçant de ne pas répéter les mêmes phrases. Les deux documents seront lus l'un après l'autre et il est donc évident qu'une certaine cohérence entre les quatre rubriques communes à toutes les formations sélectives et ce document spécifique à une école, est attendue.

Il est donc nécessaire de mettre en évidence les motivations de votre candidature, afin de dépasser la simple idée de rejoindre une école prestigieuse. Il est donc indispensable de vous renseigner précisément sur les différentes formations proposées par l'école et de vous projeter vers un second cycle dès cette phase de candidature. Vous montrerez ainsi au jury que vous avez bien conscience que rejoindre Sciences Po n'est pas uniquement un moyen d'enrichir votre culture générale mais surtout une étape de formation vers une insertion professionnelle.

3 Comment organiser son propos ?

Puisque ce projet de formation motivé doit être différent de celui proposé par les autres candidats, nous vous invitons à ne pas le formaliser à outrance. Il est possible de débuter par la formule traditionnelle d'une lettre de motivation « Madame, Monsieur », sans que cet élément ne soit en aucun cas obligatoire. De la même manière, il est possible d'achever ce projet de formation par une formule de politesse, mais nous vous invitons à privilégier des éléments plus personnels.

Ainsi, sans pour autant vous proposer un plan type qui pourrait au contraire contribuer à vous desservir en uniformisant les candidatures, il est possible d'imaginer présenter dans un premier paragraphe les spécificités de sa candidature en fonction d'une projection vers une formation de second cycle. Vous pouvez ainsi mettre en évidence un lien qui vous unit au journalisme si vous pensez rejoindre Sciences Po pour vous diriger ensuite vers ce secteur. De la même manière, on peut imaginer mettre en avant un engagement personnel en faveur de la transition environnementale, pour l'associer à une volonté de rejoindre un master spécialisé dans cette transition au sein de l'école. Pour ce premier paragraphe, il ne s'agit donc pas de reprendre les éléments qui seront déjà connus par le jury, comme les différentes spécialités choisies au lycée, sauf à les mettre en rapport avec votre volonté de rejoindre Sciences Po.

Nous pouvons ensuite imaginer un deuxième moment de la lettre qui insisterait sur la richesse de vos expériences afin de singulariser votre candidature. Il ne s'agit pourtant pas de dresser l'inventaire de toutes les expériences que l'on a pu rencontrer dans sa vie mais de les sélectionner en fonction de la cohérence de celles-ci avec votre projet. Ce deuxième moment se doit d'être particulièrement articulé avec la formation convoitée ; il ne faut donc pas hésiter à mentionner avec précision l'intérêt que représente pour vous cette dernière.

Enfin, au terme de l'exposition de ce projet d'étude, nous pouvons imaginer un dernier moment plus prospectif. Il s'agirait alors d'évoquer votre volonté de vous engager au sein de l'école, en revenant notamment sur une association particulière proposée par celle-ci. Cette projection dans la vie de l'école est un ultime moyen pour exprimer une autre facette de votre personnalité. Vous avez ainsi pu mentionner plus haut un intérêt pour le journalisme et terminer ici en fin de lettre par une volonté de rejoindre une association sportive, une association d'éloquence ou une association de lutte pour la préservation de l'environnement.

4 Quelques exemples de projets de formation personnels

De la même manière que pour les exemples mis à votre disposition pour le dossier de Sciences Po Paris, nous vous recommandons la plus grande prudence dans l'utilisation de ceux-ci. Si ces quelques dossiers peuvent vous permettre de mieux saisir les attentes du jury, **il est évidemment proscrit de s'en inspirer pour rédiger ses propres écrits**.

Exemple n° 1

Mon appétence pour le droit m'a amené à effectuer différentes expériences en relation avec ce domaine. J'ai effectué mon stage de troisième au tribunal de grande instance de Bordeaux, auprès d'un magistrat. J'ai pu découvrir le métier de procureur et celui de juge lors des diverses audiences auxquelles j'ai assisté. Une des affaires en comparution immédiate m'a particulièrement marquée ; il s'agissait d'un cas de harcèlement moral au cours de laquelle la victime a livré un témoignage poignant. Mon attrait pour le droit s'est aussi développé durant d'autres visites du tribunal.

J'aimerais devenir magistrat afin de représenter au mieux l'intérêt général lors des audiences. Je souhaite ainsi intégrer Sciences Po Bordeaux avec pour objectif de rejoindre l'École Nationale de la Magistrature. Le Master « Carrières administratives » avec la majeure en Carrières publique me permettrait de me préparer aux épreuves écrites et orales du concours d'accès à l'ENM.

Je suis par ailleurs passionné d'éloquence, curieux d'apprendre à mieux m'exprimer. Certaines associations au sein même de Sciences Po Bordeaux m'intéressent, en particulier l'association Haut les Mots. Je pourrais participer à des débats, m'entraîner à la prise de parole et apprendre différentes techniques de l'art oratoire. J'aspire aussi à participer à des évènements centrés sur l'éloquence comme le prix Mirabeau.

Exemple n° 2

Face à la multiplication des violences policières à caractère raciste, la véhémence des réactions populaires dans le monde s'intensifie et a pu se traduire par la destruction de statues de personnalités historiques au passé colonialiste. Tel est le sujet que j'ai choisi pour mon grand oral dans la spécialité Histoire Géographie Géopolitique et Sciences Politiques. Il s'agit d'un débat d'actualité qui m'a marquée par son aspect transversal alliant politique, histoire, patrimoine et sociologie. Plus précisément, j'ai trouvé intéressant de nourrir une réflexion sur l'importance et la symbolique du patrimoine.

Je prends plaisir à organiser des évènements pour développer mon sens du contact. Avec des amis, nous avons encadré la tenue d'un stand dans un marché de Noël au profit de l'Unicef.

Ce sont des compétences que je souhaiterais approfondir en rejoignant Sciences Po Bordeaux. J'aimerais ensuite poursuivre vers un master « Management de projets culturels et développement territorial » car cela me permettrait de concilier mon intérêt pour le patrimoine et ma volonté de promouvoir les richesses territoriales.

Enfin, si j'ai la chance d'intégrer votre école, je souhaiterais prolonger mon engagement citoyen au sein de l'antenne Unicef du campus. Cette implication me semble indispensable pour la construction individuelle car elle permet d'affirmer des convictions que je serais ravie de mettre au service de votre institut.

Exemple n° 3

Élève en Option internationale du baccalauréat (OIB) au Lycée International de ma ville, j'ai développé une curiosité pour le monde anglophone, dans les domaines de la littérature, de la société et de la politique. Je suis intéressée par les disciplines que j'étudie actuellement, en particulier l'analyse des phénomènes à une échelle macroscopique, des dynamiques et des enjeux stratégiques du monde contemporain. J'aime la littérature car elle rend compte de l'humain dans sa singularité et sa complexité. Je suis attachée à retrouver cela dans mes études supérieures.

Sciences Po Bordeaux m'offrirait une continuité dans mon cursus. Votre école propose le master BIRD, qui semble me correspondre par son niveau d'exigence en anglais ainsi que par les méthodes d'enseignement employées. Je travaille déjà dans ce type de dynamique en lisant, en échangeant en groupe et en réalisant des recherches.

Les associations de Sciences Po Bordeaux me permettraient de poursuivre mon engagement auprès de jeunes en situation de fragilité sociale et scolaire, comme le propose « Younus ». J'ai à cœur d'accompagner des jeunes sur des activités visant le dialogue et la solidarité.

Des personnalités engagées, comme Bertrand Favreau ou Frédéric Potier, ont étudié à Sciences Po Bordeaux. Ils m'inspirent par leurs parcours, leur capacité à défendre leurs idées et à les réaliser. Marcher dans leurs pas serait une très grande fierté.

Exemple n° 4

Dynamique, déterminée et ambitieuse, je voue une affection particulière aux sciences humaines et sociales, à l'actualité que je suis avec attention et à l'étude des langues étrangères d'où le choix de mes enseignements de SES et de géopolitique. J'éprouve une grande motivation pour comprendre le monde et ses enjeux.

Ma volonté de rendre service et d'aider les autres m'a amenée à m'engager activement en tant que sapeur-pompier volontaire et comme secouriste de France. De plus, j'aime me projeter et voir les choses évoluer autour de moi : c'est dans cette dynamique que je me suis investie au sein du Conseil départemental, au sein du Conseil d'administration et du Conseil de vie lycéenne de mon établissement.

Sciences Po Bordeaux me permettrait de réaliser mon rêve. En effet, j'envisage de réaliser le master en « Carrières administratives » qui me préparerait au concours pour rentrer à l'ENM afin de devenir magistrate et de servir la société. C'est dans cette optique que j'ai suivi en Terminale l'option DGEMC et que j'ai réalisé un stage au tribunal judiciaire de Tarbes.

Je souhaite m'engager au sein de l'école en intégrant les associations Younus et Taulerance qui correspondent à mes valeurs et dans lesquelles je pourrais apporter mon humanisme. Entièrement convaincue que votre institut est le plus conforme à l'élaboration de mon projet professionnel, je vous remercie de l'attention que vous porterez à ma candidature

Exemple n° 5

Plongée depuis l'enfance dans un univers international, j'ai développé un intérêt pour la diplomatie. Ayant été scolarisée dans une école bilingue, j'ai reçu des enseignements d'une grande variété. Lors du confinement, j'ai pris plaisir à lire des ouvrages philosophiques, notamment ceux de Raymond Aron, qui m'ont permis d'appréhender le monde sous un autre angle.

Rejoindre Sciences Po Bordeaux serait pour moi l'occasion d'accéder aux métiers de la diplomatie. Le cours d'Histoire Politique Française dispensé en première année a retenu mon attention, de par la façon dont il permet de saisir l'origine des enjeux de nos sociétés contemporaines. Je souhaiterais achever ma formation par le master Bordeaux International Relations Degree dont j'apprécie tout particulièrement l'ouverture au monde. Ayant apprécié étudier la culture espagnole au lycée, réaliser ma deuxième année de licence à l'université Pontificia Comillas de Madrid serait un moyen d'approfondir ma connaissance de ce pays.

Désireuse de promouvoir la région bordelaise, m'engager au sein de l'association Erasmix serait un moyen d'aider des étudiants étrangers. Fréquenter un univers multiculturel, me permettrait d'enrichir ma conception du monde, en confrontant mes points de vue avec ceux d'individus venant de tous horizons. Afin d'approcher de plus près les métiers que je souhaiterais exercer un jour, je serais également très heureuse de participer aux simulations de l'ONU.

Les particularités de l'oral de Sciences Po Bordeaux

Les conseils généraux disponibles au sein de la partie 4 Réussir les oraux de Sciences Po sont pour la plupart applicables aux entretiens de Sciences Po Bordeaux ; nous nous consacrons ici principalement aux spécificités de cet entretien. Vous vous reporterez donc avec attention aux éléments disponibles en amont afin de compléter ce présent développement.

1 L'esprit de l'épreuve

Durée de l'épreuve : 20 minutes

Conditions : Cette épreuve est proposée aux admissibles, c'est-à-dire à ceux dont le dossier a été retenu, suite à une évaluation essentiellement quantitative reposant sur les bulletins de première, de terminale et les notes des épreuves anticipées. L'épreuve orale constitue l'une des deux évaluations de la phase d'admissibilité, au même titre que l'examen qualitatif du dossier. L'oral compte pour 40 % de la note finale.

Description de l'épreuve : l'entretien oral est une épreuve décisive. Il est donc nécessaire de bien en connaître les modalités afin de réussir cet exercice déterminant. L'entretien de sélection reste très sélectif et l'on estime que seule la moitié des candidats admissibles environ sont retenus à l'issue de l'oral.

À cette occasion, le jury de Sciences Po Bordeaux est chargé d'examiner « la motivation du candidat, son intérêt pour les disciplines enseignées à Sciences Po Bordeaux, sa capacité d'argumentation et de conviction, sa personnalité et ses centres d'intérêt. »

La description de l'épreuve au sein du guide des admissions reste très succincte. Il est notamment écrit que « le jury pourra s'appuyer sur un document d'accès rapide tiré au hasard par les candidats en début d'épreuve et sur lequel il leur sera demandé de réagir en temps limité ». La plupart des candidats passés lors des précédentes sessions ont en effet dû commenter un document iconographique mais les exceptions confirment cette possibilité. Vous vous préparerez donc avec le plus grand soin à l'analyse d'image, tout en vous gardant de manifester votre surprise si le jury ne vous proposait pas de document à commenter.

L'entretien a lieu en français, sauf pour le cas des filières intégrées binationales pour lesquelles une partie de l'oral d'admission « pourra se faire dans la langue de la filière »

2 Un oral en trois moments

De la même manière que pour Sciences Po Paris, l'on peut donc identifier trois grands moments pour cet oral d'admission :

- une présentation personnelle destinée à revenir sur vos expériences et sur votre projet ;
- un commentaire d'image ;
- Une situation d'échange libre : les motivations et projet du candidat.

La réussite de cet oral repose donc sur le degré de réflexion de votre candidature. L'entretien d'admission est la continuité logique du dossier de candidature. Il vous faudra donc connaître avec précision l'offre de formation de Sciences Po Bordeaux et avoir réfléchi à votre projet et à votre insertion professionnelle future.

Partie 6

Candidater à Sciences Po Grenoble

- Un IEP plus confidentiel qui a su néanmoins s'imposer
- L'histoire de Sciences Po Grenoble
- L'offre de formation de Sciences Po Grenoble
- Le projet de formation motivé

Un IEP plus confidentiel qui a su néanmoins s'imposer

Si le pouvoir d'attraction exercé par Sciences Po Grenoble est plus restreint que ceux de Sciences Po Paris et de Sciences Po Bordeaux, nous vous encourageons tout de même à vous y intéresser de plus près avant d'arrêter votre décision d'y candidater ou non.

Chaque année Sciences Po Grenoble offre environ 200 places pour les candidats de première année. L'IEP a l'avantage de proposer l'admission aux bacheliers de l'année en cours mais aussi à ceux des années précédentes.

Comme les deux instituts d'études politiques précédemment cités, Sciences Po Grenoble a récemment modifié en profondeur son concours d'entrée en première année. L'objectif affiché de cette réforme est de « garantir un recrutement d'excellence et de parvenir à une plus grande diversité sociale ».

1 Une candidature autonome

La candidature à Sciences Po Grenoble se déroule sur Parcoursup. Elle est ouverte aux bacheliers de l'année en cours ainsi qu'aux titulaires du baccalauréat ou d'un équivalent obtenu lors des années précédentes.

Le processus de recrutement se déroule en deux phases, avec pour objectif « d'apprécier le niveau de maîtrise des compétences mais aussi la singularité du parcours » :

- La phase d'admissibilité consiste en un examen des notes de première et de terminale des candidats ;
- La phase d'admission repose sur l'examen du dossier de candidature ainsi que sur un oral dans l'objectif de mesurer l'intérêt du candidat pour les sciences sociales « et la cohérence de son projet de formation avec l'offre de Sciences Po Grenoble ».

De la même manière que pour les autres vœux sélectifs de Parcoursup, il vous faudra compléter un projet de formation motivé en 1 500 caractères espaces compris qui sera examiné lors de la phase d'admission. Celui-ci doit être pensé en complémentarité étroite avec l'entretien d'admission.

L'oral se déroule à distance. Il est plus rapide que ceux de Sciences Po Bordeaux et de Sciences Po Paris puisque les candidats ne sont interrogés que pendant 10 à 15 minutes. Il repose sur quelques spécificités comme la possibilité d'un échange en anglais ou encore l'étude d'un dossier documentaire téléchargeable en ligne.

2 Bien se renseigner sur l'offre de formation proposée

Le jury de Sciences Po Grenoble affirme la nécessité de « prendre le temps de vous renseigner sur Sciences Po Grenoble UGA et ses formations ». Il est en effet indispensable de bien mettre en évidence au sein de votre dossier de candidature mais aussi lors de l'oral d'admission la concordance entre votre projet personnel et l'école convoitée.

Vous étudierez donc grâce aux pages suivantes mais aussi aux ressources disponibles en ligne, notamment sur le site de l'école elle-même, l'histoire de Sciences Po Grenoble mais également son offre de formation. C'est ainsi que doit être conçue la complémentarité entre le dossier de candidature et l'oral d'admission ; la deuxième phase de votre candidature doit vous permettre de bien connaître « la formation et la manière dont Sciences Po Grenoble-UGA pourra vous accompagner dans vos projets ».

Il s'agira donc à la fois de déterminer un projet précis en lien avec les formations dispensées par l'école mais également de montrer l'adéquation entre vos qualités personnelles et les qualités nécessaires pour réussir dans ses formations. Vous ne pourrez donc pas vous contenter de quelques éléments de langage disponibles en ligne. Il est au contraire indispensable de se construire le projet le plus personnel possible ; ce dernier dépend à la fois de vos expériences et de vos objectifs mais également d'une idée la plus juste possible de l'école que vous ambitionnez de rejoindre.

L'histoire de Sciences Po Grenoble

Quelques dates à retenir

1948 : fondation de Sciences Po Grenoble

1955 : ouverture du centre de documentation de l'IEP de Grenoble

1965 : création du Centre d'études et de recherches sur l'aménagement du territoire (CERAT), ancêtre du laboratoire de sciences sociales Pacte

1966 : déménagement sur le site de l'université

1977 : premiers échanges avec des étudiants internationaux

1982 : instauration d'un examen de sélection en première année

2004 : le diplôme de Sciences Po Grenoble s'obtient désormais en cinq ans

Au même titre que Sciences Po Bordeaux, l'institut d'études politiques de Grenoble voit le jour en 1948. Le destin commun des deux IEP se poursuit lorsqu'ils accèdent au cours des années 1960 au statut d'IEP d'équilibre dans le contexte de décentralisation. De même, plus proche de nous leur volonté de ne pas intégrer le réseau ScPo et d'organiser leur propre modalité de sélection contribue à ce destin commun.

Sciences Po Grenoble accueille désormais plus de 2 250 étudiants et doit sa renommée à ses centres de recherche, en particulier son laboratoire de sciences sociales Pacte qui propose régulièrement des publications de référence sur des sujets d'actualité.

En 2021, Sciences Po Grenoble s'est retrouvé au cœur d'une polémique après la suspension d'un professeur d'allemand pour « des propos diffamatoires ». Le président de la région Auvergne Rhône-Alpes, Laurent Wauquiez, a dès lors décidé de suspendre les subventions accordées à l'école pour tenter de transformer cette procédure disciplinaire en une affaire politique. En tant que candidat, nous vous conseillons de connaître les grandes lignes de la polémique, tout en vous gardant bien de prendre position sur celle-ci de manière trop affirmée si la question vous est posée lors de l'oral.

Chronologie des directeurs de l'école

- André Mathiot (1948-1958)
- Jean-Louis Quermone (1958-1969)
- Jean Leca (1969-1971)
- Claude Domenach (1971-1981)
- Yves Schemeil (1981-1988)
- François d'Arcy (1988-1995)
- Henri Oberdoff (1995-2002)
- Pierre Brechon (2002-2005)
- Olivier Ihl (2005-2012)
- Jean Charles Froment (2012-2020)
- Sabine Saurruger (depuis 2020)

1 La fondation de l'école

L'institut d'études politiques de Grenoble voit le jour par un décret du 4 mai 1948, dans la continuité du Centre d'études administratives et politiques (CEAP) institué dans un premier temps à compter de 1946 dans l'objectif de tester le potentiel d'accueil d'une ville comme Grenoble. Son fondateur, Jean-Marcel Jeanneney, décrit lui-même sa crainte qu'une telle structure ne puisse émerger si proche de Lyon dans son autobiographie, *Une mémoire républicaine*, publié en 1997.

Les débuts sont modestes et la structure grenobloise se contente dans les premiers temps de proposer des enseignements complémentaires à ceux de l'université. Jean-Marcel Jeanneney assume la modestie du projet : « Ce centre ne prétendait pas donner des enseignements juridiques ou économiques de base qui étaient donnés à la Faculté de Droit. Il s'agissait de compléter ceux-ci par des cours brefs et variés sur des sujets historiques, économiques, politiques ou administratifs et sur des questions d'actualité. »

Néanmoins, après deux ans d'expérimentation, le Centre d'études administratives et politiques est reconnu comme un Institut d'études politiques à part entière.

Portrait

Jean-Marcel Jeanneney, le fondateur

Jean-Marcel Jeanneney (1910-2010) est professeur d'économie politique à l'université de Grenoble à compter de 1936 puis doyen de la faculté de droit entre 1947 et 1952. C'est lui qui est à l'origine de la fondation de l'institut d'études politiques de Grenoble en 1948. Il rejoint ensuite la faculté de droit et des sciences économiques de Paris, avant d'embrasser une carrière politique. Il occupe en effet différentes fonctions ministérielles dans les débuts de la Ve République. Il est également à l'origine de la fondation de l'observatoire français des conjonctures économiques (OFCE), organisme de recherche, de prévision et d'évaluation des politiques publiques rattaché juridiquement à la Fondation nationale des sciences politiques.

La direction du nouvel IEP est confiée à André Mathiot, agrégé de droit et professeur à la faculté de droit de Grenoble. Jusqu'en 1966, les enseignements sont donnés au cœur du centre historique de Grenoble, rue du général Marchand.

2 Le déménagement sur le site de l'université

De la même manière que de nombreuses institutions universitaires l'ont fait au cours des années 1960, notamment Sciences Po Bordeaux, l'IEP de Grenoble quitte son site originel pour rejoindre ses locaux actuels installés au cœur du domaine universitaire de Saint-Martin d'Hères, en 1966. Il s'agit à la fois d'accompagner la vague de modernisation caractéristique de la France des trente glorieuses mais également de préparer la massification de l'enseignement supérieur.

En 1970, l'IEP de Grenoble bénéficie de travaux qui profitent en particulier à son centre de documentation. En 1989, l'IEP de Grenoble accède au statut d'établissement public à caractère administratif et dispose à ce titre d'une autonomie financière et comptable. Par convention, il se rattache à l'université Pierre Mendès France l'année suivante.

3 La recherche comme moyen de rayonnement

Dès 1965, le premier centre de recherche est créé à Grenoble avec le soutien de la DATAR, dans l'objectif de l'ériger au rang d'institut d'études politiques d'équilibre. Le Centre d'études et de recherches sur l'aménagement du territoire (CERAT) a été fondé à l'initiative de Jean-Louis Quermonne, alors directeur de l'IEP. Dès 1967, le CERAT obtient le statut d'équipe de recherche associé au CNRS, avec le soutien actif de la Fondation nationale des sciences politiques.

Au cours de la décennie suivante, la FNSP amplifie encore son soutien à la recherche de l'IEP grenoblois en lui fournissant des moyens supplémentaires pour enrichir son fonds documentaire et son encadrement pédagogique.

Après sa fusion avec d'autres équipes de recherches, le CERAT prend son nom actuel de laboratoire Pacte pour Politiques publiques, action publique, territoire, environnement. Il réunit des géographes, des politistes, des sociologues, des économistes, des urbanistes ou encore des historiens autour de thématiques de recherche transversales telles que l'environnement, la justice sociale, la gouvernance, les régulations ou encore les villes et territoires. Cette unité mixte de recherche du CNRS est la plus importante de Sciences Po Grenoble ; elle compte au total 130 chercheurs et 170 doctorants.

À compter de décembre 1974, un nouveau centre de recherche centrée sur l'économie sociale voit le jour : le Centre d'études et de formation sur la planification et l'économie sociale (CEPES), sous l'impulsion de Gérard Martin. Une partie des chercheurs forment ensuite en 1986 un nouveau laboratoire de recherche et formation politique sociale, le GREFOSS, groupe d'étude et de formation sur le sanitaire et le social.

Si ces deux dernières structures ont aujourd'hui fusionné avec le laboratoire PACTE, Sciences Po Grenoble compte toujours deux équipes d'accueil, en plus de ce laboratoire :

- Le CERDAP, Centre d'étude et de recherche sur la diplomatie, l'administration publique et le politique ;
- Le CESICE, Centre d'études sur la sécurité internationale et les coopérations européennes.

4 La bibliothèque, une institution

Le centre de documentation de l'IEP de Grenoble est ouvert dès 1955 à partir de titres venant de la faculté de droit. La mission d'animer et d'enrichir ce fonds est confiée à Marie-Thérèse Meyer. En 1966, la bibliothèque accompagne l'IEP dans ses nouveaux locaux sur le domaine universitaire de Saint-Martin-d'Hères. Quatre ans plus tard, il dispose d'un espace autonome de plus de 1 000 m .

Aujourd'hui encore, la bibliothèque de l'IEP de Grenoble dispose d'un fonds remarquable avec plus de 40 000 ouvrages en accès libre, 70 000 en magasin et plusieurs milliers de titres de périodiques.

5 L'internationalisation progressive de l'IEP

Au même titre que les autres IEP, Sciences Po Grenoble attache une grande importance à la dimension internationale. Les premiers échanges d'étudiants internationaux voient le jour en 1977.

Les futurs diplômés de Sciences Po Grenoble passent la deuxième année à l'étranger. De la même manière, 280 étudiants internationaux sont accueillis chaque année.

Enfin, l'une des quatre écoles masterales témoigne directement de cette internationalisation en proposant le parcours d'études internationales et européennes.

6 Une sélection accrue

L'IEP de Grenoble avait imaginé un cycle d'accueil pour l'entrée en première année, sur le modèle parisien, avant de lui substituer en 1982 un examen de sélection.

En dépit d'une sélectivité accrue, Sciences Po Grenoble parvient à attirer de plus en plus d'étudiants, ce qui l'amène à modifier à plusieurs reprises son concours d'entrée, pour parvenir à l'organisation actuelle mise en place à la session 2020 pour l'examen du dossier puis 2021 pour l'organisation d'un oral d'admission.

Si à l'origine, les études à l'IEP de Grenoble duraient trois ans, une quatrième année est ajoutée à partir de 1996 puis une cinquième à compter de 2004, dans le contexte plus global de la masterisation de l'enseignement supérieur. Depuis cette même année, une deuxième voie d'admission à l'école est possible en quatrième année.

Entre 2004 et 2007, Sciences Po Grenoble s'était par ailleurs engagée dans l'organisation d'un concours commun avec Lyon et Aix-en-Provence. En plus de leur moyenne du baccalauréat, les candidats étaient soumis à quatre épreuves écrites : actualité, langues étrangères, histoire ainsi qu'une épreuve sur ouvrage. Ce concours commun disparaît en 2008 pour être remplacé par un concours autonome écrit qui lui-même a disparu pour laisser place à la sélection actuelle sur dossier et oral.

L'offre de formation de Sciences Po Grenoble

1 Le cycle Bachelor et ses spécificités

Comme les autres instituts d'études politiques, Sciences Po Grenoble propose une formation en cinq ans, dont les trois premières années correspondent au bachelor. Ce premier cycle est proche de celui de Bordeaux.

En première année, les enseignements sont pluridisciplinaires et se concentrent sur l'étude du droit, de l'économie, de l'histoire, des relations internationales, de la science politique et de la sociologie.

De la même manière que pour Sciences Po Bordeaux, la deuxième année est marquée par l'ouverture internationale. Sciences Po Grenoble a des accords dans le monde entier et offre à ses étudiants de multiples possibilités de mobilité.

La troisième année propose à la fois un socle commun, des enseignements au choix et un séminaire qui doit permettre la réalisation d'un mémoire. Les étudiants ont donc la possibilité de s'initier à la recherche, avant même d'accéder en master.

Pour les trois premières années, Sciences Po Grenoble propose également un Bachelor en Sciences Politiques et Relations Internationales, en partenariat avec l'Université Internationale de Rabat. Ce double diplôme est principalement destiné aux étudiants marocains et africains. Il leur permet ensuite de rejoindre directement un master à Sciences Po Grenoble. Mais il accueille également des étudiants français.

Sciences Po Grenoble propose également un double diplôme avec la faculté d'économie de l'université Grenoble Alpes. Les étudiants de troisième année peuvent ainsi obtenir une licence Économie-gestion, en plus de leur diplôme de Bachelor.

2 Les formations de second cycle

Le second cycle propose une vingtaine de masters, regroupés en quatre écoles différentes. Chacune de ces écoles masterales offre donc une diversité de parcours. Sciences Po Grenoble propose en outre une cinquième école dédiée au journalisme ainsi que six double-diplômes.

a. Les quatre écoles masterales

Le **parcours d'études internationales et européennes** offre des formations à dimension internationale. Les étudiants peuvent alors suivre des enseignements relatifs aux institutions européennes, à la Méditerranée et au Moyen-Orient, aux pratiques des organisations internationales, à l'Amérique latine ou encore à la gouvernance régionale. Ce sont des masters qui permettent ensuite de rejoindre les ONG, les agences de l'ONU, les institutions politiques européennes ou plus spécialement de se spécialiser dans une aire géographique spécifique.

Le **parcours d'administration et action publique** offre une préparation aux concours administratifs et judiciaires mais aussi des formations qui permettent ensuite de rejoindre la direction de projet culturel, le management des collectivités territoriales ou encore les politiques publiques de santé. Un master en Stratégie internationale des acteurs locaux est également proposé dans le cadre de ce parcours ; ce master associe donc à la fois une dimension locale et internationale mais il n'est accessible que dans le cadre de deux double-diplômes (avec l'université internationale de Rabat et l'Universidad del Norte de Baranquilla, en Colombie).

Le **parcours de management, opinion, communication** est davantage spécialisé dans le management et la gestion des entreprises, dans les études d'opinion, dans la communication politique ou encore dans la stratégie digitale. Le master Transmedia, Stratégie digitale et nouveaux médias permet ainsi de se former à l'innovation technologique dans le cadre de l'industrie culturelle.

Enfin, le **parcours Solidarités, innovations économiques et développement territorial** offre des formations en économie sociale. Il propose également un parcours en Transitions écologiques pour se former aux politiques environnementales.

b. L'École de Journalisme de Grenoble

Sciences Po Grenoble dispose de sa propre école de journalisme, en partenariat avec l'université Grenoble Alpes. L'École de Journalisme de Grenoble fait partie des 14 écoles de journalisme reconnues par la Commission paritaire nationale de l'emploi des journalistes (CPNEJ). Comme pour les autres écoles de journalisme de second cycle, la formation se déroule en deux ans.

Au terme de leur formation, les étudiants reçoivent donc un double diplôme : un master en journalisme délivré par l'université Grenoble Alpes et le diplôme de Sciences Po Grenoble, mention journalisme.

c. Les doubles diplômes

Sciences Po Grenoble propose par ailleurs six doubles-diplômes :

Un master en gouvernance territoriale, en partenariat avec la faculté de droit, afin de renforcer ses compétences en droit, management et gestion des collectivités territoriales ;

Une maîtrise en sciences politiques de l'Université du Québec à Montréal (UQAM), qui permet de passer une première année de master à Montreal, afin d'adopter un autre regard sur les sciences politiques ;

Un double master en sciences politiques en coopération avec l'université de Constance en Allemagne ; là encore, la quatrième année s'effectue à l'étranger mais la spécialisation demeure les sciences politiques ;

Un master intégré en coopération avec l'université de Salamanque en Espagne pour renforcer ses connaissances en droit, en sciences politiques et en économie de l'union européenne ;

Un master gouvernance et intelligence internationale en coopération avec l'université internationale de Rabat, afin de se former aux grands enjeux internationaux liés à la gouvernance.

Enfin, **un master évaluation et analyse des politiques publiques dans les pays en développement en partenariat avec l'université de Rabat**. Ce dernier double diplôme est à la fois professionnalisant est adossé à un laboratoire de recherche sur les politiques publiques des pays en développement.

Le projet de formation motivé

Puisque ce projet de formation motivé est très proche de celui de Bordeaux, vous vous reporterez aux conseils généraux donnés dans le dossier spécial de la Partie 5 : candidater à Sciences Po Bordeaux.

Comme pour Sciences Po Bordeaux, le dossier n'est examiné qu'à l'occasion de la phase d'admission. Il vous faudra donc compléter un projet de formation motivé spécifique à Sciences Po Grenoble, en plus de la rubrique activités et centres d'intérêt qui sera également examinée par le jury.

Il vous faudra donc tout particulièrement soigner ces éléments, sans aucune garantie qu'ils ne soient traités par le jury. À propos du projet de formation motivée, le guide du candidat précise que « ce document constitue un élément important d'appréciation de votre dossier par le jury ».

Puisque cet écrit est spécifiquement destiné à Sciences Po Grenoble, il devra être rédigé en ayant bien en tête l'offre de formation spécifique de l'école. Vous devrez alors faire état en 1 500 caractères seulement de votre personnalité, de votre parcours mais aussi de votre projet d'études à Sciences Po Grenoble. Un examen approfondi des maquettes pédagogiques des différents parcours proposés par l'école est un préalable indispensable à toute bonne candidature.

Le principal écueil à éviter consiste tout d'abord à proposer une candidature standard c'est-à-dire reposant sur quelques éléments de langage comme l'internationalisation de l'école ou sa pluridisciplinarité. De la même manière, Il est proscrit de recopier des candidatures, même si les exemples mis à votre disposition dans les pages qui suivent peuvent vous permettre de comprendre l'esprit de ce projet de formation motivé.

1 Quelques exemples de projets de formation personnels

De la même manière que pour les exemples mis à votre disposition pour le dossier de Sciences Po Paris ou de Sciences Po Bordeaux, nous vous recommandons la plus grande prudence dans l'utilisation de ceux-ci. Si ces quelques dossiers peuvent vous permettre de mieux saisir les attentes du jury, il est évidemment proscrit de s'en inspirer pour rédiger ses propres écrits.

Exemple n° 1

Issu d'une famille d'ouvriers, je suis particulièrement sensible à l'égalité des chances. J'ai pu aborder cette question à travers la lecture de Pierre Bourdieu. Sciences Po Grenoble m'est donc apparue comme une évidence pour la qualité de sa formation en sciences sociales. Ayant choisi de suivre des spécialités scientifiques au lycée Élie Cartan de La Tour du Pin, je nourris cet intérêt par un travail personnel, notamment l'écoute de conférences sur Internet.

Je suis très intéressé par les enseignements que vous proposez qui permettent d'adopter un regard sociologique et économique sur le monde. Après le premier cycle, j'aimerais poursuivre dans la formation Science de gouvernement comparée, qui s'inscrit dans le master Administration et action publique. Ce parcours serait un tremplin pour mon projet professionnel, car il me permettrait d'avoir un domaine de compétences très vaste afin de devenir enseignant-chercheur. Je suis tout particulièrement intéressé par l'enseignement sur 1a construction de l'État et les processus de démocratisation.

Au sein de votre campus, j'aimerais poursuivre mon engagement personnel. Dans le cadre de La Croix rouge, je participe à des distributions de nourriture lors des vacances scolaires. Je souhaiterais ainsi rejoindre l'association « Antenne Jeunes Amnesty Intemationale » pour poursuivre mon engagement citoyen.

Je vous remercie Madame, Monsieur, pour l'attention que vous accordez à ma candidature.

Exemple n° 2

Étudiante en première année de licence de droit à l'université de Grenoble Alpes, je souhaite rejoindre Sciences Po Grenoble dans le but de devenir journaliste. J'ai eu la chance de découvrir votre école à l'occasion de ses Journées portes ouvertes et à travers votre programme d'ouverture sociale.

Plusieurs stages dans le domaine du journalisme m'ont permis d'appréhender les réalités de ce métier. Une première expérience au sein de la radio Alpes 1 Grand Grenoble m'a donné l'opportunité d'échanger avec plusieurs diplômés de votre école. Mais c'est le stage dans l'antenne de Grenoble de France 3 Auvergne Rhône Alpes qui m'a confortée dans cette envie de faire de ma passion pour l'actualité un métier.

Grâce au partenariat avec l'école de journalisme de Grenoble, l'une des 14 écoles de journalisme reconnues par la profession, Sciences Po Grenoble me permettrait de concrétiser ce dessein, tout en restant dans ma région.

Engagée au sein d'un projet associatif soutenu par le Fonds Initiatives Jeunesse (FIJ) de la ville de Grenoble, je souhaiterais en effet pouvoir le mener à bien. Je me retrouve également pleinement dans la transformation en cours de la ville et pense donc pouvoir m'épanouir au sein de votre école.

2 Aborder le dossier documentaire

Sciences Po Grenoble ne propose pas à ses candidats l'analyse d'image mais leur soumet plusieurs questions relatives à un dossier documentaire disponible en ligne. Ce dossier comportant en couverture une date, il est fort probable qu'il soit modifié chaque année.

Le guide du candidat précise cependant que « l'oral d'admission n'est pas un exercice de culture générale ». Le dossier documentaire doit être pensé comme un outil de cadrage des attentes. Il n'est évidemment pas possible de le connaître dans ses moindres détails mais les lectures répétées de ce dossier doivent s'accompagner de quelques recherches personnelles témoignant de votre curiosité intellectuelle.

Un travail personnel sur les documents composant ce dossier est donc nécessaire. Pour la session 2022, plusieurs articles visaient à tester la capacité des candidats à prendre position sur des grands enjeux de société tels que l'engagement militant, les dérèglements climatiques, les difficultés des médias ou encore le féminisme.

Ce dossier intitulé « Époques » mettait ainsi en exergue plusieurs débats de société à propos desquels les candidats ont été amenés à se positionner à l'occasion de leur oral. Le guide du candidat insiste ainsi clairement sur la nécessité pour les candidats d'être capables d'une « réflexion personnelle à partir de ces documents ».

Pour la session 2023, les candidats étaient invités à réfléchir au thème de la démocratie à la fois en France et dans le monde ; nous ne vous conseillerons jamais assez de vous intéresser également aux auteurs puisque parmi ceux-ci figuraient quelques personnalités à connaître lorsque l'on candidate à l'entrée dans un IEP, parmi lesquelles Pierre Rosanvallon, Professeur au collège de France ou encore Céline Braconnier, directrice de Sciences Po Saint-Germain-en-Laye.

85506 - (I) - PAP 80 - BLP - NRI
Imprimerie CHIRAT - 42540 Saint-Just-la-Pendue
Dépôt légal : juillet 2023
Imprimé en France